遺言

――「樺太帰還在日韓国人会」会長、
李義八《イフィパル》が伝えたいこと

聞き手　長澤　秀

三一書房

目次

はじめに

本書は「樺太帰還在日韓国人会」会長、李羲八《イフィパル》さんへの聞き書きである。

李さんは一九二三年に、当時、日本の植民地だった朝鮮で生まれた。生家は慶尚北道英陽郡の貧しい小作農家で、子ども五人の末っ子。家族でただ一人、小学校を卒業したが、職がない。やむなく二〇歳の時、新婚の妻を残して、いわゆる「官斡旋募集」（注1）に応じて、これも当時、日本の植民地だった南樺太へ。樺太人造石油㈱の内渕《ないぶち》炭鉱だった。二年契約の満了直前に現員徴用となり、そのまま敗戦。徴用解除。港町の大泊に転居、帰国を待つ。

一九四六年末に始まる引き揚げは日本人のみ。朝鮮人はその対象外とされた。李さんは一九五〇年に現地残留の日本人女性と再婚、三人の子どもに恵まれる。スターリン死去後、一九五六年に日ソ共同宣言調印。ソ連残留日本人の引き揚げが再開。李さん一家は一九五八年、舞鶴に上陸し、上京。

東京都足立区の引き揚げ寮に入居後、日本人の支援を得て、引き揚げ朝鮮人三人で会を結成、会長になる。日雇い土方仕事をしつつ、国会に陳情、請願、マスメディアに働きかけるが、金なく知識なく民族団体の支援なく、苦労続きであった。それでもサハリンから会に届く手紙をもとに約七千人分の「帰還希望者名簿」を作成、一九六六年に韓国政府に提出できた。

一九七五年、会が中心となり、サハリン残留朝鮮人から訴訟委任状や経歴書を取り寄せ、日本政府を提訴。運動は新たな段階に入った。しだいに市民の支援が広がり始めた。大沼保昭、高木健一両氏の尽力で、一九八七年、超党派の国会議員が結集。「サハリン残留韓国・朝鮮人問題議員懇談会」が結成され、ようやく政治が動き始めた。

翌一九八八年三月、会の朴魯学《バクノハク》会長死去。李さん、会長に復帰。ソウルオリンピック期間中、李さんの尽力で、韓国の親族と再会するためサハリンから訪日中の金徳順《キムドクスン》さんを、韓国に一時帰国させることに初めて成功。これ以降、それまで会がサハリンから朝鮮人を招請し、韓国から親族を呼んで東京で再会させる流れが一変。サハリンからの朝鮮人は日本を経由して韓国に入国できるようになり、間もなくサハリンと韓国間の直行便が就航するに至った。韓ソ国交樹立以前のことである。サハリン残留朝鮮人女性を、国交のない韓国の高齢の母に会わせてやりたいという李さんの執念が、大国ソ連を突き動かした。韓国政府もできないことを一民間人が実現し、その後、何千何万人の人が後に続く前例になった。李さんはまさに「道なきところに道を作った」のである。

一九八九年には日韓両赤十字社による「在サハリン韓国人支援共同事業体」が発足。会の活動はこの「共同事業体」に委譲され、李さんらの運動はここで一つの役割を終えた。

本書の構成は次のようになる。

拙稿「サハリン残留朝鮮人の韓国永住帰国について（注2）」

サハリン残留朝鮮人一世の韓国永住帰国運動の歴史、「共同事業体」の活動実績、各国の状況、残る課題等について述べた。〈聞き書き〉を理解する一助になれば幸いである。

〈聞き書き〉

「樺太帰還在日韓国人会」の前身となる会は、東京の引き揚げ寮に入居直後の一九五八年二月に結成された。しかし、会結成の背景、サハリン残留朝鮮人同胞の状況、さらには李さんがそもそも戦前の樺太に渡った事情等を知るために、やはり、李さんの生い立ちから順にお聞きする必要があった。したがって、次のように時期を分けてみた。

朝鮮時代　出生から二〇歳で南樺太に渡るまでの話。

樺太時代　戦時下の炭鉱労働、戦後のソ連企業での労働。再婚し、三四歳で家族で舞鶴に引き揚げるまでの話。

日本時代　引き揚げ朝鮮人の仲間三人で会を結成。以来、今日まで続く会の活動の話。

〈資料〉

本書の巻末に、いくつかの文書を付け加えておいた。これらも〈聞き書き〉理解の一助になれば幸いである。順に説明しておく。

（1）聞き書き「南樺太・内渕炭鉱の思い出（注3）」は、生前、朴魯学会長（当時）に対し、長澤が行なった聞き書きである。

（2）樺太残留者帰還請求訴訟（第一次樺太裁判）関係文書は、裁判の際に作成された会の会員

ら一五人の「経歴書」等である。なお、李義八さんの「経歴書」等は、都合により本書では割愛した。（注4）

（3）「在樺太韓国人帰還のための調査及び救済の申立書」は、朴魯学会長（当時）らが日本弁護士連合会人権擁護委員会に宛てた救済申立書である。

（4）詩「哀愁の海峡」は、朴魯学会長（当時）の作による望郷の歌である。

（5）国会質問主意書及び回答では、二人の内閣総理大臣、田中角榮と中曽根康弘の答弁書を収録した。それぞれ、当時の日本政府のサハリン残留朝鮮人問題に対する基本的認識を示すものといえる。なお、田中角榮内閣総理大臣の答弁書は前掲資料（3）に一部重複するところがあるが、重要なので全文を収録した。

（6）年譜では、李義八、会に関することを上段に、その他の事項を下段にまとめた。

（7）地図は、本書に関係する南樺太内の地名を、戦前の日本時代の呼び方と現在のロシアの呼び方を併記した。

なお、現在のロシア連邦サハリン州はサハリン（樺太）島とクリル（千島）列島を含む地域であるが、本書でいう樺太ないしサハリンとは北緯五〇度以南の樺太（サハリン）島南半部を指すことがほとんどである。

本書では話し手の語り口をできるだけ尊重して、文字化するよう努めた。国名の多くは略称で語られたので、そのまま文字化してある。大韓民国が韓国、朝鮮民主主義人民共和国が北朝鮮等である。一部の人名は、イニシャル表記にした。

注1）戦時下の朝鮮人労務動員の一段階。いわゆる朝鮮人強制連行は、一九三九年八月頃から始まる「会社自由募集」、一九四二年二月頃からの「官斡旋募集」、一九四四年九月頃からの「徴用」の三段階があり、戦争の進展に伴い、国家統制が強化されていった。「官斡旋募集」では民間業者による自由な募集業務の代わりに、朝鮮総督府や厚生省がより前面に出て、隊組織を編成して内地や樺太等に送出した。

注2）初出は、朝鮮問題研究会編『海峡』27号（二〇一六年一二月、社会評論社）。

注3）初出は、在日朝鮮人運動史研究会編『在日朝鮮人史研究』16号（一九八六年一〇月）所収の拙稿「戦時下南樺太の被強制連行朝鮮人炭礦夫について」。

注4）李羲八さんの「上申書」「利用された旧日本人」「経歴書」の内容が、本書の「聞き書き」と一部で重複するため、割愛した。ただし、この三点の文書は、前掲『海峡』29号（二〇一八年一二月）所収の、長澤秀解説「資料紹介　李羲八『上申書』他――「第一次樺太裁判」関係文書」で紹介しておいた。

サハリン残留朝鮮人の韓国永住帰国について

一九四五年八月八日のソ連の対日宣戦布告当時、南樺太に在住する朝鮮人の数は、おそらく二万数千人であったと思われる（注1）。これらの人々が帰還を希望する韓国に永住帰国が実現したのは、ごく一部の例外（注2）を除けば一九八〇年代以降のことであり、この間、待ちきれずに多くの人が亡くなったのも事実である。

小論では戦前から南樺太に在住し、一九八〇年代以降に韓国に永住帰国を果たし、あるいは現在も果たしつつある、いわゆるサハリン残留朝鮮人一世（注3）の韓国永住帰国の経緯と現状、及び今なお残された課題について考えてみたい。

一　経緯

（1）引き揚げ朝鮮人による会の結成とその活動

日ソ共同宣言後の集団引き揚げにより日本人妻の同伴者として日本に引き揚げた朝鮮人（注2の④参照）の一部有志は、引き揚げ定着後、直ちに「樺太抑留帰還韓国人同盟」（李義八《イフィパル》代表。のちに「樺太帰還在日韓国人会」等と改称。朴魯学《パクノハク》会長）を結成。樺太残留朝鮮人と連絡をとりつつ、彼らの韓国帰還を目指して運動を始めた。一部の日本人の協力を得て、日本政府、国会、韓国政府、民団（在日本大韓民国民団）、ソ連政府への陳情、請願、協力要請や日本国内マスメディアへの働きかけを手弁当で粘り強く継続した。しかし、当時はソ連と韓国の間に国交がない等、運動は困難が多かった。日韓基本条約締結交渉中の一九六〇年代前半に同会がこの問題の解決を母国、韓国の政府に求めたところ、交渉が遅延するとの理由で議題に取り上げることを拒否されたといわれる。

一方、サハリン残留朝鮮人も帰還実現のためソ連政府と交渉を始め、一九六二年には泊居《とまりおる》（トマリ）居住の許照《ホヂョ》ら約一〇人がソ連の現地当局から「日本政府が入国を許可すれば、ソ連は出国を許可する」旨の回答を得た。これに対し、日本政府は「朝鮮人はサンフランシスコ平和条約により日本国籍を喪失した」との理由で、日本への渡航を拒否している。一九六五年にも大泊《おおどまり》（コルサコフ）居住の金永培《キムヨンベ》が現地当局から同様の回答を得た。この話がサハリン内に広まり、東京の同会のもとに、サハリンから帰還希望者の手紙が多数、届くことになった。同会は一九六六年六月に日本永住希望朝鮮人三三四世帯一五七六人、韓国永住希望朝鮮人一四一〇世帯五三四八人の帰還申請嘆願の名簿を作成し、韓国政府に手渡している（その後、この名簿の写しが一九六九年に韓国政府から日本政府に、さらに日本政府からソ連政府に渡された）。

一九六六年には韓国政府から日本政府に対し、サハリン残留朝鮮人の帰還促進要請がなされた。これに対する日本政府の回答は「最終居住地として韓国を希望する帰還希望者に限り、韓国政府が帰還費用の一切を負担するならば、ソ連政府と交渉する用意がある」旨の極めて不誠実なものであった。

日本政府の対応は一九七五年に少し変化を見せた。申請時にわずらわしく面倒な様々な書類の添付を要求しながらも、同会に対し、サハリン残留朝鮮人が日本入国をするための「渡航証明書申請書」二〇〇〇部を交付したのである。同会はサハリン残留朝鮮人及び韓国に居住する彼らの親族と連絡を取り、一九七八年三月までに、日本永住希望朝鮮人一四世帯四六人、韓国永住希望朝鮮人一一三世帯三九二人が在ソ連日本大使館に日本への入国許可申請をした（この当時もまだソ連と韓国の間に国交がなく、韓国に永住するにしても一旦日本に入国してから、改めて韓国に向かうことが求められた）。

しかし、実際はごくわずかな人数が日本永住帰還や韓国永住帰国を果たしただけで、ほとんどはソ連政府の出国許可が得られず、帰還は実現できなかった。そんな中、ある悲劇が起きた。一九七六年六月、四人のサハリン残留朝鮮人が運良くソ連政府の出国許可を得たので、家財を全て処分して沿海州のナホトカ（注4）に赴き、日本総領事館で日本に入国の申請をした。外務省が韓国政府に連絡を取り、同会も四人の招請状やら身元保証書やら保証能力立証書類（納税書類等）やらを揃えて法務省に提出しているうちにソ連の出国期限が来てしまい、帰還に失敗してサハリンに戻ったこともあった。

ソ連政府の対応は一九七六年に変化が生じた。「サハリン残留朝鮮人の帰還問題はソ連と日本の間の問題ではなく、ソ連と韓国の間の問題である」として、サハリン残留朝鮮人が日本への渡航証明書を得ても、ソ連出国を許可しなくなったのである。それでサハリンの朝鮮人社会には不満が高まり、ソ連当局に抗議する者も現れた。これに対し、ソ連当局は一九七七年、七八年に相次いで抗議する者を家族ごと北朝鮮（朝鮮民主主義人民共和国）に強制送還したといわれる。以来サハリン残留朝鮮人たちは北朝鮮への強制送還を恐れて（注5）、当局に出国要求することを控えるようになってしまった。

一九八〇年代に入ると、韓国に残した家族と日本で再会するために一時訪日をするサハリン残留朝鮮人が少しずつ増えていき（注6）、同会は日本への招請状その他の書類作成（一部はロシア語で）、横浜港や新潟空港での出迎えと見送り、日本滞在中の世話をほとんど無償で行ない、年々忙しくなっていった。

(2) 一般市民の活動と「議員懇」の結成

一九七五年七月、日本弁護士連合会は「樺太帰還在日韓国人会」の申立てを受け、サハリン残留朝鮮人の韓国帰還問題を人権問題として調査を開始した。そして「樺太帰還在日韓国人会」が中心となってサハリン残留朝鮮人本人から訴訟委任状や経歴書等を取り寄せた。同年一二月にサハリン残留朝鮮人四人が原告となり、日本国を被告とする「サハリン残留韓国・朝鮮人帰還請求訴訟」（第一次樺太裁判）が東京地方裁判所に提訴され、運動は新たな段階に入った（この訴訟は、一九八九年に取り下げ、終了した）。

さらに、一九八三年には「アジアに対する戦後処理を考える会」（代表・大沼保昭）が発足。サハリン残留朝鮮人の帰還問題を緊急課題として広く一般社会に訴えたり、樺太裁判の支援を行なった。次第に支援の輪に加わり、裁判を傍聴する在日朝鮮人や日本人等の一般市民が増えていった。「残留韓国人の帰還問題を考える」とのテーマで開催された国際シンポジウムでは各国の国際法の研究者や弁護士が集まり、ようやく本格的議論が始まった。

　しかし、この問題は体制や利害が対立する日本、韓国、ソ連、北朝鮮の東アジア四ヶ国に加え、米国も関係するすぐれて国際問題であることから、大沼保昭と弁護士の高木健一は、解決には高度な政治的判断が必要と考え、日本の国会議員への働きかけに尽力。その結果、一九八七年七月に超党派の衆参国会議員一七〇人が結集し、「サハリン残留韓国・朝鮮人問題議員懇談会」（議員懇。会長・原文兵衛自民党参議院議員。事務局長・五十嵐広三社会党衆議院議員。高木健一は事務局参与）が設立され（注7）、ようやく政治が動き始めた。議員懇の幹部は日本政府と連絡を取り、訪ソ。ペレストロイカ政策を掲げるゴルバチョフ政権と交渉を続けた。ソ連赤十字社やサハリン州政府幹部と会談、協力を要請した。韓国の大韓赤十字社とも会談。日本政府は一九八七年度予算で初めてサハリン残留朝鮮人支援調査費を計上したが、一九八八年度予算ではサハリン関係八三三万円（うち肉親再会費用三九一万円）を計上した（以降、今日まで国税支出は続いている）。

　一九八八年に入ると、ソ連政府の政策変更があり、状況は大きな進展を見せた。まず、八月にサハリン在住の韓《ハン》元《ウォン》洙《ス》が日本経由で韓国への永住帰国が実現。翌九月にはサハリン在住の金徳順《キムドクスン》一家が、日本経由で初めて韓国に一時帰国ができた。ほどなく一時訪日中の朝鮮人は申請すれば韓国訪問が可能となり、日本政府からの支援金支給も始まったので、サハリン残留朝鮮人が家族再会するため一時訪日する者が急増した（注8）。

一九八九年になると、まず一九八九年度予算では「在サハリン韓国人支援等特別基金拠出金」一億円（サハリン関係五八〇〇万円）を計上した。議員懇幹部がサハリンを訪問し、州政府幹部に協力要請。また、島内四市で残留朝鮮人との対話集会を開催。同行した「中蘇離散家族会」の韓国留守家族は初のサハリン訪問となった。韓国国会議員団も初めてサハリンを訪問している。

このように、東京での家族再会、韓国への一時帰国、韓国への永住帰国と状況が進展し、また同時に人数が急増するにつれ、「樺太帰還在日韓国人会」等の負担も重くなった。

ここに至り、同会と「サハリン残留韓国・朝鮮人を支援する会」（代表・高木健一）、議員懇は、日本政府に対し再会支援事業の体制を早急に整備するよう要請。その結果、一九八九年七月に日韓両赤十字社による「在サハリン韓国人支援共同事業体」が発足した。これまで東京で家族再会を支援してきた同会等の活動は、原則としてすべてこの「共同事業体」に委譲されることとなり、同会等を含む一般市民による活動はここで一つの役割を終えることになった（ただし、「共同事業体」による支援事業が軌道に乗るまで、必要な資金の供給を受けて、引き続き活動を継続することになった）。

（３）「共同事業体」の活動

「在サハリン韓国人支援共同事業体」（共同事業体）は日本政府が資金を拠出し、日本政府が毎年度提示する支援事業計画に沿って、大韓赤十字社と日本赤十字社が分担して事業を実施することになった。すなわち大韓赤十字社は直接支援事業を分担し、一九八九年一二月からグループ渡航支援を開始。当初はソ連航空で新潟に、さらに大韓航空に乗り継いでの韓国一時帰国支援を実施していたが、一九九〇年九月に大韓民国とソ連との国交が樹立されるとユジノサハリンスク―ソウル間の直行チャーター便が就航したので、これを支援した（注9）。一方、日本赤十字社は日本での滞在費、韓国への一時帰国や永住帰国に要する渡航費や滞在費を「樺太帰還在日韓国人会」や「サハリン残留韓国・朝鮮人を支援する会」等を通じて支給する、いわゆる間接支援事業を分担し、一九八九年から個人渡航支援を開始（注10）。当初は韓国一時帰国者に対し一人当たり六万四五〇〇円だったが、一九九〇年一月以降は日本と韓国との往復に必要な経費を勘案して一四万九六〇〇円に増額された。

ユジノサハリンスク―ソウル間の直行チャーター便による支援事業が順調に進んだ結果、一九九一年七月以降は日本での親族との再会及び日本経由の韓国一時帰国、韓国永住帰国の希望者が無く、支援の必要がなくなった。そして一九九四年度までに、サハリン残留朝鮮人一世を対象とする韓国一時帰国が一巡したので、一九九五年四月からは新たに高齢者等を優先して、二巡目となる韓国一時帰国の支援事業を始めている。韓国政府及び大韓赤十字社は一九八八年からサハリン残留高齢者の韓国永住支援を続けていたが、日本政府及び日本赤十字社に対して、韓国永住希望者について調査を依頼。日本政府と日本赤十字社はこの要請を受けて一九九二年一一月、一九九四年一月の二回に亘り、サハリンで調査を実施した。その調査結果を踏まえ、日本政府は韓国仁川市に療養院一棟（一〇〇人収容）、京畿道安山市に集合住宅（五〇〇世帯収容）の建設を決定。その建設費用として一九九四年度予算に三二億余円を計上した（注11）。その後、療養院は一九九九年三月に「サハリン韓国人福祉会館」として開館。集合住宅は二〇〇〇年二月に高層アパート群「故郷の村《コヒャンマウル》」として完成した。この間、サハリン残留朝鮮人の帰国支援事業は継続された（注12）。

韓国永住帰国の対象者が一九四五年八月の日本敗戦以前に出生し南樺太に居住していた朝鮮人に限られたため、彼らの韓国永住帰国はロシアに残された子や孫との新たな家族離散を意味していた。これに対し、二〇〇一年度から韓国永住帰国者のサハリン再訪問支援が開始された。二〇〇五年度には安山療養院が完成した。さらに、様々な事情で韓国に永住帰国をせずサハリンに留まる選択をしたサハリン残留朝鮮人に対する補償として、日本政府はユジノサハリンスク市に「サハリン韓国文化センター」の建設を決定し、建設費約五億円を拠出、二〇〇六年に完成し開館した。このセンターの目的は、サハリン残留朝鮮人が故郷を偲び、韓国の言語や文化を若い世代に伝えたり、現地住民との交流の場を提供することだという。二〇〇八年からは、同センター内で医療相談窓口サービスも開始された（注13）。

二　現状

（1）「共同事業体」による支援者数の推移

「在サハリン韓国人支援共同事業体」が発足した一九八九年度以降の「共同事業体」による支援者数の推移を見てみよう。

表1「年度別被支援者数」は日本赤十字社による支援者数と大韓赤十字社による支援者数の合計を示している。それによると、支援は当初、韓国一時帰国事業が主であり、毎年度一〇〇〇人前後が支援を受け、対象者が一巡した一九九四年度までに六三〇〇人前後が韓国に一時帰国している。その後は二巡目の一時帰国となり、その累計数は一九九八年度に一万人を超えたが、二〇〇六年度あたりからは次第に頭打ちとなり、二〇一三年度までに約一万六九〇〇人になっている。

これに代わり、韓国に永住帰国する人が、京畿道安山市に「故郷の村」が完成、入居する二〇〇〇年度ごろから増加。二〇一三年度までに約三六二〇人が韓国に永住帰国したが、二〇一〇年度あたりからは次第に頭打ちとなっている。

さらに近年増加しているのが、すでに韓国に永住帰国している人がサハリンに残した子や孫に会うための再訪問支援事業で、二〇〇一年度から二〇一三年度までに四八〇〇人以上が支援を受けている。

表1「年度別被支援者数」（単位：人）

年度	一時帰国数	のべA	永住帰国	のべB	A + B	永住帰国者のサハリン再訪問	のべ
1989	305						
90	1,540						
91	1,263						
92	1,175	5,073					
93	1,162	5,963					
94	855				6,818		
95	1,598						
96	1,293		23		9,812		
97	827				10,643		
98	1,038	10,839					
99	621				約 12,000		
2000		11,993		約 1,000			
1		約 14,000		1,000 超			
2	499		15			179	
3	464		28			109	
4		約 15,000		1,100 超			
5		約 15,600					
6		約 16,100		1,686			
7		約 16,300		約 2,300			
8		約 16,400		約 2,800		359	
9		約 16,500		約 3,400		296	
10		約 16,600		約 3,480		662	4,180
11		約 16,600		約 3,480		681	
12		約 16,900		約 3,620		652	
13		約 16,900		約 3,620		652	

注 1：一時帰国は、複数回の帰国を含む。
注 2：人数が合わないが、原資料のままとした。
出所：日本赤十字社編『平成元年度事業年報』～『平成 24 年度事業報告書 付収支決算の概要』の各年度版ほかにより作成。

（2）各国の状況

①韓国

「共同事業体」の支援事業は日本政府からの拠出金によって実施されることになっていた（注14）が、一九九〇年度以降、ユジノサハリンスクーソウル間の直行チャーター便によるグループ渡航支援事業は、韓国政府も経費の一部を負担してきた。また、韓国仁川市の療養院や京畿道安山市の「故郷の村」建設の際、韓国政府はその用地を準備している。

韓国政府はサハリン同胞の国内受け入れを促進するため、法整備を進めた。韓国永住帰国者に対して賃貸住宅を用意。契約時に必要とされる平均二〇〇〇万ウォン（日本円で約二〇〇万円）前後の保証金を支援している。そして「国民基礎生活保障法」で最低限の生計を支援。各自治体により、家賃の全額又は半額程度の補助金も支給されている。さらに「医療給与法」で無料医療検診・療養が実施されている。死亡時には葬祭費が支給され、忠清南道天安市にある「望郷の丘」に無料で安置されるという。

②日本

「共同事業体」による支援事業が展開される中、一九九〇年にサハリン残留朝鮮人、韓国永住帰国者、韓国の留守家族ら二一人が原告となり、日本国を被告とする「サハリン残留韓国・朝鮮人補償請求訴訟」（第二次樺太裁判）が東京地方裁判所に提訴され、原告一人当たり一〇〇〇万円の補償金を請求した（この訴訟は、一九九五年に取り下げ、終了した）。

二〇〇七年には、「樺太帰還在日韓国人会」会長李義八、サハリン残留朝鮮人、韓国永住帰国者ら一一人が原告となり、日本国、他二名を被告とする「サハリン残留韓国・朝鮮人郵便貯金等請求訴訟」(第三次樺太裁判)が東京地方裁判所に提訴され、戦前戦時中に預け入れた郵便貯金を、その残高の二〇〇〇倍での払い戻しを請求した(この訴訟は二〇一四年に取り下げ、終了した)。

③ロシア

サハリン州の州都、ユジノサハリンスク市の中心部に「サハリン韓国文化センター」が二〇〇六年三月に完成し、開館。サハリン残留朝鮮人一世や二、三世あるいはロシア人等、現地の人々が各種催し物を楽しむ拠点となっている。また、それまで州政府庁舎に間借りしていた「サハリン州韓人会」「サハリン州韓人老人会」が転入し、両会の家賃負担が軽減された。

三　課題

このように、サハリン残留朝鮮人の韓国永住帰国は、「樺太帰還在日韓国人会」、市民、議員懇、「共同事業体」等の活動によって、ようやく一定の解決を見たといえよう。しかし、日本敗戦から「第一次樺太裁判」提訴まで三〇年、「共同事業体」発足まで四〇余年の長い年月が経過し、未だに日本政府の対応が不十分なために、今なお残された課題は多い。

（1）責任の所在の明確化と謝罪の継続

サハリン残留朝鮮人の諸問題に対し、日本政府はその政治的歴史的責任を、もっと明確に認めること。そして、内閣総理大臣ら政府高官（注15）が機会あるごとに繰り返し、サハリン残留朝鮮人一世やその子孫、韓国永住帰国者とその親族等に謝罪すること。

「共同事業体」に資金を拠出するだけで、後は日韓の両赤十字社に「丸投げ」するやり方は、南樺太と朝鮮を植民地統治してきた当事国のとるべき態度ではない。「共同事業体」の人道支援は日本政府が施す恩恵などでは決してなく、日本政府のなすべき義務であり、サハリン残留朝鮮人が受け取るべき正当な補償であるべきだろう。

（2）支援漏れ者の存在

日本赤十字社のホームページによると「共同事業体」の支援事業は、

①韓国への一時帰国支援事業
②韓国への永住帰国支援事業
③サハリン残留者への支援事業

の三事業からなる云々と、誇らしげに紹介している。

一九八九年七月に発足した「共同事業体」であったが、しかし、実はサハリン残留朝鮮人一世の大部分が「共同事業体」からの支援を受ける前に、既に死亡している（注16）。最も支援を受けるべき一世の大部分が、日本政府から何一つ支援を受けられずにソ連で亡くなってしまった。この事実は重い。

また、小論の注（2）―④によって、一九五七年から五九年に日本に引き揚げた朝鮮人のうち、日本での生活を選択した朝鮮人も、今に至るも「共同事業体」による支援の対象から漏れている。さらに、戦後、サハリンから朝鮮北半部に渡った一部の朝鮮人も、「共同事業体」の支援対象から漏れている。

（3）新たな家族離散

韓国への永住帰国がサハリン残留朝鮮人一世からなる一組の夫婦とされたこと（注17）で、祖父母は韓国に住み、子や孫はロシアに住むという、新たな家族離散が生じた。これに対して「共同事業体」は、永住帰国者のサハリン渡航支援を二〇〇一年度から行なっているが、制約も多いのが実情である（注18）。

望郷の念止み難く、あるいは高い生活水準に憧れて韓国に永住帰国したものの、見知らぬ地での高層アパート住まい、高い生活費、韓国社会の変化にとまどい、永住帰国を後悔する老夫婦も少なくないという。サハリンで長く暮らす間に、故郷の山河も、人の心も変わり果て、もはや「原状回復」は望みようもない。ならば、せめて日本政府は「共同事業体」への資金拠出に止まらず、人を派遣してこれら一世たちに寄り添い、彼らの絶望感や孤独感を少しでも和らげる努力をすべきであろう。

（4）支援対象者の優先順位

「共同事業体」による支援事業がサハリン朝鮮人社会の歴史的重層性を無視して行なわれたため、一部の朝鮮人が支援事業に対して不公平感を抱く結果になった。すなわち「共同事業体」による支援対象者とされた「終戦前から引き続きサハリンに居住する（注19）」「戦後サハリンに残留を余儀なくされた韓国人（注20）」を、その歴史的由来から次のように分類してみよう。

①一九三九年度の「労務動員」実施以前から樺太に在住していた人とその子。

②一九三九年以降に樺太に来島したが、「労務動員」「国民動員」とは無関係の人。

③一九三九年以降に「労務動員」「国民動員」されて樺太に来島した人とその家族。

A　動員先が炭鉱ではなかった、あるいは炭鉱であっても一九四四年秋の内地への配置転換（小論の注（2）―③参照）に該当しない人とその家族。

B　動員先が炭鉱であり、上記の配置転換に該当する人とその家族。

a　その当該者が戦後、密航でサハリンに戻り、家族と合流した人とその家族。

b　その当該者が、戦後、サハリンに戻らなかった家族。

このうち、③Ｂａと③Ｂｂに属する人々は二〇〇〇年に「ロシア連邦サハリン州韓人二重徴用鉱夫遺家族会」を結成し、活動している。戦後の「サハリン残留朝鮮人」の生活は程度の差こそあれ、皆、苦労の連続であった。その中でも③Ｂｂのほとんどは日本敗戦当時、若い母親と乳幼児（妊娠中の子を含む）で占められ、戦後は母子家庭として出発せざるを得ず、悲惨な貧困生活に陥った例が多い。「共同事業体」による支援事業では③Bbに属する人々を中心に、他の人々に先駆けての優先的な支援を期待したが、特段変わった処遇もなく、不満が残る結果となった（注21）。

（5）支援対象者と支援内容の拡大

現在までに行なわれてきた「共同事業体」による支援事業は、一九七五年に提訴された「第一次樺太裁判」での要求の一部を日本政府が消極的に、間接的に履行しているに過ぎず、まだ十分とはいえない。今後、次のような支援対象者と支援内容の拡大が求められる。

①一九四五年の日本敗戦時に南樺太に在住していた全ての朝鮮人（注22）（死亡していれば、その法定相続人）に対し、日本政府は一人当たり一〇〇〇万円の補償金を支払うこと（金額は一九九〇年に提訴された「第二次樺太裁判」の請求額に準じる）。

また、彼らの名義の郵便貯金と各種債券については、日本政府とゆうちょ銀行等は、敗戦時の残高ないし満期受け取り額にそれぞれ二〇〇〇倍を乗じた金額を支払うこと（乗じる倍率は二〇〇七年に提訴された「第三次樺太裁判」の倍率に準じる）。

②敗戦後に生まれ、サハリン、ロシア大陸部やＣＩＳ諸国に在住する朝鮮人二、三世の韓国一時帰国、韓国永住帰国を日本政府と日本赤十字社は支援すること。

また、これらの人々が希望すれば韓国で一時就労できるように、日本政府は韓国政府と協議すること。

③「樺太帰還在日韓国人会」他が、サハリン島を望む北海道稚内市内某所に建設を予定している「記念碑」建立に、日本政府は国費支援すること。

小論をまとめるにあたり、「樺太帰還在日韓国人会」の李義八会長、高木健一弁護士、日本赤十字社に大変お世話になりました。

注1）一般にいわれる約四万三〇〇〇人という人数は、日本敗戦後、樺太各地で作られた残留朝鮮人の自治組織である朝鮮人居留民会が、ソ連当局の命令により、一九四六年春から秋にかけて行なった人口調査によるといわれる（日本弁護士連合会編『樺太帰還在日韓国人会申立事件第一次調査報告書』一九八一年）。したがって、この人数には日本敗戦直後から継続的に朝鮮北半部からサハリンに派遣されて来ていた大量の朝鮮人出稼ぎ労働者も含まれていると考えられる。

注2）日本を経由して韓国（ないし一九四八年八月一五日の大韓民国成立以前の朝鮮南半部）に帰還する手段として、以下のものがあった。

①ソ連参戦直後、一九四五年八月一三日～二三日に実施された樺太庁による緊急疎開（八万七六八〇人と推定『樺太終戦史年表』）に加わった例。

②一九四六年一一月二七日成立の「ソ連地区引き揚げ米ソ暫定協定」及び同年一二月一九日成立の「ソ連地区引き揚げ米ソ協定」により、一九四六年一二月五日～四九年七月二一日に実施された日本人集団引き揚げ（二九万二五九〇人　厚生省援護局）の中に、日本人と偽って加わった例。

③密航脱出に加わった例。ソ連軍の厳重な監視の目をくぐって、樺太南海岸から小船で北海道に向かった。一九四五年八月二五日～一二月三一日に二万三五〇五人（脱出途中の遭難三〇〇人と推定）、一九四六年一月一日～三月三一日に七〇五人（脱出途中の遭難一〇〇人）、一九四六年四月一日～一二月三一日に三〇三人（外務省）。

これら①②③による朝鮮人の実数は不明である。なお、一九四五年八月二五日以降の逆密航（北海道から樺太への密航）四五〇人（外務省）の中には、一九四四年八月一一日の閣議決定「樺太及釧路ニ於ケル炭礦勤労者、資材等ノ急速転換ニ関スル件」に基づき南樺太恵須取《えすとる》地区の諸炭鉱から日本内地の諸炭鉱に緊急配置転換された朝鮮人のうち、南樺太に残した家族に合流するため逆密航した朝鮮人鉱夫が相当数、含まれていたものと思われる。

④一九五六年一〇月一九日発表の「日ソ共同宣言」により、一九五七年八月一日～五九年九月二八日に実施された集団引き揚げに加わった例。引き揚げ対象者は日本人とされたが、日本人女性と婚姻関係（内縁関係を含む）にある朝鮮人とその家族が、日本人女性の同伴者として日本上陸が認められた。日本人女性七六六人及びその

朝鮮人夫と家族一五四一人が日本に帰還あるいは上陸した（厚生省援護局）。
⑤個別引き揚げの例。「日ソ共同宣言」による集団引き揚げ終了後、樺太からの引き揚げは全て一般旅客船、貨物船等による自費での個別引き揚げとなった。一九五九年一〇月〜八一年の個別引き揚げで日本人女性、約一五〇人及びその朝鮮人夫と家族約三〇〇人（推定）が日本に帰還あるいは上陸した（厚生省援護局）。

注3）小論では一九四五年八月一五日の日本敗戦までに出生し、南樺太で生活していた朝鮮人を一世と定義する。

注4）当時、サハリンから一番近い日本国外務省総領事館は、ナホトカにあった。サハリンの豊原《とよはら》（ユジノサハリンスク）に日本の総領事館ができたのは、二〇〇〇年である。

注5）サハリン残留朝鮮人の故郷は、そのほとんどが朝鮮南半部だったし、日本敗戦直後に朝鮮北半部から派遣されて来ていた出稼ぎ労働者に接して以来、サハリン残留朝鮮人たちの北朝鮮に対する印象はあまり良いものではなかった。

注6）一九八一年一一月の朴亨柱《パクヒョンジュ》一家が最初で、一九八二年に一組一人、一九八三年は大韓航空機撃墜事件もあってゼロ人、一九八四年は三組四人、一九八五年は五組六人、一九八六年は一三組二一人、一九八七年は二八組五〇人、一九八八年は五三組一三四人、一九八九年は約四五〇人（ソ連本土からの分も含む。サハリン残留韓国・朝鮮人問題議員懇談会編『サハリン残留韓国・朝鮮人問題と日本の政治　議員懇談会の七年』一九九四年）。

注7）前掲書による。

注8）このため「樺太帰還在日韓国人会」は高木健一の援助を受けて都内に賃貸アパートを借り、再会するためにサハリンと韓国から来日する同胞を宿泊させ、世話したという。

注9）大韓赤十字社による支援で一九八九年度から一九九五年度までに、サハリン残留朝鮮人のうち七五二八人が韓国に一時帰国し、一九九人が韓国に永住帰国している（日本赤十字社編『日本赤十字社社史稿』第一〇巻、一九九九年）。

注10）日本赤十字社による支援で一九八九年度から一九九一年度までに、サハリン残留朝鮮人のうち六八九人が韓国に一時帰国し、四四人が韓国に永住帰国し、三六人が日本に滞在している（前掲書による）。

注11）韓国政府が建設用地を提供した。

注12）支援事業で一九九六年度から二〇〇五年度までにサハリン残留朝鮮人のうち七一三八人が韓国に一時帰国し一四五四人が韓国に永住帰国し、一八四九人の韓国永住帰国者がサハリンを再訪問している（日本赤十字社編『日本赤十字社社史稿』第一一巻、二〇一一年）。

注13）日本赤十字社編『赤十字の国際活動二〇一三』二〇一三年。

注14）「在サハリン韓国人支援共同事業体協定書」第三条。

注15）一九九〇年四月一八日の衆議院外務委員会で外務大臣中山太郎は五十嵐広三衆議院議員（議員懇事務局長）に促されて、「まことにこの方々に対して日本としても心から済まなかったという気持ちを持っております」と答弁しているのは、稀有な例外である。

注16）戦後、ソ連の共産主義社会に適応できず、長生きできなかった人も多かったと思われる。また、一九四五年から四六年にかけての戦後の初めての冬に、多くの朝鮮人乳幼児が栄養不足等で死亡している（『サハリン州韓人二重徴用鉱夫遺家族会会員名簿』による）。

注17）このため、独り者同士の男女が、韓国に到着後、別れる約束で偽装結婚したり、年老いた母を一人、サハリンに置いては行けないと永住帰国を断念する夫婦も現れた。

注18）サハリン渡航支援事業として、申請者には、韓国—ユジノサハリンスク間の往復航空券が二年に一回程度、支給されるが、利用時期等の制約がある。それ以上の頻度で渡航する場合は、自費となる。なお、サハリンに住む子や孫が韓国の祖父母を訪問する支援事業はない。仮に韓国訪問するとすれば、すべて自費となり、これは一般のロシア国民にとって大きな経済的負担になる。

注19）注（9）前掲書による。

注20）注（12）前掲書による。

注21）こうしたことの背景には、日韓両政府や日韓両赤十字社の認識不足がある。確かに議員懇の代表がたびたびサハリンを訪れて「残留朝鮮人」と「対話集会」を開催したり、日本政府も日本赤十字社と合同で二度に亘り、サハリンに調査団を派遣している。韓国政府も大韓赤十字社をサハリンに派遣し、実態を調査している。しかし、これらの「対話集会」や「実態調査」は常にユジノサハリンスク市や他の都市に限られ、③Bのほとんどの人々が

当時も住んでいた炭鉱地域（恵須取以北の西海岸北部地区）までは足を運ぼうとしなかったことが指摘できる。

注22）妊娠中の子を含む。当時、「樺太転換」政策で日本内地に徴用されていた約三〇〇〇人の炭鉱夫を含む。

〈聞き書き〉

一　朝鮮時代

家族

うちは男四人、女一人の五人きょうだい。一番上が兄貴で、二番目が姉。その後は続けて男三人で、僕が一番末っ子。もの心ついた頃には、姉は嫁に行っていなくて。家族が一番多いときには一二、三人いたんじゃないかな。父母（注1）、長男夫婦、次男夫婦、三男夫婦とそれぞれの子どもたちに僕。とにかく家族が多かったのよ。それも分家もしないで、みんな一緒にいたんだから。それから次男が分家し、翌年、三男も分家したんだが、分けてやる財産がないのよ。畑はみな小作だし。小作でも、お前また小作やれということはできるんだけれども、あまり良い農地がなかったんだからね。それでも貧しくても何でも名目上は分家として、近くに小さい家を借りて出て行って、その後商売を始めたんだね。田舎の商売だから、収入はたかが知れているんだけれど。三男は夫婦でとにかく農地で一生懸命やっていて。奥さんの家からいくらか援助があったんじゃないかな。それでやっぱり分家してね。小作をやっていても、本家よりはいくらか良いように見えたね。姉はいいところに嫁に行ったのよ。金持ちのところに行ったんだよ。まあ、どうして金持ちのところに行けたかというと、先祖が両班に違いないと。それから家のきょうだいが五人で男が四人もいて、男をよく産むということで。それで安東の少し田舎の沈家に嫁に行ったんです。その家は瓦ぶきの大きな家で、部屋もたくさんあるし。その姉の旦那も男ぶりが良くてね。背は高いし、体格はいいし、本当に美男子だったのよ。漢文で手紙を書いたり、使用人が何十人もいたりして。ところがその旦那が早く死んじゃって。分家して財産もほんの一部だけもらって、家は新しく建てて分家したんだけれど、分家してまもなく死んじゃった。子どもが二人いて、その後、姉は苦労していた。

うちは家族が多いんだから、こんなでっかい鋳物の釜で、その釜の半分ぐらいご飯を炊くんだから。春になれば、朝飯は何とかね、ご飯を炊くときが多いのよ。春になれば食糧が足りないんだから。まあ、山菜を入れたり、大根を刻んで入れたり、そういうふうにしてご飯を炊いたのよ。ご飯を炊いてもお粥をつくっても、そのとき僕は小さかったんだから。ご飯を盛る真鍮《しんちゅう》の食器が足りないわけ。貧乏だから、みんなの分まで当たらないわけだよ、個数が。その頃はいつも母と一緒にくれるのよ。ご飯はいいのよ。お粥の時に、お粥でも日本のお粥みたいに米がいっぱい入って食べられるようならば、まだいいのよ。山菜を一回煮て干したものを水に戻してもう一回煮て、それをお粥に入れるんだから。そのお粥を炊くときに、黄な粉を入れると食べられる。味があるし、栄養もある。そうもしないで真っ黒なやつを食べても食べにくいし、結局山菜食べても栄養にはならないのよ。それで子どもの僕はお粥を母と一緒に食べるんだけれども、子どもは何もわからないもの。韓国の匙があるでしょう。その匙でお粥をすくうと米なら米、粟なら粟、麦なら麦が匙の深いところに溜まる。それで僕が食べてしまう。母は子どもが食べるのを見ているだけ。そしてほとんどそれを食べてしまえば、僕はもう食べない。山菜は食べたくない。それで母はその残った山菜を食べる。だからね、今でもそういう話をすると涙が出るのよ。
それで、母からその後聞いた話なんだけれども、遠い親戚で、そのうちは食べ物を心配しないで食べてる家なのよ。その家で田植えなどやるのに、村の人をたくさん雇うんだから。一日だけ、田植えするときだけ。そして母が言うのに、ご飯を仕事をする人たちの分を山盛りに盛って、お膳は、韓国のお膳は小さいんだけれども、別々に二人ずつでおかずは食べるようにして。それで、中にはご飯を残す人もいるわけ、それこそ山盛りにして持って行くんだから。あまりが出るんでしょう。母はそこの家に行くときに、まあおそらく朝飯もそんなに食べないで行ったんじゃないかなと僕は思うよ。米飯なんだからね。腹が減って食べたいんだけれども、食べるわけにもいかないし、遠慮していたら、そこの一番家長の姑が、これも牛にやれと言って、牛にやってしまったと。それを見てね、母はそのご飯が食べたかったと聞いたことがある。自分が食べたいと言い出せなかったその辛さ、どれだけそれを食べたかったか、腹が減っていたんだか。まあ、そういうふうな生活をして。（注2）
あるとき、母がトラホームになったのよ。たぶん、母が甥っ子の家に行ったときにうつってきたと思う。それが今度はうちで皆にうつって。母は目が痛くなって見えなくて、ご飯も十分食べられない。僕もトラホームになって、子どもだから泣く。母は自分も痛いのに、僕をおぶって子守しながら痛い痛いと。それであのとき、ロート目薬と言って、一瓶三銭だったと思う。その三銭というお金が田舎にはなくて、目薬をさすことができなかったんだから。（注3）まあ、そのときの苦しいこと。それが、その後自然と治ったんだね。盲人になった人は誰もいない。

家は、僕が生まれた家は、今もそのままある。例えばここに部屋があって、ここにあって、そして隣にあって、三つあるという。この辺りに小さい明かりを点ける穴があったのよ。そこに小さい灯火、ここに蓋があって、真ん中に芯が出るような。そうすると火の大きさがだいたいこんなもんだね。このぐらいの灯りが三つの部屋を照らすようになっていたんだから。その石油が一リットルで九銭か一〇銭したのよ。貧しい生活、金がなくて買えない。田舎では雇ってくれるところもない。まあ、田植えや田畑の草取りに行って、一日働いて一〇銭もらう、そういう時代だから。怠けているから食糧に困ったんだろうと思うだろうけれども、それでも毎日仕事をやるんだよ。一生懸命にやっても、畑もあまり良い畑じゃないんだから作物が生えない。金がないから肥料も施すことができない。まあ、そういう生活をやってきたわけですよ。

父は農業をやっているんだけれども、子どもは長男、次男、三男、それに長女がいて労力はあるわけ。ところが畑がないんだよ､田んぼも。だから長男はどこにも行けないから家にいて。次男は出稼ぎに行ったこともあるんだよ。それで父はよく旅に歩いたね。そしてどこの村の誰がどこの誰と婚約しているとか、そういうことはよくわかっている。そして誰がいつ死んだということもよく知っている。それでその死んだ日は必ずそのお祭りに参列するんだよ。金持ちはお金とか寄付とかするだろうけど、うちは貧乏だからそういうことはなかったと思う。ただ手ぶらで行って、お祭りならお祭りに参列して礼拝することがあったんだろう。

親戚

母の実家はうちよりは生活が良かったんだよね。峠を越えて英陽という市場に行く途中にあったけれども、そこに母のお母さんもいて。当時、うちは貧しくてね。実家には母の兄や甥っ子もいて、僕もついて行ったことがあるんだけれども、そのときに母が言ったことが忘れられないよ、今も。何か手土産をね、餅でも果物でも何でもいい、何かちょっと持って行かなければいけないいんだけれども、正直金がなくて持って行かれない。年取れば子どもに帰るんだと。だからね、自分の娘が何かお土産みたいなものをちょっと持って来たら、余計喜ぶんじゃないかなと。気持ちはわかっているのに、それができないのが残念だということを小さいときに聞いたことがあるのよ。母の兄さん、僕には伯父にあたるんだけれども、漢文も人並みにわかっていて、手紙やら何やら漢文で書いたりね。まあ、母の実家は子どもから見てもうちよりは良いなと思ったよ。結局、母のお母さんは九三か九四かな、大水で家が流されて、藁ぶきでも結構大きかったんだけれども、逃げるとき、夜なんだから。僕は小さいときのことであまりわからないんだけれども、とにかく大水で家がつぶれてそこに挟まれて亡くなったと聞いたのよ。いとこ家族は母のお母さん、伯父夫婦、いとこの兄夫婦といとこの弟と、結構多かったのよ。いとこの兄弟の兄は満州に行って。弟は僕より一〇くらい上かな、まだ嫁もらっていなかったな。僕を可愛がってくれたよ。

まあ、それで僕が来たからといって、餅をつくってくれた。あんこ餅。丸く薄くつくって、真ん中にあんこを入れてふかす。そのとき、重ねてふかすとくっついて破けてだめになるわけ。

そうならないようにどうするかというと、家の裏山に行って松の葉を取ってくる。松の葉はだいたい二本でしょう。その根元に袋がついていて、その薄い皮が餅についてゴムみたいになるからだめなんだよ。まっすぐ引っ張ると袋がついてこなくて、葉っぱだけ抜けるんだから。僕は知らなかったんだけれども、いとこの弟がそのように教えてくれて。それを一緒に取って、餅をふかすのを見たのよ。いまだにそれを覚えている。餅と餅の間に巻いて、それで重ねて蒸してもくっつかないし、またその松の葉のいい香りがして。松の葉を取るのに下のほうから取ると薄い皮がついて餅にくっつくから、こういうふうに引っ張らなきゃだめだということをいとこに教えてもらった。まあ、母が一緒に行っても九〇過ぎのお母さんがいるのに、お土産何一つ持って行かれなかったという無念さを僕にそう聞かせるときには、母はよっぽど辛かったんじゃないかなと思うのよ。

僕の父は、字が読めないんだね。父の兄は九〇いくつで亡くなったんだけれども、あの伯父はどんな本だってわからないのがないんだから。孔子孟子の一二巻だとか、そういうのを全部読んでいるんだからね。当時はまだちょんまげがある時代でね。役人が伯父の家に来ても、ちょんまげ切れと伯父には言えなかったと。逆に伯父に、お前らのような者はもう来るな、姿を現すなと怒られたと。それでみんな帰って行ったが、その後何回も来るものだから、結局法律には勝てなくて……。創氏改名のときも、うちは永川《ヨンチョン》の李であるから、永川が本貫であるという意味で永本《ながもと》にしておけと伯父に言われて、僕はそれで永本になったのよ。それでその伯父さんにはね、どうやって漢文をあんなに習ったんだか、聞いていないのよ。僕が知っているのは山のてっぺんに、それこそ田舎に住んでいてね。もちろん電気はないし、田んぼもないし。田んぼはちょっと下に峠を下りなければないのよ。そんなところに住んでいながらどうやってあんなに字を覚えたのか。それを僕は父に聞いていないんだよ、だから正直言ってわからないの。僕の父は字は何にも覚えていないんだけれども。

当時の朝鮮では、一番大事なお客は嫁の親。それが一番大きなお客で、そのお客が来たら一日で帰らないんだから。必ず二晩ぐらい泊まっていくんだから。貧しくても餅を作ってもてなしをしなければ、大変なのよ。あるとき、姉の嫁ぎ先から姉の旦那とお父さんがうちに様子見に来たことがあった。馬に乗って来るんだから。あの頃、馬に乗って来る人は、田舎にはいなかったね。安東《アンドン》の礼安《イエアン》からだと距離が五里あるのよ。途中の道が山道で、それだけ裕福で権勢のある家だった。だから来られると、それこそ犬をつぶしたり、鶏をつぶしたり、餅をつくったり、いろいろなもてなしを、もう無理してそれをやるのよ。それで姉さんは女の子と男の子と二人産んで分家したのに、本家は大きな家で財産もあるんだから、生活が十分できるような財産をもらうわけなんだけれども。初めにちょっとだけもらって家を建てて、姉の旦那は病で倒れて死んでしまった。

僕は義兄が亡くなった後に、姉の家に一回行ったことがあるのよ、一人で。何歳ぐらいだったかな。遠いよ、山を越えて行くんでね。おっかなかったんだけれども、一日中歩いて、姉の家に行ったのよ。姉は喜んでね、弟が来たからと言ってね、鶏を自分でつぶして煮たりなんだりしたのを覚えている。まだ小さかったので、本気で挨拶する、そういう礼儀をあんまりわからなかったね。後に父にみんな教えてもらったけれども、そのときはそういうことができなかったのよ。義兄の兄も来たよ、僕が来たというので。それで挨拶をして。姉の旦那は家を建ててすぐに亡くなったんだから。家の外側のほうは全部作ったんだけれども、まだ垣根とか家の段取りがみんなできていない、整備ができていないときだったんだから。それで義兄がなんで病気になったかというと、オンドルを作るのに、オンドルを乾かすために濡れた土を乾かそうと、薪をうんと焚いたわけ。ところがオンドルに穴が開いたところがあって、そこから煙が入って、義兄が病気になったという話を聞いたのよ。それで義兄は死んじゃったのよ、子どもは二人。それで葬式終わって姉さんは農作業を一人でやって子どもを育てて、八四歳で亡くなった。田舎では長生きしたほうだよ。

二番目の兄は三〇そこそこで死んだと思うよ、痔で。当時も病院はあったんだよ、英陽に。あったんだけれども、金がないから病院は行かれない。それで木の根っこだかを薬草だといって煮たり、いろんなことをやったんだけれども、結局は効果なしで、それで命をとられたんだけれども。僕がまだ朝鮮にいるときにも痔が悪い、悪いと言っていたのよ。それで僕が樺太に募集で行って、まだ契約期間が終わらないうちにもう死んだんだからね。子どもは二人いてね。その甥っ子は今でもいるんだけれども、金もうけしてビルも持っているんだから、韓国で。商売をやっていたんだから、何かのきっかけで自分が持っている地所に井戸を掘ったんじゃない。そしたら温泉が出てきたの、ハハハ。それで、そのまま掘って温泉を利用してサウナ施設にしたんだよ。浦項《ポハン》。海からそんなに遠くないだよ。場所もいいところに陣取っているんだから。

そこが一つの観光地になっているんだね。そこでそれだけの門を構えてやっているんだから、彼はもういいのよ。それで今、せがれが二人、親父の跡を継いでやっているんだけれども、せがれも皆ビル一つずつ持っていてやっているんだから。その甥っ子がまあ、一番成功したのよ。だからね、人の幸せと不幸はどうやったって邪魔することはできない、という諺があるんだよ。その人はとにかく何のおかげだか知らないけれども、そういうふうに良くなっているのよ。

それで三番目の兄は、戦争当時は九州に徴用で行ったのよ。戦後、その徴用から帰って、一生懸命に農業やって働いて田んぼ買って。その後、せがれがそこにリンゴを植えたら、稲植えるより何倍も収入があるんだから。それで彼もいいんだけれども、体が弱いんだよ。最初は普通だったんだけれども、酒を飲んだんだね。もう酒飲んで飲んで、酒飲まなくちゃ体がもたないと言って。何と言うのかね、酒に負けているんだね。飲まなくちゃ、何もできない。まあ、それであまりにも飲みすぎて、片目を失明して手術したり。またその奥さんがね、元気のいいところから嫁に来たんだけれども、家に来てその後、病気になったんだね。何年も苦労した後、とうとう立って歩くことができなくなっちゃったのよ。朝鮮の風俗だから一度お嫁に行けば別れるということはないんだから、それでそのまま家にいるんだけれども。僕がその後、たまに行けばね、本当に何と言うか、かわいそうで見られないのよ。まあ、座って歩くんだけれどもね。それでも農業手伝って、草むしりでも何でもやるんだね。子どもも三人産んで、その子どもたちもみんな大きくなったんだけれども。苦しい生活を親たちがやって来たのもそっちのけで、生活はいいもんだから、車を買って走ったりしているうちに、交通事故で一人死んでしまったんだろ。生活がちょっと楽になると、いろんなひずみが出るんだよ。もう一人はね、子どもの婿がオートバイを買って乗り回して。まあ、食うには困らないんだし、生活のレベルがちょっと上がったんだから。それで国力も少し良くなったんだから。若かったんだし、オートバイが欲しかったんだろ。僕が行ったときは、一五〇ccだか、二五〇ccだか、そんなもんだったよ。それでも十分、立派なもんだったよ。それを乗り回しているうちに事故を起こして、足が利かなくなっちゃったの。そして片足を切断して、まあ、今は義足を着けて何とか車を運転しているらしい。それでも何とか飯を食っていけるということで、まあ、生きている人間はね、何だかんだ生きるようになるよ。二番目の兄さんの子どもは浦項で一流の生活をしているんだし、三番目の兄さんの子どもは、その後具合が悪くて入院していると聞いたんだけれども、電話もまだしていない。まあ、そういう状態で。

村の貧しさ

僕は一二歳まで自動車を見たことがないんだから。そんな田舎にいて、三年生、一二歳になって、学校通いながら村の様子を見たときに、僕がいる村は一〇〇戸ぐらいあって、自分で農業やって飯を食えるような家は半分もなかったと思うんですね。とにかく貧乏の村。貧乏な人は本当にかわいそうだね。向こうはね、田舎のいわゆる風俗、民族の一つの習わしというか、みんなが貧しい生活をしたんだから。それが一つの風習になったんじゃないかなと思うんだけれども。たとえば、春になって食糧がないんですよね。そうすると食糧がある人間がどうするかということ、早い話が米一斗を貸してやるのよ、春に。そして秋になってもらうとき、五〇%プラスしてもらう。一斗を借りたとすると一斗五升、二斗で三斗。利息はすごく高いですよね。五〇%の利息だから、貧乏人はたまったものではないですよ、本当に。そういうふうにして生きていく有様を自分の目で見て育ったんだから。そして今でも一番忘れられないのは、母の姪が僕が住む村の人のところに嫁に来たわけ。そのいとこの姉さんの旦那は、とにかく貧しいのよ。彼は何をやるかというと、海辺で塩を買って来て、その塩を売る。それから、魚は僕はあまり見たことがないんだから、塩だの何だの、そういう物を買って来て売って、生活を営んでいたのを見たんです。農地は山のてっぺんの斜面にあって、貧しいものだから肥料を満足にやれないし、そんなところに堆肥を運び上げることもできないし。まあ、作物を植えるといっても、麦を蒔いたって、このぐらいの高さじゃ、穂が出たって麦粒がいくつもつかないんですよね。そういうところを耕作しているんだから、いつも食糧が足らないわけ。まあ、僕は子どもだから何もわからないんだけれども、母の姪だから、僕は姉さんに対して「姉さん」と言ったのよ。そして親戚だということはわかっているんだけれども、貧しい姉さんの家だから、あまり遊びに行かなかったのよ。家も立派じゃなくて、人の家の間借りだから。入口のところにかまどを別に足して作って、山から切って来た木で、火事を防ぐような格好に作って。そういう貧しい生活をやっていたんだけれども、僕が一番忘れられないのがね、姉さんの家に行ったら、いとこが来たからと言って、食糧がない家でもち粟でご飯を炊いてくれたこと。いまだに忘れられない。だから、何と言うのかね、血は水より濃いというか、そういう言葉はこういうところから出たんじゃないかなと思う。

うちは本家なんだけれども、まあ、お客さんが来るのよ。とにかく、ほとんど毎日のように来るんだから。老人たちがうちに遊びに来るんだよね。いろいろ昔話やら私生活の話もなんかんだ、するんだろ。そしてある程度時間になれば、また帰って休む。それで村の前に道路があって、その道路だって本当に人間一人歩くぐらいの道なんだけれども、夕方になれば人が結構通るのよ。当時は人の家に行くときには礼服としてトゥルマギと言って、薄い生地で冬は白いやつ、夏になれば麻で作ったやつもあるんだし。そういうトゥルマギというのがあるのよ、上から下まで伸びるやつ。それを着て、そして冠かぶって。下人は冠かぶれないから、かぶったらだめなの。それで客が来たら、必ずうちに来るの。他のところに行かないわけ。村の人が遊んでいてもお客が来たら、ああ、あれはあの家に行くんだなと、そういうことは村で評判になっていたんだよ。それだけ家にお客が来たのよ。それでお客によっては、場合によっては、またご飯炊かなきゃいけないわけ。貧しい生活をしているのに。そういうふうにして来る、訪ねて来るお客でも粗末にできない、ある程度のもてなしをしなければいけないんだけれども、なにしろ貧乏なんだからね。だからお客が来たらね、村で若い人たちが集まっていろんな冗談言ったり雑談したりする遊び場があるわけ。そこに行けば、また今日もあのうちにメホテギ——うちのあだ名なんだから。どの家にもあだ名があるんだから。メホテギと言ってね、まあ、お客さん今日も来たんだな、というぐらいのものさ。

あの当時は村でもどこに行っても、両班・下人というのがはっきりしていたんだから。まあ、下人で裕福な生活をしている人を僕は見たことあるのよ。それは誰かというと、白丁《ペクチョン》（注4）。牛殺しの白丁。あれはね、どういうことかと言うと、あの子どもと一緒に学校に通ったから。その子どもも名前は李だったのよ、本貫は違うけれども。それで谷が一つあって、その谷は白丁が住んでいる家なんだよ。立派な家を持って住んでいたんだよ。相当昔だったら、ああいう家の子どもは僕らと一緒に学校を通えない。ところが時代がどんどん変わって、もう僕らの時代になっては一緒に学校に通うようになったのよ。その家に行ったことはないけれども、前を通ったことは何回もある。普通、田舎は全部藁ぶきなのに、その家は瓦ぶき。すごいんだよ。まあ、白丁やって金もうけたのかな、知らないけれども。商売が牛殺しなんだから。だから普通の年寄りには朝鮮では尊敬するんだから、会ったら挨拶もするし、ちゃんと礼儀をもって接するんだけれども。そういう白丁には僕ら子どもでも「はい、あれちょうだい」と言わず、「あれくれ」「あっち行け」「こっち来い」と、何かそういうふうな自分の友だちと同じような言葉を使っているのよ。大人に対しても。尊敬しないよ、白丁だから、下人だから。そういう風習があったんですよ、朝鮮では。当時はある程度の改革もできて、その子どもと同級生だったけど、いじめなんかも全然なかった。普通の子どももほど親しみはなかったけれども、話はするんだよ。

朝鮮の土は赤土で。田舎だから、山があっちこっちにあるんだから。土地の平らなところは土の層が厚いんだけれども、山の麓だとか、山のへりの斜面はしょっちゅう雨に流されてしまって。農業する人も馬鹿じゃないんだから、溝を必ずこう横に切る。土が流れないように。そうしても、大雨が降ったらそれを越えて流れるんだから。まあ、それで正直に言って、金がないから化学肥料はやれないでしょう。堆肥やるなんてとても。そんな田舎でも草刈るところがないのよ。みんな畑になっているんだから。そして牛も飼っていて。田舎ではほとんど一軒に一頭、飼っていたのよ。その牛もね、日本の牛の育て方と違うんだよ。草を刈って来て刻むのは同じなんだけれども、日本の刻み方よりはちょっと細かく刻むんだね。それで煮るのよ。大きな釜で煮るのよ。そして、煮てから、やるんだから。それ、煮るのが大変なのよ。薪がかかるんだから。ところが日本に来たら、馬でも牛でも煮てやるということは聞いたことも見たこともないのよ。みんな生でやっているような状態で、全然飼い方が違うんですよ。

そして貧しいんだから何でも食べた。食べないものはないんですよ。畑で野菜取れないんだから。土も痩せているんでしょう。肥料を買う金もないでしょう。だから野菜植えたって小さくて、あまり食べるところがないのよ。山菜に朝鮮式の黄な粉をつけて。日本は大豆を炒って粉にするでしょう。当時の朝鮮では炒らないで、干した生の大豆を臼でついて粉にするんですよ。大変なのよ、それは。その黄な粉を山菜にまぶしたり、山菜のおつゆにするときはその中に入れると、味が出るのよ。そういうふうにして食べると、皮膚が腫れないのよ。黄な粉を入れないで山菜だけのおつゆだと、栄養失調で黄色くなって顔が腫れる。ヨモギは若いときに採って来てね。本当は米やら粟やら麦やら、そういうものをいっぱい入れるんだけれども。当時は食糧がないから草もちを食糧の代わりに食べようとするんだから、米とかそういうものが入っていないわけなんですよ。だからまずいのよ、正直言って。それでもね、黄な粉をそういう餅の上につけると、いくらか食べられる、まだいいです。その黄な粉もつけないで、真っ黒な餅は……。中に粟か麦か何か、ちょっと入れたぐらいで、全部ヨモギだもの。真っ黒く見えるんですよ。まあ、そういうものを食べたり、今度はまた何を食べるかというとね。山の麓に行けば、葉っぱが丸くてツルには青い花が咲く、クズがあるでしょう。その根っこが美味いんです。栄養もあるし。ところが掘るのが大変。その根っこが深いんです。そして、その根っこの大きいところに澱粉が入っているんだから。昔、山のあっちこっち、クズを掘った後の穴に誤って落ちて死んだ人もいたんだから。とにかく深く入っていて、結構太いのが入っているとそう聞いたんだけれども。うちのところは、クズがそんなにたくさんないところだから、僕は掘ってはいないんだけれども。それから松の木がずっと伸びて、節目の長いところがある。このぐらいの松を切って、そしてその樹皮を剥ぐんですよ。するとその下に本皮があるんですね、水気が通る木との間に。その松の皮を食べるんですよ。それは食べられるんだけれども、作るのに大変。それを煮て、そのままじゃ渋くて食べられないんだから、それをぐつぐつ煮て、そして石の上で、洗濯棒で叩くんですよ。柔らかくして、そして草もちと同じく、穀物をちょっと入れて食べるんだけれども、食べられない。団子にして食べるんだけれども、固いのよ、その皮は。それを食べると、うんこも固くて。だからあれを食べると、排便しようにも出ないんだから。それで場合によっては、子どものうんこでも大人がほじくって出すくらいに固いのよ。

そういうこともあったんですね。そういうふうなものを食べて、命をつないで。まあ、雑穀はいろんなものがあって、粟でももち粟とうるち粟があるし。色もね、黄色いの、灰色の、また薄赤い色のもあるし、キビだってそうだし、トウモロコシだってそうだし。まあ、キビはね、雑穀の中ではまだ良いほうですよ。そういうものでも食べられればいいのよ。そのヨモギだの、松の皮だの、それからドングリだの……。ドングリの実を採って食べるのよ。だから、山に行ったってドングリがないのよ、みんな採ってしまって。それもある程度、熟してから採ればいいんだけれども、食糧がないんだから。早いときから、熟さないうちに採るから、早くなってしまう。麦を収穫するときも熟してから麦刈りすればいいんだけれども、早く食べなければいけない。食糧がないんだから、潰せば白い水が出るときに、もうすでに刈って……。穂を叩くと、白い水が出るんです。それをお粥にして食べたりね。麦刈りが早すぎても、そうやってそれ食べなければ死ぬんだから。大人はみんな黄色く腫れたんです。栄養失調で肌が黄色くなる、そういうこともありました。そして、キビももちキビとうるちキビがあるんだけれども、あるとき、朝鮮総督府がキビの栽培を禁止したことがあるのよ。他の国から買って来て。赤いもちキビの飯は食べると味は美味しいんだけれども、あまり消化しないんだね。ほとんど下痢した。僕が食べてみて、味は全然いいんですよ。それを腹いっぱい食べるんだけれども、そういうこともあったんだし。僕はそのとき小さかったけれども、とにかく生きるためにいろんなことをやるのを見ましたよ。兄や父たちが仕事をする畑がそんなに良い畑でないんだから、結局そういうふうにしなければ生き延びれなかった。それで学校通うのに、当時、シャツを着たことがない、一回も。上着は朝鮮のチョゴリ。シャツなんかないんだから、チョゴリ一枚。そういう服装で育ったんだから。そして風が吹けば、おお、冷える冷える。冬はね、そのチョゴりに綿をちょっと入れるの。中に、全体的に入れるようになっているんだけれども、貧乏な家はその綿も……。日本人が全部供出して持って行くんだから。機織りなんかするの見たら、鎌で切ったり、投げてだめにしたり。罰金取られたり、殴られたりするんだから。そういう生活をやって来たんだから。今ならとても考えられないことなのよ。あの当時は、それが実情なんだから。

小学校

僕は学校へ行くようになったんだけれども、学校に行かせる考えは全然なかったのよ。村の人たちの、少し飯を食えるような人たちの子どもが、学校に行って帰って来るのに、弁当箱叩いて、そうしてみんな笑って帰って来る。もう、それ見たらね、今度は自分も学校に行きたくなったのよ。それでその明くる年に、一二歳のときに、初めて私立学校に入った。甘川《カンチョン》私立学校。日本で私立学校というと、お金持ちが行くけれども、僕が育った頃はそうじゃないのよ。その学校はうちの村じゃなくて、峠を越えて行って。校舎はその村の有力者の家（注5）で、人々が集まって会議をしたりして。そこに板で作った粗末な机があって。生徒は近所の村々から集まっていて、多いときは一〇〇人以上いたね。うちの村から行っていた人が一番多かったけれども。子どものいる人も、同じ学校に行ったんだから。義務教育じゃないんだから、行きたい人は行くということで。また、行きたくても行かれない人もいるんだから。名前だけは学校なんですが、いわゆる書堂なんですね。

僕は父母、兄には何も言わずに一人で四月一日に行って、受付して来たわけ。それで帰宅後、今日、僕、学校に行って入学申込みして来たと言っても、家族は何も言わない。良くやったとも、悪いとも言わない。何も言わない。それでそのまま行くようになったのよ。兄たちはそのときはみんな二〇歳過ぎているんですよ、誰も学校に行かなかったんです。で、そこで二年生までやったんだよ。それで父は足が広いんだから、どこでも歩いて行くんだから。英陽郡だけじゃないのよ。あっちこっち、もう咸鏡北道の両班の誰のところのお祭りだと言ったら、必ず参列するんだから。父は字が書けないんだけれども、日にちは忘れないんだね。だから、どこの家の誰の死んだ日のお祭りの日がいつかということを全部わかっているんだよ。それで僕が二年生のときに村から二里（注6）離れたところに公立普通学校ができたんだよ。私立学校より公立のほうがいいよね。私立学校じゃしょうがないからということで、その公立学校に行くように父がやってくれたのよ。そのときにたまたまその公立の校長先生がうちの李と同じ李だったのよ。それで親戚であるから、何か恩恵があるだろうと思ったのか知らないけれども、校長先生が同じ親戚だから、まあ、そこに行けというふうになったのよ。ところが僕は子どもだったんだから、別に恩恵があるとは全然思わなかったね、ハハハ。あの当時、校長先生というと、村ではみんながこう奉っていたんだからね。それでその正足《チョンソク》公立普通学校の四年制を卒業したわけ。卒業したんだけれども、四年卒業じゃ、どうしようもないと。せめて六年くらいはしなければということになって。その学校は四年制しかないんだから。そこが六年制であれば、そのまま六年までいたんだろうけれども。それで同じ英陽郡内で日月面に、六年制の公立学校があったのよ。道渓日月《トゲイロル》尋常小学校（注7）と言ってね、それまで普通学校だったのが、僕が通うようになって初めて尋常小学校になった。日本の学校と同じくなったわけ。当時の普通学校は大きいところは六年制だったんだけれども、小さいところはだいたい四年制までだったんだから。それで僕が四年制卒業して、どうしてそこに行ったんだかというと、ちょうど父の姉の家がその学校の近くにあったのよ。そして僕が家から通うのがとても遠いんだから。その伯母の家に行って、ご飯を二年間もらって食べて、そしてそこの家の子どもと一緒に同じ布団の中に寝て、同じ学校同じ級に五年生に入って、二年間そこから通って勉強したのよ。その子どもは父の姉の子だから、義理の兄になるわけ。そういう生活やって、六年生終わったんだから。それでも本当にその後も苦労しっぱなしですね。楽なこと、なかったね。その後もその義兄はね、うちを何度も助けてやらなければならないということで、そんなに余裕の金はないんだけれど、畑を買ってくれたり、遠いところだけど、田んぼを買ってくれたりして、少し生活が良くなったのよ。伯母の家はうちよりは生活が良くて、年に五円以上の地税を納める有権者でね。選挙権があるわけ。ところが普通の人は五円納めないので有権者になれない。だから僕らは正直言って、選挙権が何だか、全然わからなかった。今になってやっとわかったけれども。当時は選挙権？何、そんなものあったって別に。ただ自分の好きな人の名前を書いて投票すればそれで終わりだし、まあ、いいんじゃないのかな、われわれに関係ないと、こういうふうに思ったけれども。だから有権者というのは自分で飯が食える人間が有権者、自分で飯が食えない者は、早い話が有権者にはなりえない。それがいわゆる有権者の権限というか、一つの誇りというか……。道渓日月尋常小学校には日本人の先生が二人いたのよ。大山先生とN校長先生で、N先生は五、六年生のときの担任でね。校長先生の家は学校を建てるときに別にちゃんと建ててあるんだから、学校に自転車で来るときがある。そのときに自転車に乗りたくてね。自分の自転車はないんだから。乗りたいんだけれども、子どもだから、それをこう……。先生に知られないように、乗ったりしてね。倒れたりなんだりしたこともあって。それで自転車乗りは習ったよ。

僕が学校通う当時は、朝鮮人でありながら朝鮮語を使うことができないんだね。日本語使えって言うんだよ。学校に入ったって、あいうえおの字もわからない、一の字もわからない、何もわからない者がね、急に日本語をしゃべれったって、それは無理なんですよね。ところが三年生以上に対してはどういうふうにするかというと、五、六〇センチぐらいの輪を作ってあるのよ。その輪は赤、白を巻いて目立つようにしてあって、学校内で朝鮮語を使った人にはその輪をかけてやるわけ。そうするとその赤白の輪をかけていると、あの人は朝鮮語を使ったということがすぐわかる。やっぱり子どもであってもその輪をかけられるのは恥ずかしいよね。それでその輪を自分がかけていたとしたら、誰か朝鮮語を使う人を見つけたら、輪をとってその人にかけてやる。いわゆる日本語を強要したということだけれど、そういうことをしても、まあ、少し単語ぐらいはわかるんだけれども、そんなに普通にしゃべれるもんじゃないんだもの。そういうふうに教育したんだから。(注8)

田舎にはお金がないから、鉛筆一本、こんなに短く、二センチぐらいになるまで使ったんだからね。その二センチになるまで使えるかというと、普通は使えっこないんだから。それを削って削って、昔、何とかいうタバコがあって、一〇本入っていて、一本は竹のパイプが付いているの。お金のある人は、いわゆる紙巻きタバコを吸うわけ。吸い終わるとパイプは要らないので、捨てる。そのパイプを拾って、鉛筆の短いのを削って挿して糸で巻いて、ぐらぐらしないようにパッキンして、そうして使ったのよ。だから僕は小学校通うのに、三つ学校変わったのよ。一番最初は私立学校、そして公立普通学校に二年通って四年生終えた。それで四年生じゃしょうがないから六年生まで出なければいけないということで、そのときに父がなんとか頑張って息子を六年生まで出さなければという気合があったんだね。

農業実修学校

それで小学校を卒業して、実修学校というところに行ったのよ。そこは本当の農業を実修するところで、名目は晴耕雨読。教科書の題目にそう書いてある。晴れた日は田を耕し、雨の日は本を読むと、そういうふうに書いてあるんだけれども、全く話とかけ離れて、農業専門でやるわけ。まあ、六年生を卒業して何かやろうとしてもあまりバックがないし、農業やるにしても仕事は僕がいなくても十分やっていけるような家族構成だったので、それで実修学校に行って来たら農業の指導員にでもなれるんじゃないかということで、実修学校に行くことにしたんだね。同じ村で実修学校に行って来て、農業の指導員をやっていた人がいたんだから。何しろ貧しいんだから、行くときにまず苦労したのよ。バスはそこを通っていたけれども、バス賃が一円六〇銭だか、そのぐらいだったと思う。そのお金がなくて、歩いて行ったんだから。実修学校は盈徳《ヨンドク》というところにあるのよ。家から歩いて、速く歩いて一日。一四里と言ったんだけれども、遠いですよ。盈徳という村はその近所では大きい村だったんですよ。何百戸あって、僕の村に比べれば都市みたいなところで、そこは海も近かった。（注9）入学したら、そこは全部自炊なのよ。生徒が家一軒に五人ずつ入って、二〇何軒あったから、まあ、一二五人ぐらいの生徒がいたのよ。そこは寝泊りする宿舎だね。そこに校長先生が日本人で、そして普通の先生が平山という日本人で、もう一人は金先生という朝鮮人だったのよ。そこに普通の学校みたいに給仕もいたんだし。

あそこの学校の農地がまた悪いんだよ。田んぼだって植えても育たないのよ。田植えするときが大変でね、なぜかというとあそこは雨水を溜めて田植えする田んぼだったし、田んぼがまた砂だらけで。代《しろ》かきやったってすぐ沈んでしまって、苗を植えることができない。掘って植えなければ植えられないような農地だったんだから。川の水を引いて来るような田んぼじゃないのよ。天の雨が降ると水が溜まる、そんな田んぼ、ハハハ。だから田植えのときには雨の降る日に、日を選んで田植えするわけ。それが田植えするのに手が痛くて大変なんだよ。砂が固くしまっていて、全然指が入らないんだから。普通代かきすると、上の土は柔らかくなる。でもこれは砂だから、すぐ沈んでしまう。そして苦労して掘って植えても、ほとんど育たない。雨が適度に降ればいいけど、雨降らないもの。砂地の田んぼに植えたって、乾いてしまってもうだめ。

それであのときはね、相当長い間干ばつで、七年干ばつがあったんですよ。僕は当時まだ学校に行かないで、家にいた頃だったけれども。田植えをしても水がなくて、植えた苗が乾いて枯れてしまう。それでまた苗代を作って二回目の田植えをするんだけれども、まただめ。それ以上は時期が遅くてもうだめ。それでその田んぼに何を植えるかというと、粟。でも粟を蒔いたって、水分がなくて粟も発芽しなかったんだから。そのときは水がなくて、大変だったんですよ。最後に蒔いたのは、ソバ。ソバがね、日が一番短くても何とか少しは収穫できる作物なんですね。今、日本人はそばを本当によく食べるんだけれども、そばは栄養がないんです。本当にあれは栄養がなくて、だから、そば飯をたくさん食べると、腹の皮が薄くなるんですね。僕も経験しましたよ。栄養はないんです。そして食べてもすぐ腹が減るんです。

まあ、収穫できるぐらいのいい田んぼは少しはあったんだけれども、砂地の悪い農地がほとんどでね。けれども、まあ、学校なんだからいろんな米の種類を試験的に少しずつ蒔いて農業をやったんだけれども。穀粒稲《こくりゅうとう》の何号、何号という品種名があったけれども、どれもあまりいい成績はない。一番成績が良いものは野菜だね。いろんな野菜を、ゴボウ、白菜、大根、トマト、ネギ、タマネギ。まあ、だいたいそんなものだったね。そういうのは結構良く育ったのよ。それを今度は生徒が全部町に持って行って売るのよ。まあ、貧しいんだから、そういう生活をして。それでご飯を炊くのに全部自炊なんだから。当番を作って、交代でご飯を炊くわけ。その当時、米のご飯じゃなくて一〇〇%麦飯なんだから。そうして麦飯をあのとき一人何合だったかな、あのときは非常時だからね、そんなに豊富な量じゃなくて。まあ、とにかく飯炊いて、丼で盛り切り。一〇〇人分ぐらいの麦飯を大きな鉄釜で一度に炊くということは、初めはできないんです。そのとき、初めてたくさんのご飯炊くんだから、焦げ飯ができたり、満足に飯が炊けないのよ。炊き方もわからないから、慣れなければ。焦げができれば焦げをみんなで分けるということなんだけれども、そうじゃなくても腹いっぱい食えないのに、焦げができればますます食えないのよ。もともと盛り切りなんだから、腹減ったからといっておかわりもらうことはできないんだからね。それで何しろ、学校から出てくる食糧は決まっているんだから。焦げ飯になろうが、何になろうが、学校には責任がないんです。炊く当番なんだよ。いや、当番だって別に責任があるわけないし……。ハハハ。まあ、メチャクチャなのよ、本当に。

生徒が住む建物の屋根は朝鮮の藁ぶきだったけれども、校舎だとか倉庫だとか先生たちが住む建物は日本の藁ぶきがあるでしょう、屋根を厚くふいたやつ。一回ふけば一〇年も二〇年もふかなくて済む、そういう建物なのよ。朝鮮の藁ぶきはこんな薄いやつ。毎年ふかなければ、腐って雨が漏るんだから。だから生徒の建物は毎年ふいたんです、屋根を。そしてご飯を食べるときに全員集まって食べるんで、そこに先生が一人、当直の先生というか三人の中の一人、交代で必ず一緒に食べたんですよ。いや、食べるふりをして、先生は麦飯食べないのよ。奥さんがいて、先生の社宅があるんだから、先生は社宅で食べる。そして麦を炊くのにあのとき何升炊いたか、一日三回炊くんだからね、二人一組の回り当番式で。だから初めのうちは苦労しましたよ、ご飯が炊けなくて。焦げ飯になったりお粥になったり、どうにもならない。それで味噌もたいてい自分で作って。当時は一〇〇％、豆で味噌を作ったんだからね。それで味噌が切れて、村に味噌買いに歩いたりして。早い話、あの味噌にはウジがよく湧くんですよ。そのウジ湧いたのが嫌でね、取って捨ててたら、味噌がなくなって。味噌買いに歩いたこともあったね。蓋をしたって、ハエはどこからか入るわけ。まあ、味噌の味はやっぱり自分らが作るのが美味いんだけれども、何しろウジが湧いて捨てたりしたんだからね。

その学校に来る人の中には金持ちの生徒もいたんだけれども、そうじゃない者がほとんどだったね。（注10）それで裸足《はだし》。それに当時は物価が統制になってお金があっても物が買えない、靴など買えないときなんだから。それで生徒はほとんどが裸足。その裸足で夏あの暑いときに、砂利の上は熱くてね、もう大変なのよ。それで朝方はね、もう足が痛いのよ。昼になったら歩いたり、もう大丈夫なの。ちょっと熱いんだけれども、痛くないんだよ。山狩りと言って、山に薪《たきぎ》取りに行くのも裸足で行ったんだから。まあ、本当にね、そういう訓練というのはおそらくその後ないでしょうね。それで薪の松の葉を切って、束ねてそこに積んでおくのよ。結構遠いところだったよ。歩いて二時間くらいだから、八キロ。片道八キロまではいかないかな、とにかく峠を越えて行ったんだからね。それで行くときには、その校長先生、鉄砲持って行くんだから。イノシシが出たんだから、ハハハ。それでイノシシ一匹獲ったこともあるよ。それ持ち帰って、皮剥いで食べたこともあるんだけれども。美味いよ。今ここにある豚肉よりずっと美味いよ。脂はないし、山で育ったんだから。それでその薪を運ぶのに、夜、行くんですよ。月夜に。

一九四三年に志願兵で出征する人がいてね。朝鮮人だよ。それをまた見送るのが盛大だったね。学校のすぐ近くに住む人が出征するので、僕ら学校の生徒全員が見送りに。「紀元は二六〇〇年」と歌を歌いながらね。そうやって出征を見送ったことがあるんです。それで学校の生活は朝起きて、朝飯前にちょっと朝仕事するのよ。野菜畑の草むしり、田の草むしりをちょっとやって、時間になったら帰って来てご飯を食べる。朝は朝礼があるのよ。そこに神棚があって、小さな神社があってね。生徒が交代で祝詞《のりと》をあげるの。先生が教えるんだから、やむをなしに習わなければ。「かけまくもかしこきあまてらすおおみかみのおんまえをおんたてまつり……」とか「はっこういちうのせいしん」とか、校長先生が字を書かないで、言葉で教えるんだけれども。交代で祝詞をあげるんだから、否応なく祝詞を覚えなきゃいけない。あまり気が向かないから結局は真似だけして、真似でも何でも交代でやらせるんだから。それが終わったら朝飯食べて昼仕事に出る。仕事出たら、また昼来て食べて、少しは休み時間があるのよ。まあ休んで、また仕事に出る。また夕方来て夕ご飯食べて寝るときは、天皇陛下の武運長久を祈る。部屋で五人家族（注11）が神棚に向かって、祈りをささげるのよ。そうして寝て、それの繰り返し。そしてあの校長先生がまた背も小さいんだよ、日本人で。当時、興亜というタバコがあってね。ピジョンが一番高くて、あれは香りがいいですよ。それであの先生が吸うのは安い興亜なんだけれども、あのときに一箱二〇銭したんだか三〇銭したんだか。それ一箱二〇本入り、それを一日七箱吸うんだ。口につけっぱなし、離せないの。消したらまたすぐつける。もうずっとつけている。七箱だから一四〇本だよ。（注12）それを毎日のように吸っている人だったんだから。

結婚

それで金桃紅《キムドホン》という女性と結婚してね。僕が樺太に行く一年ぐらい前だね。この女性との間に、子どもはできなかった。

出稼ぎ

結婚して間もなく、僕は江原道に出稼ぎに行ったんだから。一九四二年の春に行って、帰って来たのがおそらく一一月頃……。霜がおりたんだから。まあ、それまで客地《かくち》に行ったことないんだから、家が恋しくて帰って来たんだよ。江原道の三陟《サムチョク》というところ。墨湖《ムクホ》という港が近くにあってね。出稼ぎする直前に、墨湖に寄ったことがある。そこに行ってイワシを買って、イワシ汁を作ったのよ。美味しかったね。それで海からずっと入ったところの炭鉱に行ったの。炭鉱に行って機械部に入ったんだけれど、一日九〇銭もらって、飯代が六五銭なんだよ。すると二五銭残るのかな。当時は日曜日は休みがあったんだから、ひと月二六日か二七日満勤やったっていくらも残らないんだよ。二ヵ月、そこにいたかな。一日二五銭しか残らないんじゃしょうがないということで、そこで一緒に仕事やってた人があっちこっち歩き回って出稼ぎをする専門の人間で。その人が今度、上麻邑《サンマウプ》というところに新しい鉱山ができたんでそこに行こうと。そこは炭鉱じゃなくてアルミニウムの鉱石が出るので、そっちがいいから行こうと言われて。僕はよくわからないんだから、その人について行くことにしたのよ。またその人の奥さんが重い病気にかかっていて、そこの炭鉱で働いたんじゃ貧しくて病院も満足に行かれない。まあ、今考えたら危篤の奥さんを連れて行くのに自分一人では不安で、友が欲しかったんじゃない？そしてその人と行って、僕は飯場に入って、彼は奥さんがいるから社宅に入ったんですよ。そこは三和鉱山といって、新しい鉱山で坑口を開けるところだったのよ。そこの社宅が川辺です ぐ横を川が流れている。これじゃ少し雨が降っても、すぐ川の水が入ってくるのではないかなあと言ったんだけれども、案の定、雨が降ったら水が入ったりしたよ。だから奥さんの病気も治らないし、まあ、その男もおとなしい人で。夫婦とも歳は五〇過ぎていた。

そこでね、誰か僕が知っている人が、繋がりのある人がいたならば、僕は仕事をやらないで何か事務のほうに入ることもできなくもなかったんだよ。それで僕は飯場に入って働いたんだけれども、いくらもしないうちに飯場の書記になったよ。名前を書いて、誰が出勤して誰が出勤していないかを書いて、その帳簿を預かって、それで一日一〇銭もらっていたと思う。それで仕事の現場に行ってみれば、日本人が二人いてね。日本人があの当時、そんなところに来て土方のような仕事をやる人間は、当たり前の人間ではないのよ。どこか足りない、七分か八分、まあそんなもんで、ろくなやつがいないのよ。その中の一人で、目がギラギラしている人がいたんだよ。（注13）工藤という人で、僕が日本語できるからと言って、彼と一緒に組んで仕事をやらされたわけ。鉱山が始まったばかりだったから、坑口を開けるところに行ってモッコに土を入れてそれを運ぶという仕事でね。カマスを解いてモッコを作り、ひもをつけてモッコを担ぐ。そのモッコを担ぐのに工藤が先を担げば僕が後ろ、僕が先を担げば工藤が後ろ。二人だから二人で担ぐんだからそういうふうにして、それで夕方になって伝票を取りに行くの。カードを。名刺より一回り大きいかな。そこに細かく一、二、三、四……と一ヵ月分の毎日の日当が書けるようになっている。夕方、僕が「カード取りに行く」と言ったら「やあ、自分のも取って来てくれ」「いいよ」と言って、工藤と僕の名前を言ってカードをもらったの。そうして僕のをもらって見たら一円四〇銭なのに、あいつはいくらかというと全然違うんですよ。二円ならまだいいよ。四円五〇銭なんだよ。まったく同じ仕事なんだよ。モッコを担いでいたんだから。モッコを担ぐのに一人じゃ担げないんだから。二人で担ぐのに前、後ろ、立つだけなんだから。だから僕が考えたんだよ。日本人が朝鮮に来て働くのにいい生活をやっているわけだと。これじゃ朝鮮人がいくら一生懸命働いたっていい生活ができるわけがないと。

それで何日かやって一週間後には、別の人の手元（注14）でやれと言われた。結局、他に日本語ができる朝鮮人がいないんだよ。僕も若いんだし、言葉が通じるんだから。「トビの人について行って、手伝ってやれ」って。そこにトビやる人もいたのよ、鉱山だから。発破（注15）詰めたりなんかするのに、トビがいたのよ。トビの人の仕事は毎日あるわけではないんだけれども、その人の手元に行ったのよ。言葉が通じるんだから、あっちこっちでも使いやすいわけよ、僕は。そしてそこで何日かやって、何か倉庫を造ることになって、手元に行ったのよ。そうして夕方帰るときに「カード取りに行きます」と言ったら「ああ、俺の分も取って来てくれ」と言うから「はい、いいですよ」と言って取りに行ったわけ。そしてその人のカードを見たら、これは何か間違ったのではないかと思ったのよ。いくら見ても間違いではないんだけど。どう見てもこれは一八円。そのとき、僕はそれでも前の炭鉱より五〇銭も多いので、そこで働いたんだけれども。僕がトビの手元に行ったんだけれども、その日はトビの仕事はなかったのよ。まあ、トビが高いところを歩くとか何か難しいことをやるならば仕方がない。ところがこれは別に何でもない仕事なのに、一八円だから僕の一〇倍以上だよね。一一倍か一二倍くらい。それで故郷にいるときに、父が友だち同士で集まって話をしているときに、搾取という言葉を使っていたんだけれども、正直言って僕は意味がわからなかったんだね。何が搾取というんだか、言葉がわからなかったのよ。ところがそのとき、搾取という言葉が思い出されて、日本人がこんなに朝鮮人を搾取するんだから。だから僕はそのとき、そこですぐ言ったの。朝鮮人が一生懸命働いたって良い生活ができっこないと。僕はそこに行って初めて搾取という言葉の意味をわかるようになったのよ。搾取という言葉が頭に叩き込まれたわけ。これじゃ朝鮮人が良い生活をするなんて思わないほうがいいと、そこで悟ったのよ。それで秋になって……。江原道だから秋になったら寒い風が吹いてねえ。もうそろそろ一〇月頃だったんだから、これじゃ雪でも降ったら大変だと思って、家が恋しくてそれで帰って来たわけ。それで家に帰って来たときに七ヵ月出稼ぎして、二六円か二七円持って帰って来たかな。そのお金は、そのとき、家内がいたんだけれども、全部父に渡したのよ。それ、余計なところに少しも使っていないよ。七ヵ月働いて、それしかなかったんだから。そこに少しでも知っている人がいれば、仕事やらなくて監督でも十分できたと思うの。誰も知っている人がいないんだから、どうしようもなかった。ああ……。

農業指導員

出稼ぎに行って戻って来た。戻って来たって何もすることがないんだから。それで父が面事務所に行って、どこかに使ってくれないかと何か言ったんじゃないかと思うのよ。それでとにかく面事務所の農業指導員になって、一ヵ月やったらすぐ免職されたのよ。臨時採用だということで。一ヵ月やって、その給料ももらわないで、募集に行ったのよ。

樺太行き

募集に行くときにその面長がある程度僕を認めてくれてね。（注16）本当は隊長にさせてやるつもりだったんだけれども、すでに募集は進んでいる。人も集まっていて、隊長も決まっているが、お前に何の役もつけないわけにもいかないと言われて、旗手―旗を持つ―そういう名目で行ったんだよ。それで出発するときに、母が自分の末っ子として育てた子どもが遠いところに行くというんで、二里の峠を越えて郡庁まで僕を見送りに来てくれたのよ。もうそのときは準備はみな終わって、トラックも来て人がみな乗るような状態になっているときで。五〇人が二台のトラックに分乗して二五人ずつ乗って出発するようになったんだけれども、そこにこう見たら母が来たんで、母と話すときに、母は「まあ、行かなくてもいいんじゃないか」と、こういうふうに言ったり、いろいろ話したんだけれども。二年間終われば、ちょうど母は還暦にあたる年になるのよ。それで母に言ったの。「二年間終われば必ず帰って来ますから、二年間、我慢して下さい。待っていて下さい」。そうしたら母はね、僕の名前を呼びながら「お前は遠いところへ行ってしまう。いつ帰って来るのか……」とか言ってね。身世打鈴《シンセタリョン》。まあ、貧しい生活をしていたんだから、朝鮮の女となれば身世打鈴が出るのはごく自然だと思うのよ。そして涙を流しながら、小さい包み（注17）をくれたの。（注18）田舎だし貧しい家だから、何にもお土産というのはないわけ。別れて後から包みを解いてみれば、黄な粉。黄な粉を少し包んでくれた。それをお土産としてくれたわけ。いかに家が貧しいかということが、それだけでも十分わかるんじゃないかな。そのとき、面長が僕のところに来て、言ってくれたんですね。どうしてその面長――面長といえば役場の部長の立場にいる人なんです。その人がどうして僕のところに来て詳しいことを言ってくれたかと言うと、僕がちょうどそのときに農業指導員をしていたんです。短期間ですが、四月にやって五月からまた継続して僕にやってもらわなければいけない立場だったんだね。その面長が僕のところに寄って来て「あんたまだ若いんだから、二年間の期間が過ぎてもまだ若いし。帰って来たら絶対にいいところ世話するから心配しないで行って来い」と。そして「今回募集で行かなければ、お前ら兄弟が多いんだから、どうしても徴用にかかるんだぞ。徴用よりは募集のほうがいいんじゃないか」と。そういうふうに、そのときに行かなければすぐ徴用されることを、そこで初めて知ったわけ。それで募集に行ったのよ。そして僕が樺太に行っていくらもしないで、三番目の兄が徴用で九州の炭鉱に行ったんだね。

それで安東《アンドン》までトラックに揺られて行って。途中にリスガンというところが峠のようになっていて、あの峠を越えるときは正直言って寂しい気持ちがしたね。僕がこの峠を今越えればいつ頃帰って来られるか？　まあ、二年間という期間はあるんだけれども、二年間という期間を無事に過ごしてこの峠に戻って来られるか、という心配は正直言ってあったんです。でも、もうトラックに乗っているんだから。そして汽車に乗って釜山《プサン》に着いたのよ。そこの日本人が検査するのに、丁寧な言葉なんか使わないんだから。「お前の父はいるのか」「名前は何と言うんだ」「お前の歳はいくつだ」。とにかく馬鹿にしたような言葉を使って聞くのよ。まあ、そして船に乗ったんだけれどもね。その船は関釜連絡船で、一番底の薄暗いところ。小さい電球で本当に薄暗くて、見たら他のところから来た人たちも乗っていたよ。そして下関に着いて、上陸してどこかの旅館にちょっと一服しに入ったんじゃないかな。その旅館の便所が汚くてね。小便用の白い便器に黄色いカスが溜まっていたのが今も目に浮かぶ。それが気になって、頭から離れなかったね。そこで一服してまた汽車に乗って（注19）、ドッコイドッコイと走って行って、京都辺りで一人が逃げちゃったの。逃げてからは警備が厳しかったよ。峠上がるときに、汽車がドッコイドッコイと上がって行くところがあったよ。あまり速度がなかったから、逃げようと思ったらいくらでも逃げられる。恐らくそこで逃げたんじゃないかなと思うのよ。ゆっくりだから、飛び降りたわけなんだよ。それで警備が厳しくなって、汽車のデッキに人が立って警備したんだけれども。もう僕は酔って、田舎者が汽車も自動車もあまり見たことのない者が、自動車に乗ったり、船に乗ったり、汽車に乗ったりしたんだから。全然食べ物を受け付けない、三日間何も食べられなかったのよ。何しろトラックも、汽車も、船も乗ったことなかったからね。吐くようなことはなかったけれども、とにかくものが食べられないのよ。お昼が出たり、何かいろいろ出るんだけれども、全然食べられない。それで汽車が平野を走るときに、僕ら国防色の服を着ているんだから。そして戦闘帽のようなものをかぶっているんだし、だから兵隊が出征でもするんじゃないかと思って、あのとき、田植えしていたんだか、働いていた人たちが立って腰を伸ばして手を振ってくれた。そして僕らも腕を振ってあげたりしたんだけれども。まあ、兵隊が出征して行くんじゃないかと思ったんじゃないかな。何しろ、その服（注20）が国防色で、そして詰襟で兵隊さんが着るような服によく似ていたんだから。その服の生地がね、普通の生地じゃないのよ。スフと言って、弱いんだ、それがまた。洗濯もできないと言ってたんだから、その服は。ハハハ。樺太着くまでそれ着ていて、そこ着いたらもう、あっち破れたこっち破れたで、みな捨ててしまったような代物で。それで上野駅にちょっと降りて、その後、青森駅で降りて旅館に入ったんだけれども、そこに泊まったんだかどうだか。青森に行って、あのときのリンゴが（注21）このぐらいの大きさかな。今より全然小さいよ。濃い真っ赤な色で、美味しかったね。本当に美味しかった、あのリンゴの味はね。国光と言ったよ。ピカピカ光ってててね、とにかく美味かった。甘いし、あんなの食べたことないんだから。そのリンゴを食べて、そしてそこでご飯が出たとき、どうして食べたかというと、黄な粉。母からいただいた黄な粉。あれをかけたらいいんじゃないかなと、食べられるんじゃないかなと思って、それをかけて食べたら、食べられた。それでご飯も美味しく食べて、リンゴも食べて、そこでなんとか生き返ったような気がしたよ。黄な粉は豆を炒って粉にしたんだから、美味いんだよ。僕は子どもの頃、よくそれをご飯に混ぜて食べたことがあるんだから。それでご飯を握ったり。粉だから、ご飯握っても手にくっつかないだろ、そういうふうにして食べたことがあったんだから。

ご飯に黄な粉をかけて食べたら、美味かったのよ。それで腹いっぱい食べて、そこで生き返ったわけ。それまで半分死んでいたんだから。

その明くる日、船に乗って函館へ。そして稚内に行って、大泊に。そういうふうにして渡って行ったわけですよ。故郷を離れてから内渕《ないぶち》まで一週間かかった。内渕に着いてすぐ見たら、ちょうど一週間だったよ。

注1）両親はしょっちゅう、喧嘩していたという。

注2）豚を飼ったこともある。豚は殺して家で食べたという。鶏を家で飼っていて、卵は売ったり家で食べたりした。卵は一個五厘か一銭で売れた。家では卵をかきまぜて醤油味に煮て、父や兄が食べた。春になると食糧が尽きて栄養失調になり、兄は顔が黄色く腫れた。

注3）主な現金収入は、葉タバコと養蚕だった。また、畑の草取りは一食付きで一日一〇銭、田植えや田の草取りは一食付きで一日五〇銭になった。お年玉に三銭もらったのを親に二銭取り上げられたのを、今も忘れない。

注4）李朝時代の身分制度で最下層に位置した被差別民。家畜のと殺や柳行李作りを職業とした。

注5）呉一族が管理運営していた書堂《ソダン》である。

注6）八キロメートル。

注7）授業料は月に五〇銭。他に画用紙、習字の半紙代として月に五銭が徴収された。

注8）都会の学校と違い、田舎のこの尋常小学校では五、六年生に朝鮮人の呉（オ、くれ）先生が朝鮮語で朝鮮詩（李退渓《イテゲ》、李栗谷《イユルゴク》等）を教えたり、トムスンシで道徳を教える授業があったという。

注9）港町の浦項《ポハン》までは四里の距離だった。

注10）世間からは「乞食学校」と呼ばれていたという。

注11）各部屋に部屋長がいた。また部屋ごとに神棚が設けられていた。

注12）一日五箱までは支給されて、それ以上は自己負担だったという。

注13）梅毒にでもかかっていたのだろうか。

注14）助手のこと。

注15）ダイナマイト。

注16）尋常小学校六年卒で、日本語に不自由しなかったことが評価された。募集に応じた朝鮮人のほとんどが、日本語ができなかったという。

注17）小さな布切れに包んでくれた。

注18）これが生涯の別れとなった。その後、母は死ぬ間際に「フィパルはまだ来ないのか。まだ来ないのか！」と叫ん

でいたという（大伯母の話）。

注19）団体専用の有蓋貨車で、一般の乗客はいなかった。何両編成かは不明だが、全員が樺太行きだった。貨車なので椅子はなく、床に座った。李さんら五〇人は一つの車両に乗せられたという。

注20）出発地の英陽郡庁で服装を整えた。これは逃走防止の目的があったという（李羲八）。

注21）リンゴは旅館で食べた。旅館で出たご飯は、麦混じりだったが米のほうが多かったという。

二　樺太時代

着山・訓練

当時は、内渕炭鉱の石炭を運び出す線路があってね。汽車がその線路で坑口のところまで行ったんだから。そこで降りたんだけれども、おそらくそこが内渕駅だったんじゃないかと思うんですよ。それで汽車を降りて西内渕に行くんだけれども、どこが西内渕だかわからないんだから。とにかく坑口まで歩いて行ったら、ちゃんと手配が出来ていて、坑口に鉱夫たちを運ぶ車があるのよ。人車があるのでそれに乗って、五分か一〇分ぐらい坑内を走ったんだろうね。そこで僕が人車に乗るときに、ああ、ここは炭鉱だということを自分なりにわかって、これで生きて家に帰るというのは、まず難しいなというふうに考えたわけですよ。あんな人車に乗って、坑内入ったことないんだから。入口に炭鉱と書いてあるんだろうけれども、それも分からなかったです。その人車に乗って、降りろと言うんで途中で降りたのよ。そしてそこにまた横に行く坑道があって、人間が歩けるようなところなんだけれども。その上り道、斜坑がまあ二〇〇メートルか三〇〇メートルあったんでしょう。とにかくそこを上がって行ったら、空が見えたのよ。坑外に出たのよ。一安心したんだけれどもね。僕は坑内に閉じ込められるかと思った。そして閉じ込められて仕事やって死んだら、どこかに処分されるんじゃないかなと思ってたのよ。それで坑外に上がって一安心したという……。誰にも言えないし、自分一人でそう悟ったんです。

これは内渕炭鉱に着山した初日の話。一九四三年六月の六日あたりじゃないかな。慶尚北道の英陽郡を出発して、昼夜行って一週間以上かかったんだからね。それで西内渕のほうに出てみたらすぐ川が流れていて、水も結構あるし。それで家を出るとき、父が言うのに、日本は水はそう心配ないというような話を聞いたのよ。樺太はあまり発達していないから、人が飲める飲料水にはそんなに困らないだろうと話してくれたのを思い出してね。やっぱり父は歳いってるんだから、友だちと話す中で飲料水のこと、水資源のことを知ったんじゃないかな。それでちょっと高いところに立ってこう見たら、川は青々とした水が流れている。支流のあたりにまだ氷が残っている。氷が見えたんだからね。ああ、ここは寒いところだなと思ったんですよ。そこから寮まで歩いて行ったんだけれども、四寮というところでね。一、二、三寮があって、その向かいにも寮があって、それはまだ建てて新しかったの。そこは全く新しいし、樺太式で丸太を組んで建てたんだから、がっちり出来ていたんだしね。僕のいた四寮は一、二、三寮と二キロぐらい離れたところにあったよ。そして中間に至誠寮という日本人の若い人の寮があったし、季節の寮もあってね。季節の寮は秋田の人が農繁期は帰って農業をやり、それで農業がある程度片付くと一一月頃に来て炭鉱の仕事をやる。それで金もうけして、また春になれば農業をやる、そういう寮もあった。それで寮に入ったんだけれども、僕が入る四寮が一番悪い寮でね。家がこういうふうに建っているんだけれども、二階はこうなっているところは人が立てないのよ、低くて。屋根がこう斜めになっているでしょう。だから広さはあるんだけれども、低くて立てない。一階はちゃんとした造りになっているのに、二階は全部そのような造りでね。それで僕は二階に入ったわけなんですよ。

それで訓練期間があったんだから、まあ、しばらくの間、訓練をしたり。訓練するのに二キログらい離れたグラウンドまで歩いて行くんだけれども、そこに行ったらグラウンドが広くてね。上のほうにあれだけの運動場を造るのに、相当の人が働いたと、骨を折ったと思ったね。相当広いんだもの。その運動場で訓練を受けるんだけれども、僕はいろんなところで訓練を受けたんだから。小学校のときから訓練を受けて分列行進までやったんだから。それで学校終わって、開拓民訓練所も短期訓練所で三ヵ月から六ヵ月ということで訓練を受けたことがあるんだし、農業実修学校では一年間という一番強い訓練だったし、訓練はいろんな訓練を受けて来たんですね。それでそういうふうにして現地に行ってどういう状況かというと、農村でみんな農業をやっていた農夫なんですよね。それが急に行って団体行動をとるわけなんですが、日本語がわかるわけじゃない。中には少しは片言わかる人がいたんですが、それはほんの稀で、ほとんどが日本語が話せない。話せないからもちろん日本の字も書けない。まあ、こういう人を現地に連れて行って、訓練をさせるんですね。訓練はどういう訓練かというと、非常時だからもちろん教練です、軍事教練ですよ。分列行進まで教えるんだからね、それわかりっこないんですよ。それがあまりにもできないというとビンタを食わされる人もいたわけなんだね。まあ、訓練期間が三ヵ月ぐらいあったんだけれども、僕は幸いに日本語も少しできたし、学校通うときにある程度体操の時間に訓練も受けたんだから。あの当時の体操の時間は普通の体操はあまりなくて、ただ訓練だけなんだね。教練みたいなもので。木刀を持って、木刀体操といってね。

あれは完全な軍事訓練なんですね。そういうことをやった経験があるんだから、そうたいしてひどいとは思わなかったですが、そういうことを見たこともない人がそういう場面に遭って、大変苦労したわけだね。それでもたもたすると、早い話がビンタを食わされる。そういうことがあったわけだね。

炭鉱労働（坑内）

それで、まあ現地に行って着いて、訓練が三ヵ月あり、現場に行って仕事をするんだけど、初め行くときには人造石油株式会社（注1）というところで、いわゆる人間が石油を造る会社と思っていたわけ。行ってみたら全然違う。炭鉱なんだね。そうして日当というものがあるわけ。一日働いていくらというのが。初めに僕らが朝鮮で広告を、ビラを見たときには、坑外が四円五〇銭、坑内が六円五〇銭とあったんだね。その広告を見たときに、僕はおかしいなあと思ったのよ。人造石油株式会社なのに、なぜ坑外はいくら、坑内はいくらというのか？　これはひょっとしたら土の中に入って何かやるんじゃないかなと思ったんです。それで現地に行ってみれば炭鉱だったんだね。だから坑外、坑内とあったわけなんだね。

そして炭鉱には石炭を掘る人、材料を運ぶ人といろんな職場があってね。僕は鉱務機械部に入ったけれども、初めてなのでわからないんだね。炭鉱で使う機械があるんですね、いろんな機械が。ベルトコンベアもあるんだし、削岩機もあるんだし。掘進するのに硬い石に穴を開けて発破をかけるんだから、そういう削岩機を使ったんだね。

それで僕は鉄管運んで、エア管運んで延ばしたりなんだりしたんだから。コンプレッサーで空気を圧縮して、その空気を鉄管で送るわけ。それでドリルやらハンマやらを動かすんだね。ハンマでも45だとか39だとか、いろんな種類があるんだよ。僕が扱っていたのはハンマ45が一番大きかったけれどもね。まあ、その大きいやつはそのまま担いでやるのは大変だから、あのとき、足場にスタンドを立てて押すというようなところもあったんだけれども、大体その炭鉱ではね、そんな大きいやつは掘進するところだけ。本坑を掘るときだけ大きいものを使って、石炭を掘るところはコールピックだとか、さもなければドリルで穴を開けるのよ。そして二日ぐらいやると切羽《きりは》が前へ進むから、今度は鉄管をばらして、鉄管をまた切羽の近くに持って行って、そういう作業をやったんだけれども、まあ、最初の六インチの鉄管にはまいったね。重くて、もう担げないんだから。鉄管は直径が一インチ、二インチ、三インチ、四インチ、五インチ、六インチまであってね。そして厚みが五ミリぐらいあって、長さが五メートル半あるんだよ。六インチだというと一五センチ。それが一番大きかったのよ。それ二人で担ぐんだけど、僕、とても担げなかったなあ。

坑内には扇風機というのかね、布でできた太さが直径五〇センチぐらいあるでしょうね。それをシャーと延ばして、その奥の空気を外に送り出す。排気。そうやって空気を回してガスが溜まらないように。それらもみんなが専門、専門で。鉄管延ばす人は鉄管延ばすのが専門、空気管を延ばす人は空気管の専門。専門専門がみんないて、そういうふうに炭鉱でやっていたんだね。石炭掘るのも本坑をこう掘るでしょう？　初め、坑口を開けて掘っていく。そうして専門家がもちろんそれをやるんだろうけれども、その石炭の層によって枝のように坑道を延ばすんだからね。それで一番下がこう行って、そうしてここで一メートル五〇、二メートルぐらいの高さになったところに、そこから石炭を掘る層があるわけ。その石炭層が一メートルぐらいのところもあれば、二メートルぐらいのもあれば、まちまちでね。その石炭層がこう斜めに傾いていて。なんか三〇何度と言ったかね。きついですよ、うん。立って歩こうとすると支柱に掴まらなければいけないような傾斜でね。そうして石炭は層になっていて、層を掘るんだから。石炭層はあるところは一メートルよりもまだ狭いところもあるし、何メートルも石炭層があるところもあるし。そこは坑内掘りではなく、露天掘りしなければ掘れないようなところもあるしね。僕は切羽で採炭はしなかったけれども、ただその近くまで鉄管を延ばす。足りなかったら何本か持って行って、鉄管も延ばす。六インチの鉄管はそんな奥まで持っていかないんですよ。コンプレッサーのあるところは太い鉄管で、それからだんだん坑内に入ってもその六インチの鉄管で行って、それで坑内に入ってあっちこっち分かれるわけ。一号、二号、三号、一中階、二中階、三中階まであったんだから。三中というのは石炭層が一層あったとすれば、五メートルか六メートルぐらい間を置いてまた石炭層があるんだからね。それで一中、二中、三中。こういうふうに石炭層があったのよ。まあ、それで炭鉱の石炭を掘るのに、どんどん前に進むんだから。途中どこで分かれるか、そういうのを全部見計らって。枝分かれするときにはチス(注2)を使うわけです。チスはこの角《かど》が九〇度のやつもあれば用途によって注文するんだから。そういうふうにチスを使って、そのところはエア管を二本で巻ける。そうやってある程度先へ行くと、鉄管を細くするんですね。六インチからすぐ細いやつにインチを落とす場合もあるし、徐々に落とす場合もあって、まあ、それは場所に応じてそういう使い方をしていたんですね。採炭現場の鉄管は細いのよ。まあ、二インチといって全然細いんだから。その二インチの鉄管に何箇所か穴を開けて、そこにミップル（注3）をはめてホースの取り出しを作って、それでつなぐわけ。エアがそこから出るんだから、それで石炭を掘るのよ。一日石炭を掘ると、大体二メートルぐらい進むんだから。

炭鉱労働（坑外）

初めのうちはそういう炭鉱生活をやったんだけれども、機械を掃除したり直したり貸したり受付したり、そういう仕事を日本人がやっていたのよ。その日本人が出征してしまったんだから。兵隊に行ってしまったんだから、結局、言葉も通じる、字も書ける、ちょうどいいということで僕がそこに入ったのよ。だから僕はいつも事務所にいるわけ。事務係が全員、坑内視察に行ったときには、電話番をしたり。まあ、そこにね、ずっと並んで鉱務所があって、朝、朝会のときに坑内員がそこに集まって番割を分けたり体操やったり朝礼をやるところ。それから繰込《くりこ》みに来てそのカードもらって、風呂の更衣所で着て来た服を脱いで、それを畳んで籠に入れて預けるのよ。そうして作業服を出してもらって着替えたら、安全灯のところに行って安全灯もらって、みんなカード出すんだから。そして僕のいる機械のあるところに来て、どこの何号、何々現場と、その現場名を書いた係の証明があって、サインがあってね。そうして何々をもらって来いと、ドリルならドリルとか、ハンマならハンマだとか、タガネだったらタガネ何丁だとかいうものを、その道具を借りて作業に行くわけ。僕らは貸してやって札もらって、それで終わり。また夕方になって持って来る人もいるし、それをどこかに隠しておいて、明くる日に持って来たり。あれ、重いやつ、大変じゃない？　本当はだめなんだけれども、ある程度大目に見て「それでいいよ」と言うときもあったのよ。それなぜだめかというと、山（注4）が来て埋まるときがあるんだから。なくしたら僕が怒られるわけだよ。それで帰りは反対に道具を返して、作業服は脱いでそこに預けて、そして風呂に入って、普通の服に着替えて帰るわけ。

それでその先に電話の交換台があってね。そこに電話がそんなに沢山ないんだけれども、交換手が二人もいたのよ。女の子。一人は佐藤といったし、もう一人は小さい子でメンコかったのよ。名前が何といったかな。僕が事務所にいるんだから、しょっちゅう、いたずらで電話するのよ。寂しいから歌でも聞かせて。すると向こうも歌を聞かせてくれたりね。まあ、そんなこともやったの、ハハハ。隣りの安全灯のところも仕事をやるのはみんな女の子だから。みんな秋田から来てね、美人がまた多いんだよ、ハハハ。それで、僕、流行歌はほとんどそこで習ったんだから。彼女たちはどこで覚えたか知らないけど、僕は田舎から来て寮に入っているんだから、そんな機会なんかないんですね。まあ、だから僕は炭鉱に来て、一番最初、鉄管を担ぐときは何ヵ月間苦労したんだけれども、力が弱くて担げなくて細い鉄管のほうに移ったりしたんだけれども。そしてその鉄管のほうをやめて、そこの道具を貸すところに入って、そこで長くいたんだから。そこでいろんな人と付き合いもできたんだし、電話交換手とも少し仲良くなったんだね。電話して、歌を歌ってもらったり、余計な話をしたりしてね。

それで仕事で働いたお金を本人に渡してくれたかというと、そうじゃないんだよ。その当時は報国貯金というのがあって、貯金させられるんですね。僕が一番最初に会計をもらったのが三十何円かだったんだけれども、その中から飯場費を引いて小遣いを月に三、四円、初めのうちはね。それが後になって五、六円になったんだけれども。それだけ本人に渡して、後は貯金だよ。強制貯金。それで故郷に送ろうとしても、送金もままならなかったんだから。それで、当時おかしいなあと思ったのは、僕は一九四三年六月に入ったんだけど、七月八月と後から入って来る人がね、どんどん賃金が多くなるんだね。僕が初め行ったときに坑外が四円五〇銭といったのが、現地に行ったら二円五〇銭しかくれなかったのよ。班長であれば一〇銭ついて二円六〇銭。そしてその一ヵ月後に来た人は三〇銭ぐらい高くて、次から次へと後から来た人が三〇銭か四〇銭ぐらい上がっていく。それでも僕らは何一つ言えなかったんだね。言ったって聞いてくれなかっただろうし。これが会社の方針なんだから。下の者が何言おうと、そんなの聞いてくれないんだね。

僕は仕事はまじめに行くし、寮にいたって何も騒ぎもしないから、寮長からも誰からも憎まれはしないわけ。まあ、信用はあるわけなんだよね。それで僕は寮長に、家は農家で貧しいから少しお金を送りたいと話して、募集で行って三ヵ月ぐらいかな、家に三五円送っただろうと思うのよ。それから二ヵ月ぐらいして、世話になったからといって、いとこの兄さん（注5）のところに三〇円のお金を送ったのよ。実家には父のところには三五円送って……。その兄さんの家には僕が五、六年生の学校を通うときにお世話になったんだから。ご飯もらって食べて、そこで寝泊りして、そうして学校に通ったんだから。まあ、あの当時の三〇円は田舎では農業指導員やっていれば、一ヵ月分の給料だからね。それを送ったんだけれども、何も受け取ったという返事がないんだよ。それで兄さんの手紙には、別に家は心配しないで、体だけは元気でいて来いというふうな返事が一回来たんだけれども。まあ、そのときには手紙ではお金を送りますというふうに書くでしょう。そしたら、寮の事務所で開けられて要らないことを書いたところは全部黒墨を塗って読めないようにするんだから。朝鮮から来る手紙も同じこと。それで手紙が来てもお金を受け取ったとか受け取らないとか、そんなこと何も書いてないわけ。それがどれも届いていなかったんだね。それがわかったのは、戦後、僕が樺太から日本に引き揚げて来て、韓国に一六年ぶりに行って聞いたら、もらったことないと。その兄さんたちが嘘を言う人じゃないから。僕が二年間ご飯をもらって食べた家は有権者で年に五円の税金を納めたんだから。その家に迷惑をかけましたから、ありがとうと言って、手紙を書いて、そして送金したんだけれども、一六年後に行って聞いてみたら、もらっていないと。実家には二回ぐらい送ったと思うんだよ、三〇円ずつ。ところが着いていない。それで、両方とも届いていないんだからね。手紙は秘密は全部墨で塗って送っているときだから、わからないんだよ。戦後、行って聞いて、初めてわかったんだから。僕が直接、郵便局に行って送金したわけではないんだから。通帳は一度も手にしていない。それはもう寮長が預かりっぱなし。そういうことは全部寮長が一任、預かって、送ったりなんだりは隊長たちにやらせるんだから。だからおそらく僕は、隊長たちがそれをポケットに入れたんじゃないかなと思うのよ。僕は送っていないと思うんだ。送っていれば、着くんだよ。初めから送っていないの。郵便為替の控えの半券とか、領収証もらったことないんだから。為替で送金したら領収証をもらうなんてやったことないんだから、わからないわけよ。僕らを樺太に連れて行った隊長のやつらが、そのお金を横取りしたんじゃないかな。朝鮮人隊長が朝鮮人鉱夫のお金を横取りするかって？　やりますよ。お金は欲しいんだから。朝鮮人だって真心を持っている人間だったら別だけど、そういう人間は数少ないんだから。とにかく人を踏み倒しても自分は上がろうという時代だったんだから。そのときの隊長にろくなやつがいなかったと思う、僕は。（注6）当時、寮では寮長（注7）が一番上なんだけれども、その下に隊長（注8）が四人いてね。一人は事務所に行って事務をとっていて、三人は寮内にいて寮の事務をやっていたんだから。この三人のうちのどいつかが横取りしていたわけ。うすうす後からわかったんだけれども、どうすることもできないし。あいつらは権力を持っているんだし、こちらは従うほうなんだから。そしてそのときは非常時で、何か変なものを朝鮮に送れないし、早い話がお金をいくら送りましたと書けば、それは良くないからと黒く塗られて送られたり、その返事も黒く塗られているわけ。また、それが検閲しましたというのがちゃんと貼ってあるんだから。まあ、それをどこでやったか郵便局でやったのか知らないけれども、検閲しましたという紙が貼ってあるのよ、あの当時は。もちろん笠井という寮長がいたんだけれども、おそらく寮長は横取りしなかったんだろうと思ったわけ。それで山田という漆谷部隊の隊長がいてね。日本人女性と一緒になって日本に引き揚げて来たんだけれども。

何を悪いことしたんだかわからないけれども、あのやろう、すぐ奥さんと別れて北朝鮮に行ってしまったのよ。ここ（注９）にいて下手したら叩き殺されるもの。そいつがやったとみんなが内定していたんだから。そして倭館部隊の隊長はちょっと弱々しい隊長でおとなしかったのよ。英陽部隊と倭館部隊と漆谷部隊の隊長が悪かったのよ。待遇も良くしなかった。僕らを馬鹿にしていたのよ。それと大邱部隊の隊長だね。その四人がうろうろして遊んで、お金もらっているわけ。結局、そういう人らが郵便を送ったり受け取ったり、小遣いかせぎをしたのよ。他にはする人がいないもの。それから一九九〇年に僕がサハリンに行ったときに、別の隊長（注10）に会ったことがある。どうしても「はい」という返事をしなかったね。「お前、なんでそんなに偉くなったの？」「偉いも何も、お前はお前で、俺は俺でいいんじゃないか」と言っていたから、そのときも威張っていたのよ。そのとき、彼は紳士物の洋服を仕立てて生活していたらしい。そのときも僕を馬鹿にしたんだから。平山という男なのよ。まあ、その他の隊長はみんな死んで、いないでしょう。

戦局がだんだん厳しくなるにつれ、初めは食堂のご飯がいくらか盛りがあったんだね。盛り切りなんだけど、どんぶりの上にいくらか出るような状態だったのよ。それが日にちが経つにつれて、だんだん少なくなるんですね。そうすると田舎ではお粥であれ、麦飯であれ、腹いっぱいなんだかんだ食べた人は、量が少なくて腹が減るんだよ。そうなるといろんなことが現れてくるんだね。飯が少ないだの、おかずが悪いだのなんだのと言って、文句があったんだね。それで、ある日、ご飯が少ないからと言ってみんなが騒いで。一日六合ずつ配給されるときに、もう六合の配給なら少なくないですよ。そのとき、六合から少し減ったんだろうね。それで午後になっても飯が少ないと文句を言って、結局はその米を計って、そうして、その寮の騒いでいる人間が立ち会ってご飯を炊いて、そうして盛ったんだけれども、そう差がなかったということもあったんだよね。それで樺太はフキは春から始まって秋まで無尽蔵にあるんだから。どこに行ってもフキがあってね。春にはニシンを入れて煮付けたら、うまいのよ、そのフキも。福神漬はずっと出たね、おかずに。ニシンの時期になると、ニシンがどっと入ってくるのよ、樺太へ。ところがニシンがそんなに獲れても、寮にいるわれわれは買うことができないのよ。切符がないんだから。非常時だから、物はみんな統制されて。その切符は全部寮長が預かってるんだから。まあ、お金は月にいくらか小遣いをくれるんだからあるにしても、その切符がなければ全然売ってくれないんだから。寮では飯が少ない。でも寮の人には、そのニシンは売ってくれない。そうすると、社宅の人がニシンを買って頭を切って捨てるんだよね。捨てたニシンの頭を拾って来て、釜や鍋なんかあるわけじゃない。缶詰の缶なんか拾って来て、それで煮るんです。ニシンの頭をストーブの上で煮て食べるもんだから、脂にあたって腹下りする。それで仕事を休む。そうすると、これは仮病だなんだと言って、ヤキを入れられたり。それで一九四五年頃になると、昼の弁当を現場で食べない、職場で昼時間に食べないで、朝行くときに一緒に食べていってしまう人も中にはいたのよ。だから、あの人たちは昼、どうしたんだかと思って……。それで弁当は空弁当持っていくわけ。弁当持っていかないと怒られるから、持っていくような格好をしていくんだけれども、中身は空《から》ね。そういうことも聞いたんだけれども。

だから朝と昼、いっぺんに食べていって、夕方になれば、どんなにして我慢したのかなと考えたこともあるんですがね。(注11) 僕は元々そんなに大食いじゃなかったんだから、別にどうっていうこともなかったけど。そういう人は朝鮮にいても、粟飯でも腹いっぱい食べられた人間じゃないかなと思うんだけれどもね。みんなが腹が減って、ああでもない、こうでもないと言っていたんだけれども、僕は朝鮮にいたときがよっぽど腹が減っていたんだから。家でもまずいもの食べたんだし、募集で行ったときよりも苦労していたんだからね。だから、そんな飯が少ないとか、本当に気にしない。みんなが騒ぐから歩調を合わせるだけであって、正直、自分の頭の中では全然普通だったのよ。朝鮮にいたときのほうが辛かったわけ。

それで僕と同じ英陽部隊で、一番親しくしていた人なんだけれども(注12)、炭鉱で働いて足を怪我してね。膿がこう出てても、仕事行ったのよ。それで炭鉱の採炭の第一線の表彰状ももらった人なんだから。相当悪かったんだけれども、それでも休まないで仕事に出たんだからね。それで熱意があるというか、とにかく炭鉱で表彰状もらったのよ。僕の部隊で行った人の中で賞もらった人は、その一人だけだよ。戦後、僕が住んでいた大泊から内渕に行けばいつもその家に泊まって、そうして用足して帰って来たんだから。大泊からそこ行くのには、いつもバスで行くと、美保《みほ》というところで曲がって行くと、三里あると言ったんだね。

それと内渕炭鉱には、いわゆるタコ部屋があったんだね。佐々木組ともう一つ、白井組とか言ったかなあ……。あるということはわかったんだけど、そんなの何も関係ないんだから、気にしていなかったんだけどね。それが僕が坑外で炭鉱の道具、石炭を掘る道具を預かっていたときだったんだけれども。坑内にそういう場所があって、坑内の人がたまたま休んで僕が代わりにその日、そこに行ったわけ（注13）。そして僕が証明を見て貸すのに、そこにタコ部屋の親分が仕事をさせる監督と一緒に来たんだね。そしてハンマという石に穴を開ける機械、あれが四五キロあるんだよ。四五番を貸すのに、タコ部屋の人があまりに体が弱っていて、バタバタしながらやっと担いだんじゃない。そしたら「この野郎！」と言って、木刀を持って叩くやつがいたのよ。それがタコ部屋の世話役で、タコ部屋の人を使うやつなんだね。それで僕が言ったのよ。「なんでお前、弱い人間をいじめるんだ？　それ重いんだから、担ぐの大変なのは大変だよ」と。そしたら「この野郎、何だと？」って僕にぶっかかって来たんだよ。今度は僕がおっかなくなったから、すぐ他のところに電話をして「ちょっと今、こういう状態で……」と言ったら、僕が電話をかけているのを見て、行ってしまったんだけれども。そういうことがあったのよ。まあ、道具の借用書に佐々木組とか何々組とか書いてないんだから、何組かはわからない。ただ、タコ部屋の人間だということはわかった。内渕炭鉱のなんか、下請けのところに入っているんだね。タコ部屋の人たちの寮、建物は内渕炭鉱の寮とは、別のところにあったらしいね。

そうして内渕の石炭は量も多いんだけれども質がいいからと言って、北のほうの棚丹《さくたん》だのなんだの、なんか小さい炭鉱は閉鎖して、大きいところに併合した。人間もそっちのほうに移してね（注14）。そういうこともあったんです。だからここで大きいのは、僕がいた内渕炭鉱と川上炭鉱。まあ、川上炭鉱は有名な炭鉱なんだよ。最も古いらしいね。

それで一つの寮に二〇〇人ぐらい生活しているんだから、中にはいろんな人がいてね。やっぱり学校でも少し行ったやつ、そして都会に住んでいろんな社会経験をしている人間は逃げるんだね。その寮を出て、他のところに逃げる。他のところに行けば、確かに賃金は余計もらったらしいのよ。そうして、いいところに就けば給料ももちろん余計にもらうし、食事も腹いっぱい食べられるという話も少しは聞こえてきたんだよね（注15）。ところが、あそこはそうする人間を徹底的に監視するんだから。捕まったら大変だよ。半殺しにされるんだから。寮に来て、隊長が代わる代わる殴ったりなんだり、それこそ半殺しだよ。僕は二階に住んでいたけど、その悲鳴が聞こえるもの。だから、中には言葉がちょっとわかったり、都会をちょっと歩いた人間はうまく逃げた人も何人かはいたんだよ。それにはまず、言葉が通じるということ。

それでまあ、終戦の間際あたりだよね。やっぱり一人でいれば、女遊びもしたいということも考えられるんだよね。その内渕の飲み屋に妓生《キーセン》、朝鮮人の女や日本人の女もいるという話を聞いたことがあるんだよ。僕はあまり行ったことはないんだけれども、一回行ってみようという誘いがあって、それで朴魯学《パクノハク》さん（注16）と一緒に行ったわけ。内渕まで行って、でもその女郎屋のある町に、どうも足が向かないんだね、なんだか。それで、落合まで行ったのよ。落合にも淫売屋があったんだから。そこに行こうと思っても、とにかく、そんなとこ行ったことないんだから。どんなところだか、それもわからないし、おっかないという話も聞いたんだし。（注17）そうしてとうとう僕が行かないということで、そのまま朴さんと二人で戻ったことがあるのよ。それはちゃんと寮長にも話はして行ったんだから。それで小遣いもちゃんともらって。

それでとうとう一回も行かなかったね、その女郎屋は。まあ、僕は逃げようとしたら、いつでも逃げられたのよ。僕は寮長が落合まで行ってもいいよとまで言って、そうして小遣いもくれるくらいの間だったたんだから。そうして僕は悪いことはしないし、仕事は真面目に行くんだろ？　それで寮長だって誰だって、信用しない者はいないだろ？　それで、落合まで行ってもいい、行きたいなら行ってもいいよと言われたんだけれども、とうとう終いまでは踏みきれなくて、それで戻ってきたことはあったんだね。落合には王子会社があって（注18）そこの一番の産業だったんだね。落合以外は行ったことがない。豊原は行くときには通っていったんだし、来るときもそうなんだけれども。通っただけで、遊びには一回も行ったことない。川上も行ったことないね。温泉もあるし、大きな炭鉱があるという話は聞いたんだけれども、行ったことはない。内渕からせいぜい行ったのが落合まで。そこまで。そこは汽車で行っている。海まで行くには、また乗り換えてもうちょっと行かなければ。ただ落合の女郎屋の入口まで行って、見て、あそこだよというふうな話を朴さんと二人でして、いや僕嫌だ、帰ろうと言って、帰ってしまったわけ。もっとも、朴さんは帰りに内渕の女郎屋に行ったんだけれどもね。僕より詳しいんだから、まあ、あの人は何回も行ったんでしょう。男であればそういうところに行くことは当たり前だと思うよ。

解放直後の社会

敗戦後、まあ、いろんないざこざがあってね。朝鮮人のせいで戦争負けたという話が、まあ、流言飛語だね。いわゆる日本軍の斥候兵が見誤ったんだね。ソ連兵が鉄砲撃ってくるのに、いわゆるモンゴル人だの、タタール人だのというと、肌の色から背の高さから、全部朝鮮人そっくりなんだから。今でもモンゴル人なり、タタール人見ても、朝鮮人と見分けがつかないのよ。だから、朝鮮人が攻めて来ると、そういう噂があって、それで朝鮮人をみな殺そうということになったわけ。朝鮮人のせいで戦争負けたということで。それでいよいよ殺す段取りを、僕は見たのよ。日本人がヤスリで槍を作ったり、刀を作ったり……。それで寮長が川上炭鉱に行ったり、川上炭鉱の寮長が来たりして。噂によれば、朝鮮人をどういうふうに殺すかというと、まあ、朝鮮人は朝鮮から来て、日本のために長い間一生懸命に働いたと。そういう口実で砂糖の特別配給（注19）をやるということで炭鉱の集会場に集めて、あらかじめ仕掛けておいた火薬を爆発させて殺すというような話だったのよ。それで集会場（注20）を爆破しても全員がいっぺんに死ぬわけじゃなくて、中には運よく逃げるやつもいるだろうから、そういう者は日本人がその周りに立っていて、槍やら何やらで殺すと、そういう話だったんだね。僕は寮にいるときに、寮の朝鮮人がそう言うんだもの。それで、みんな平気でそんなこと言って、どこにも行こうとしないし、仕事に行っていたんだからね。それで、いよいよ切羽詰ったときに、樺太庁長官の大津敏男がだめだと、禁止命令を出したのよ。それでだめになったという話だった（注21）。だから、どのようにして殺すと言ったって、一人残らずみんな殺すということはできないのよ。そうしてしばらくしたら、その話は消えたよ。

玉音放送は直接聴いたのよ、ラジオで。八月一五日の昼に。それ、今日は昼時間に急きょ、国営放送があるから聴きに行くというので、じゃ僕も行きますと言って、ついて行ったんだから。その監督の家（注22）。現場にはラジオがないんだから、その家にラジオを聴きに係員もみんな一緒に行ったんだね。あのとき、ラジオを持っているのは、何人もいなかったよ。そして一緒に聴いて。朝鮮人で聴いていたのは僕一人だったね。無条件降伏って。日本人の中には「畜生、見ていろ！」とか「一〇年後には必ず日本が盛り返すから」なんて言う人もいれば、悔しいと言って涙を流す人もいましたよ。僕はこれで朝鮮に帰れるんだなあと心の中で思ったのよ。ところが、全然……。そのとき、徴用だったんだけれども、解除も何もないのよ。もう、それで終わり。書類上、徴用が解除になったとか、そんなこと何にもない。話もなかったのよ。

それで玉音放送を聴いた明くる日になって。当時、僕は寮の二階に住んでいて、その下の階に漆谷部隊が入っていてね。その漆谷部隊の人間がタコ部屋に入れられていて、それで三ヵ月目に帰ってきたかな。タコ部屋に入って、二ヵ月か三ヵ月で戦争終わったわけ。その明くる日になって、あのタコ部屋にいた人間が内渕に行って、ツルハシの柄で親分を叩き殺してしまったのよ。まあ、僕は初めわからなかったんだけど、その後、聞いたのよ。それで、倉庫があるだろ？　何か物を入れる。その倉庫を開けたら、あの当時、タバコもなければ米もない。そういうときに、砂糖があるし米もあるし、なんか寝袋もあるし。酒もあるし。それらをタコ部屋に入っている人たちに「お前ら、これ全部、持てるだけ持っていけ！」と全部開放したわけ。それでその人らはおっかな半分、何がなんだかわからないせいか、よぼよぼしていたのよ。力がなくて。酒飲める人はいくらでも飲めと。でも誰もそれを持ってタコ部屋から逃げる人は一人もいなかったんだね。僕は敗戦の翌日にこういうことがあったということを、他の友だちから後で聞いたのよ。

僕は炭鉱では休まないでずっと仕事やったんだね。それで敗戦後、三ヵ月間休まず続けてやった人に鉱務が何か賞品をくれるという話があって、もらった賞品がメリヤスだったのよ。今のこのようなメリヤスではなくて、昔のは手で編んだやつでね。そのメリヤスを上下もらったことがあるのよ。戦争終わっても、そのまま炭鉱で続けてやっていたのよ。引き揚げがあるまで待とうというような考えでね。そのとき逃げたって、どこに行っていいんだかわからないんだし。何もわからないもの、とにかく。食べる物はそのときはね、寮にいるときはいつもの通りだったね。敗戦後、朝鮮人も係員になる可能性があるということで、字が書ける、日本語がちゃんとできるという人間は何かの係に就いたんですね。だから僕も機械部にいたんだから、機械部の係員になったわけなんです（注23）。まあ、係員になっていくらもしないで、辞めてしまったんだけれどね。僕が出て行くときには寮の寮長にも何も言わないで、そのまま来てしまったんだから。ロシアの人たちも来て一緒に働いていたけれども、その人たちにも何も言わなかったたね。

それで敗戦後、四、五日ぐらい経ってかな、貯金通帳をもらったんだけれども。通帳は判子ともらったのよ、初めて。残高？　だからそのときに二二六〇円か、二三〇〇円近くあったと思うのよ。当時の二三〇〇円は大変なお金だよ。もう、朝鮮に行けば、家買って田んぼ買って、それこそ僕の新しい所帯を起こしても十分できるような金額だったんだからね。ところが貯金通帳もらうときにはすでに郵便局が閉まっていて、開いているところなんてない。放送局と同時に閉鎖だよ。だから郵便局の貯金はそれで終わり。会社の預金もいくらかしたわけだよ。債券は買ったとき、証書をもらったからね。玉音放送聴いてから三日目に貯金通帳をもらったかな。豊原爆撃、駅に爆撃があったのは二十何日じゃないかな。まあ、そんなこと全然気にしたことないんだから。玉音放送が流れたら、郵便局はもう閉鎖なのよ。閉まって、シャッター下ろして。まだ、そんなに早くしまうとも思わなかったんだしね。果たしてどうなるんだか、それもわからなかったんだから。本当に素直で言うがまま、何も疑いはしなかったんだね。

そうして、敗戦後三、四週間ぐらいしてから、ソ連兵が内渕まで、西内渕まで入ったことがあるんですよね。彼らが来て一番何を要求するかというと、万年筆。何でも万年筆やら時計やら、そういうものはね、場合にはただで取られることもあったという話は聞きました。僕はそのとき、寮にいたんだから。寮に入って来たって、何も持っていくものないもの。女を強姦したり、どこの国の兵隊も強姦はつきものだけれども、男ばかりいるところに来て何もやることないんだから。彼らは鉄砲は持っているよ。七〇発出るんだとか何とかという話もしたことがあるんだけれども、男ばかりいるんだから、何も結局は悪いことはしないでそのまま自分らは兵舎に行って、僕らもいつもの通りにその寮にいて、そうだったんだけれども。

それで敗戦になって、みんな仕事をやらないであっち行ったりこっち行ったり、闇商売をやったりしていたのよ。そして美保という農村があって、日本人が馬を飼ったり農業をやったりして生活していたんだね。戦後、そこにいる人たちが飼っている馬を殺して食べたり、その肉を売ったりして生活していて、そうしてうちの寮からもそこに行って馬肉を買って来て。いくらか安く分けてもらったんだね。そして炭鉱の寮に持って来て、寮のストーブはがんがん燃えているんだから。そのストーブで焼いて食べるのよ。美味しい匂いがするんだね。そのとき、僕一人だけまだ肉を食べていなかったんだから。その部屋に五人が一緒にいて、僕が部屋長しててね。そのとき、僕は永本と言ったんだから、創氏改名した名前が。「永本さん、少し食べてみなよ」って勧めるんで、いい匂いがするんだし。まあ、それで味わってみたら、なんだか美味しいのよ。それで一つ味わって二つ味わっているうちに、肉を食べるようになったわけ。馬肉、焼いたらうまいよ。牛の肉よりかえってうまいような気がする。そのときは腹が減っていたんだから、わからないけれども。本当にうまかったね。味付けは塩でもって。まあ、それで肉を食べるのを覚えたということ。子どものときに肉は食べなかった。募集で樺太に行ってからも、食べなかったんだから。だから、肉はそれで食べるようになったのよ。

大泊での共同生活

寮で褒美としてメリヤスを上下もらっていくらもしないで、一九四六年の五月ごろに大泊に移ったんです。そのときは炭鉱を辞めるも何も、そのまま僕が行くと言えば行けばいいんだから。あのとき、西内渕から朴魯学さんが僕より一ヵ月ちょっと先にそこに出て行ったんだよね。まあ、そこに行けば闇の船を見つけて何とかして日本にでも渡っていけば故郷にも帰れるだろうと、そういう希望を持って行ったわけ、大泊に。そうして僕にも出てくるようにと口伝えがあったのよ。あそこは電話も何もないんだけど、その口伝えは速く伝わるんだね。それで、僕もいつまでもこの炭鉱にいるわけにはいかない。少しはこういうふうに誘ってくれるときに、いっそ行こうということで行ったんだね。ところが行ってみたら、家があるわけじゃないんだし。漁業コンビナート（注24）の物置、魚を獲る道具を置いておく小屋があったんで、僕らが古いドアやら板を見つけてきて打ちつけたり、紙を貼ったりして、そこに入って住むと。まあ、本当に寒いときには、何しろ紙一枚なんだから、壁が。そういうところで生活したんだし、またそれも、そこに何ヵ月か住んでいると、漁業コンビナートの責任者が来て、「本国から人が来るんで、退いてくれ。お前ら出て行け！」とこう言われると出て行かないわけにいかないから、追い出された。そういうことを二回ぐらい繰り返したんですよね。やっと宿を作って入って、ご飯を炊いて食べて何ヵ月かやっていると「お前ら、出て行ってくれ」と言われて。それでしかたなく、船見《ふなみ》町と言って、そこに朝鮮人がいっぱいごちゃごちゃ住んでいてね。そこの人が「そんなに行くところがなければ仕様がないから、うちの部屋一つを一人でいる人がいるから、そこに一緒にいるように」と言われて、部屋を借りて。部屋を借りるって言ったって家賃を払うわけでもなく、まあ、タダで生活させてもらったんだけれども。その旦那さんは人間はとても良いんだけれども、奥さんをあまりにもいじめて。ちょっと奥さんがかわいそうだなと思ったんだけれどもね。そうしてその部屋に住んでもいいよと言われた主は、背も高くて体格もいいんだけれども、あんまり仕事もしていなかったのよ。まあ、それで奥さんが何をやるかというと、どぶろく作って売って、それで生活していたんですよ。子どもが一人いてね。それで、近所に朝鮮人が多いし、ロシア人も多いんだから。ロシア人もどぶろく買いに来たこともあったんだし。そして僕らはあっちこっち行って、日雇い作業をやったり、いろんなことをやりました。後から朴魯学さんは、大泊の海岸に何ヵ所かあった消防の火の見やぐら、そこの警備員の仕事を何ヵ月間かやったのよ。僕はそんな仕事はあまり向かないと思って、漁業コンビナートに行ってね。そこに自動車がたくさんあったんで、そこに行って話をしたら、まあいいよということで、そこで働くようになったんだね。そのとき、言葉は通じないんだけれども、早い話がここで僕を使ってくださいというようなことを手まね足まねでしたら、向こうもわかってOKしてくれたんだから。今考えても珍しいというか、向こうのソ連人のほうが人間ができたというか……。何かこう、人間関係に対して広く考えてくれたんじゃないかと、そういうふうに思ったんだね。言葉がしっかり通じるわけでもないんだし、何も付き合ったこともないんだし、初めて行ってそういうふうに話をして、手まね足まねをしてそれでOKになったんだから。だから何も細かいことを聞くこともできなかったんだし、自分のことを向こうに伝えることもできなかった。向こうのほうで僕をかわいそうに思ったんだかどうだか知らないけれども、一つ人間として扱ってくれたんじゃないかと、こういうふうに思ったんですよね。だから、まあ、人間の社会は洋の東西を問わず、同じじゃないかなと。だから僕は漁業コンビナートの自動車部門に入ったんだね。

あの当時はソ連人がどんどん新しく来る時だったんだからね。来て家がないからといって、僕が入っているところに漁業の責任者が来て、二回も追い出されたんだから。その度に他のところに行って……。まあ、独り身だからどこでも入れるんだけれど、それでもなかなかね。そういう者が多いんだから、すぐおいそれと言っても入るところがないんだから。少しでも話が通じてわかっている人のところに行ってお願いして、「まあ、いいよ。うちの部屋のどこか隅にでも」ということで入って、またそこで同じような生活をやる。そういう生活を何年ぐらいやったかな。今度は三人で住むことになったわけ。朴魯学さんと李文沢《リムンテク》さんと僕。そして独り身の三人が共同生活するのに、いつ帰れるかわからないんだから。まあ、共産主義でやろうということで、誰がいくら稼いでこようが全部集めて、服を買う（注25）ときには順々に一人一着ずつ買うようにと、そういう生活をしていたんだけれども。結局、僕は漁業コンビナートの働きがそんなに悪くなかったんだから。僕はいつも二人より倍以上もらってくるんだけど、お金は全部一緒にして、共産主義生活をやってきたのよ。それで、まあ僕が少しずるいというか、自分は余計出しているという気持ちは人間だからおそらく持っていたんじゃないかなと思う。朝起きて、ご飯も交代で炊いたんだけれども、それがだんだんと僕が炊かないようになって。朴さんは僕より一〇歳年上だし、星山さん（注26）は僕より五歳上だし、僕が歳が一番少なかったわけ。それで甘えていたんだか、まあ、ご飯も交代で炊くことになっているのに、それを僕がサボることが多かったね。ハハハ。サボるというよりも、僕が寝ているうちに星山さんがもう先に起きてご飯もみな炊いたり、洗濯もみな干してあったりもしたんだからね。結局、彼は字が読めないのよ。朴さんと僕は少し字が読めるんだけれども。彼は全然読めないんだけれども、とにかく真面目な人間だったんで、それで良くやってくれたのよ。

それで朴さんがその後、友だちの世話で奥さんをもらったんだろ？　そうして奥さんもらっても、何も持って出るものないんだから。だから、また部屋を一つ。部屋といっても、玄関の入口にベニヤ板拾って来て貼って、そのような生活をしてね。それで彼は床屋がうまかったんだから。いつも彼は僕の頭は、お金は取らないのよ。タダで。そして僕が漁業コンビナートで自動車にペンキで番号を書いていたんだけど（注27）、そのペンキでベニヤ板に花文字を書いてプレゼントしたわけなんだね。ロシア文字で、パリクマーヘルスカヤ（注28）とこう書くのよ。僕はどこかでそんな花文字をちょっと見たことがあったんだよ。それを思い出して、花文字で看板を書いたわけ。看板といったって会社にあったベニヤ板をただ切って、枠も何もないし、ペンキで書いただけなんだけどね。だからその花文字をね、どこで見たんだか、見たことを思い出したのよ。それで一つこうやればいいんじゃないかなと思って。だからそのときに僕もその道に入ればよかったかもわからない。他のいろんな会社に行っても、文字なんか書くんだから。そしてソ連ではピエルバエマーヤというと、五月のメーデーでしょ？　そういうときに何か花文字でも書いて。平和をミールと言うんだけれども、樺太にいるとき、家内がそれを刺繍したんですね。そういうふうな商売をやってもよかったんじゃないかなと思ったんだけれども。

炭鉱にいるときに僕と同じ機械部にいた人（注29）が敗戦後に大泊に来て、生活していた人もいるのよ。その人は写真が商売でね。写真を写してやっていたんです。まあ、炭鉱にいるときに一緒にいたんだから、同じ職場にいたんだから。そこに行って遊んだり、食事も一緒にご馳走になったりしてね。

沈桂燮《シムゲソブ》さん（注30）とは大泊で知り合ったの。彼の商売は腕時計、時計の修理をやっていたのよ。彼は南渓町に住んでいて、僕の家まで来るのにバスに乗って降りて歩かなきゃいけないんだから、二〇分じゃ足りないね。

大泊に来てからは、今度は食べるものは自分で求めなければ。そのときは店に行って少しずつ買ったり、それで闇のものがあったんですよ。粟《あわ》だとか米もあったのよ。それと倉庫から軍人たちが盗んできて、それを売る。そういう闇のものがあってね。だから軍部の人と仲良くなっていた人間はとてもいい目に、いい金儲けをしたわけ。でも、金儲けをしたって韓国に送ることもできなければ、正直いくら持っていたって使い道がわからないのよ。食うことしかないんだから。それで共産主義国家は何があるかというと、デノミがあるの。デノミネーション。一〇〇ルーブルが一ルーブルになったり。たいてい一〇〇分の一だね。僕が向こうにいるとき、三回なったかな。僕はデノミになったって、何も心配することないよ。一ヵ月給料もらえば、もう腹を叩いて食ったって食い切れないほど稼ぐんだから。お金持っていたって、たまには映画館で映画をやることがあるん

3人で共同生活時に（向かって左から、李文沢30歳、朴魯学34歳、李義八25歳。1947年1月21日、大泊市）

だけれども、言葉もわからないし行っても面白くないということで、あまり行かなかったし。それでも「ターザン」という映画があってね。それは後から聞いてみたら、日本でもその映画をやったらしいんだよ。「ターザン」はアメリカの映画だけど、ソ連でやったのよ。大泊でもやったのよ。面白かったたね、だからそのときにはほとんどの人がそれ観たんじゃないかな（注31）。だから働いていれば、デノミになっても何も困ることはないということだね。

それで結局、娯楽がないんだよ。酒も飲まないし、何もないんだから。だから何か娯楽がなければと、僕は写真を習おうと思ったわけ。ところが習おうったって、あのロシアの字が読めないし、言葉もあまりよくわからないし。いろんなこともよくわからなくて、写真機を買ったんだから（注32）。写真習うのにも本当に苦労したんだから、僕なりに。何しろ、田舎で写真機なんか見たこともないし。その写真機はキフ（注33）と言って、日本まで持ってきたんだけれども。ある写真屋に行って見せたらね、シャッターをこう切ってみて、日本ではこんな写真機を作ることができないって。もちろんレンズは〇・二だけれども、レンズの質が違うんだって。だから、カシャッというこの音が日本の写真機と違うって。それで、技術が足りないんじゃなくて、もうレンズの質そのものが違うから、こんな写真機は日本では作ることができない。まあ、そんなことを言われたのよ。それで習うのにね、暗室を作らなければいけないんだけれども、作る材料も何もないんだから。毛布を二重に巻いて囲って、そうして覆って暗室に作ったのよ。そうして次は部品を揃えたわけ。店に行ったら、現像するいろんな部品があるのよ。現像する液も、定着する液も、印画紙も、みんな売っているんだよ。それがまた、安いんだね。それで、ハハァ、店にはこんなものがあるんだ、こういう薬品もあるんだ、それじゃ写真できるんじゃないかなと思って、それで全部買い揃えてね。そうしてフィルムを巻き換えなければいけないんだから。今の日本みたいに、こうすぐパッと入れて何かやる、そんなもんじゃなくてね。フィルムだって売っていなかったんだよ、そのときは。売っていないのにどこから買うかというと、闇で（注34）。軍部の兵隊から買ったんだよ。軍部の大きな写真機があるじゃない？　そのフィルムをある程度の長さに切って、売っていたのよ。それがちょうど二、三枚になるように切って。それを全部自分で巻いて入れるんだから、慣れるまで大変だったよ。そうして写真撮って現像してみたんだけれども、真っ白。何も写っていない……。でも、たった一枚写っていたのよ。それは母さんが子どもにキスするところ。その子どもがまだ一歳にならないときだったんだろうと思うのよ。二番目の子どもだったんだから。その、自分の子どもにキスする一枚がこう、出たのよ。それで、出たのを印画紙に写した。印画紙に写して初めて写真ができるとき、薄暗いんだけど、それが見えるんだからね。電気はね、赤い球は少し薄暗く見えても大丈夫だね、赤い球つければ。それで球にもペンキを塗ってね。赤い球、そんな球なんかないんだから、向こうは。ハハハ。とにかく苦労して。その後もね、なかなか写らないのよ、写真が。

それであるとき、風呂屋にそれを持っていったのよ。風呂が終わって、そのときにたまたま雨降った後だったんで。向こうは道路が悪くて、アスファルト舗装したところはどこもないんだから。車が走ってちょっとくぼんだところは、車が走ればその水溜りはどんどん大きくなるわけ。それで、その水溜りに酔っ払いが落ちて、泥だらけになっていたのよ。はあ、これは面白いなあ。写るかどうかわからないけど、まあ、とにかく撮ってみようと、撮ったわけよ。そしたら、その風呂屋に来ていた男のロシア人が、体格のいいやつが、「ちょっと来い」と言うんだよ。「お前、今その写真撮っただろう?」「はい、撮りました」「お前、それ誰にお土産にするために撮ったんだ?」と聞くんだよ。「いや、そんなお土産になんて、そんな。僕は写真屋じゃないんだから、今撮ったのも果たして写っているんだか、いないんだか、わからないんです」と正直に言ったのよ。「この写真機、今買ったばかりで」と言ったら、「この写真機は俺が持って行く」と。そして「どこどこにそれをいつ、取りに来い」と言われて、そして「どこに働いているんだ?」と聞かれたんで、働いているところもちゃんと言ったのよ。それで会社に出たら、社長はもうわかっていたよ。その人が会社にこういう人間がいるかということを調べたんだね。それで僕、社長に言ったんだよ。「実はこういうわけで写真を撮ったんだけれども、正直言って写っているかどうかはわからない」と。それで「お前、これ誰かにお土産にするために撮ったんだろう?」と言われて、そうして写真機を取り上げられたと。それで「今日、取りに来いと言われているので、取りに行くつもりです」と言ったら、「ああ、いいよ。行って、その写真機を取って来ても」と。それで行ったら、写真機は返してくれたんだけれど、そのフィルムを入れるカバーがないのよ。銅で作ったカバーなんだけど、返してくれないんだね。それで僕は「写真に何か写っていましたか?」と聞いても、向こうは何も言わないのよ。「そんなもの、お前に報告する必要がない」と。そうして帰ってきたら、社長が僕に言うんだよ。「心配するな。俺がここにいる間は、俺がブタ箱に入ってもお前をブタ箱には入れないから、心配するな」。

そう言ってくれたよ。とにかく、社長はそういう権限があるんだね、向こうでは。それ、国営なんだから。彼の命令は、まあ、スターリンが命令したのと同じことなのよ。もちろん共産党員。共産党員でなければ、社長になれないでしょ。カバーは何日か後に行ってもらったと思う。共産主義だからね。共産主義国家はこんな状態だということをお前は誰かにお土産にするために撮ったんだろうと、こう僕をスパイに見たわけ。それで、その会社の社長がそんな人間じゃないと言ったんだと思うよ。ああ、下手なことできないんです。

うちの会社の真向こう、道路の真向かいが警察署でね。僕がなんでそこに行ったんだか……。会社の倉庫係が中の麦（注35）を誰かにちょっと横流ししたんじゃないかな。それを僕の車に積んで。いわゆる共犯でしたんじゃないかということで、その警察署に行ったことがあるのよ。それで、社長が「いいよ。心配しないでいいから、お前行って何でも言いたいことを言え」って。ハハハ。まあ、とにかく僕には絶対に指一本、触らせないというんだから。社長はレオン・ペトロヴィッチ・ナギンスキーと言うんだよ。僕はその名前までちゃんと覚えている。そんなに僕を可愛がってくれたのよ。

それで、敗戦後、ロシア人が来て何年ぐらい経ったかな。二年かそこらで居留民団というのがあったんです。そうしてそのときに朴魯学さんが大泊で居留民団の事務員やったのよ。僕は漁業コンビナートで仕事やったんだけれども。その居留民団というのは半年ぐらいあったかな。一年ぐらい前から段取りするとか、かんとか、まあ二年ぐらいあったかもわからない。それで後から朴さんがそこの事務員に入ったときに、樺太全島の朝鮮人がどれくらいいるかということで、豊原のほうで、中央のほうで調べることになったのよ。それで各地方の朝鮮人を、大泊なら大泊の管轄に朝鮮人が何人いるということを調べることになってね。各集落ごとに調べたのを豊原で、中央で総合して。全員の人数を足したのが、四万三〇〇〇人だったのよ。それで四万三〇〇〇人という数字を僕らはずっと言ったわけ。だから根拠はそういうところから出たんです。ロシア人がやってきて、二年か三年の間に居留民団というのができたんです。それができてまもなく、またなくなったんだけれどもね。中央は豊原にあって、調べろと。それをそのときに、四万三〇〇〇人という数字を発表したわけだ。当時の書類が残っているんだかどうだかは、何とも言えない。居留民団の事務員も、まあ、ほとんど死んだでしょうね。おそらく、もうほとんど死んでいないです。その結果はどういう風に整理したんだかわからない。

漁業コンビナート

大泊の海辺のほうはほとんど漁業コンビナート管轄だったんだから。コンビナートでは魚の缶詰も作るし、魚も獲る。獲った魚をあっち運んだり、こっち運んだりする。もちろん漁船も持っているし、定置網も。その定置網をやったんだけれども、あるときからニシンが獲れなくなってね。まあ、それで、魚はその会社からマス一匹ぐらい持っていったって、どうっていうことないんだから。例えば自分の家の前通るとき、一匹ぐらい下ろしておけばいいんだから、マスなんか。ところがニシンは、あれは身欠《みが》きにしたんだけれども、家ではそうしなかったね。いつでも生のニシンがあるんだもの、生のやつを食べればいいんだし。とにかく、ニシンは一九四七年頃から出なかったんだから。いまだにずっと出ないんだね。おかしいんだなあ、あのニシンはどこに行ったんだか……。それでサハリンではその時期によって、獲れるところによって、いろんな魚が獲れるんだから。アキアジ(注36)だのマスだの、こういう魚は大泊では獲れないのよ。それは西海岸で獲れるんだから、そこから大泊に運んでくるわけ(注37)。どういうんだか、ニシンも獲れなくなっちゃったんだし。大泊で獲れるのは、サメ。そして、カニが少し獲れる。それと、ニシンより小さい、向こうではコーリュシカ(注38)と言うんだけれども。それとコマイはちょっと獲れた。ロシア人は全部漬けたね。漬けたらうまいんだよ。彼らは専門的に漬けるから、本当にうまいよ。薬味もいろんなのを入れるよ。黒胡椒と赤胡椒をとにかく使うね。すごく使う。油も使うし。もう、酢も入れるし。それで肉より高いんだよ(注39)。本国(注40)から来るヤギの肉はね、一キロ七ルーブルしたのよ。ところが、ニシンを漬けたのは一キロ三十何ルーブルだったのよ。何倍も高い。それでまた、漬けたやつは本当にうまい。僕は初め、馬鹿にしていたんだけれども、後から食べてみたら、もううまい。本当にうまい。肉より高いのがわかる。焼いたりしないで、そのまま一匹丸ごと。頭と尻尾持って食べるとね、骨はそのまま残るのよ。活きのいいやつ、漬けるんだからね。本当に漬け方が上手いんだね。そういう技師がちゃんといるんだから。その技師は何もしない。ただ、これ何パーセント、これ何パーセントと、調味料の指導をするだけ。魚は本国のために樽詰めにしていたんだろうと思うんだね。マスが一番最初、獲れる。それからアキアジが獲れるんだよ。それ獲って塩をして、本国に持って行くの。イクラ(注41)もね、彼らは上手にやるんですよ。それこそ自分らが専門的に学校で勉強してきて、やるんだから。イクラを取るのにも一粒も二粒も一緒につかないように、そうして壊れないようにほぐすんだよ。やっぱり彼らはそれ上手ですよ。イクラは塩漬けじゃなくて薬味を加えて漬けるんだけれども、彼らが作ったものはね、本当にうまいよ。でも昆布は採らないんだね。昆布は日本人が来て、採っていくんだから。

その会社に勤めているときに、社長が僕をとてもかわいがってくれてね。何しろ、社長が何でもかんでも僕の気ままにさせてくれて。もともと社長はウクライナ出身の人で、樺太からウクライナまで行くのに片道一週間かかると言ったんだから。そんな遠いところから僕に食べさせるからといって、丸いスイカを六つもお土産に持って帰ってくれて。こんな人は世の中にそうはいないと思うよ。それだけ僕をかわいがってくれたということだね。あの社長には、まあ、いろんな迷惑をかけてね。本当に僕の恩人といっても過言じゃないよ、あの人は。もう、僕の言うことであれば、何でも聞いてくれてね。月給も倍にしてくれたりね（注42）。車も三台あったんだけれども、いつも新車は僕が乗るんだから。だから、早い話が僕がその会社で一番みたいなものだよ。何でも僕の気ままになるんだから。それで会社にはいろんな仕事があるよね、余計な仕事（注43）が。そういう余計な仕事を僕がやったように書くんだから。だから僕はいつも人の倍はもらっていたんだよ。働きは悪くなかったんだから。何やったって、僕はもらったんだよ。ところがだんだんと年月が流れ、ソ連社会も整ってくると、今度は良いところ、悪いところを整理するようになったわけ。そうなると、僕のためにおそらく法に違反してやっているんだから、結局は社長に迷惑がかかるということで、そこに八年いたかな。八年だか一〇年だかそのぐらいいて、そこの会社を辞めたのよ。僕が辞めると言ったら、社長は何も言わないで、在職証明書を書いてくれたんだからね。まあ、自分がいれば将来、良くないときが必ず来ると考えたのよ。それで会社を辞めたわけ。ソ連では会社が変わるたびに、あっちで証明書をもらったり、こっちで証明書をもらったりするのよ。とんでもないところまで行って、証明書もらうんだから。何かの関係があると、そこの会社のどこどこで働いているということで、何かその会社の物を借りたり、何かしていることがあるんじゃないかなと、そういうことを調べるためじゃないかなと思うんだけれども。まあ、悪いことをしたとか、何か異常があれば、その証明書にちゃんと書くんだからね。この人はここにいるときにこんなことをしたとか、こんな違法なことをやったとか、そういうのを書くらしいのよ。ところが、僕は何もそんなことしないから、ただサインだけもらうんだけれども。僕は何ヵ所も職場が変わって（注44）、変わるたびにとんでもないところまで行って、サインをもらったのよ。それで僕が一番心残りなことは、日本に引き揚げてきて、その社長に手紙一通出せなかったことだよ。手紙出したって僕はロシア語は書けないんだし、朝鮮語で書いたら向こうがわからないだろうと、そういうふうに狭く考えたの。僕が朝鮮語で書いたって、彼は必ず誰かわかる人に持って行って、そうして解釈してもらうはずなんだね。僕はそこに頭が行かなかった。僕が書いたってわからないだろうと、それだけ考えて……。僕が日本語で書こうが朝鮮語で書こうが、向こうにも人はいるんだから。たくさんいるんだから、わかる人に持って行ってこれ読んでくれと言ったら、読んでくれない人いないよ。それで一九九〇年に（注45）サハリンに行ったときに探して、その会社やら係わりのあった会社に行って聞いたんだけれども、会社もみんなわからないと言われて、とうとう調べることができなかったのよ。それで、僕がソ連大使館にも話をしたの。尋ね人としてこういう方がいたんだけれども、尋ね人に出すことができないかと言ったら、そんなことはやっていないと。ダメだと言われて……。それで、僕の方法ではどうにもならないから、それっきり。だから、ただその無念で、悔しい、申し訳ないというふうに思うんだよ。いろいろお世話になったその社長に恩恵を受けたんだけれども、その恩を忘れて。忘れたと言うかどうか、まあ、僕が手紙一通出せなかったのがいまだに気になっている。死んだんだかどうなったんだか、その後がわからない。まあ、子どもはいたんだけれども、小さいときに別れたんだから。ただ、僕が引き揚げるときに家に来たんで、僕が使っていた大きな鏡と、婦人物の絹で作ったガウンを奥様にあげたのよ。

それで、そこでの仕事は初めは車の番号直し（注46）をしたのよ。番号直しをするときに、一平方センチメートルに対していくらという値があるんですよ。それで僕がその番号を直すときに、向こうの係が僕の給料決めるときにそこに書くわけ。何平方センチメートルやったと、ちゃんと月給になるように、そういうふうにして。全部そういうふうに、何はいくらやっていくらと決まっていてね。その後、自分なりに考えて、いろんなことをやってね。そうしたら、車の修理の人も、日本時代の自動車学校の先生も、僕がやったやり方を、戦前にも焼付けと言ってそのまま同じ状態でやっていたよと聞いてね。僕がどんなふうにやったかというと、台の両側に鉄の柱を組み立ててね。そうして鉄の棒を渡して、ここを酸素で切り落として、ピストンの穴に通すわけ。そしてこれでピストンを抑えて、チューブをヤスリで磨いてここに置く。そしてピストンをこの上に乗せてこれを下で回せば、ジャッキで上がるようになっている。そうするとチューブが入っているピストンの頭を押さえて、ピストンの中で綿に浸した石油を燃やすわけ。するとこのピストンが温まって焼付けになる。あまり焼付けると穴が開いてダメになってしまうから、まあ、そこは人が立って見て調整してね。だから、それがね、誰にもそういうふうにやれって言われなかったんだけれども、僕が発明したのよ、そこで。それで、そこでそれをずっとやってきたの。先生たちも見て、「お前、なかなかやるなぁ!」なんて言われてね。

それで、そろそろ彼らが引き揚げる時期になったんだよ。敗戦後、引き揚げが始まって二年ぐらい経ったと思うんだな。なんだか、中止になってね。それで車の運転手やら修理工はそのまま残ったんだよ。それから五、六年いたんじゃないかな。その後、彼らもいよいよ引き揚げる話が出たのよ。それで彼らが僕に言うのに、僕らは一年後いついつから引き揚げするんで、その間にお前腕が上がるように全部覚えておけということで。彼らは引き揚げるんだから、僕に全面的に教えたのよ、全部。もう、車全部をオーバーホールするのも、メタル取り替えるのも、リング取り替えるのも、とにかく修理やるのは一応全部教わったのよ。僕しかいないんだから、みな覚えたのよ。六気筒は車のエンジンの発火、そのピストンの上がったり下がったりする順序は1、5、2、3、6、4。四気筒は2、3、1、4だか、まあ、とにかく交互にやるのよ。ピストンは一ヵ所に曲がっているんじゃないんだから。あっちこっち曲がっているでしょ? だから、それに曲がってピストンが発火して、エンジンを回すんだから。まあ、とにかく、車について全てを教えてくれたのよ。そして彼らは引き揚げて行った。それで、今度は僕一人で全部ばらして組立てて、そしてエンジンかけて、その車が走ったんだからね。自分一人でエンジンを全部ばらして、それをきちっと。ギア一つ歯一つ違っても発火しないいんだから。ハハハ。その歯車をきちっと合うところにはめなければだめなんだから。その歯車がいくつもあるんだよ。それが全部組み合わなければダメなの。あのエンジンをばらすと難しいよ。素人にわかるわけがない。それが初めてそれやって、エンジンかかったときは嬉しかったね。うん、本当に嬉しかったよ。彼らは引き揚げてもういないんだし、僕一人でそれを組み立ててやったんだからね。だから、そのとき、エンジン自分でかけて、こう回してね、エンジンかかったときは嬉しかった。ああ、僕、ほんま一人前になったなあというふうに感じたの。修理工になって一番感動したのはそのときだね。まあ、これで僕は飯食えるんだなあと思ったよ。

それでね、僕は小さいときに、まだ九つか、まだ学校も行っていないときに、車が走るのを見て。車はギアがいくつもあって走るんだから。何かこう回しておもちゃができないかなと思って……。木は松の木しかないいんだから、僕の田舎は。ドングリの木は硬いけれども、そんなに大きくないいんだし。その歯車を作る気持ちが起きて。どうやって噛み合うように歯車を作るかといっても、道具はノコギリもないし。鎌しかないいんだから。その鎌でやってみたんだけれども、とてもとてもできなかった。それで終わってしまったことがあったんだよ、小さいときに。それでおもちゃにしようと思ったんだけれども、まず松の木が切れない。まっすぐに切れないもの。やっぱり道具がなければ……。

それで、今度僕は修理工になったんだから。乗れない古い車が、修理庫にたくさんあるのよ。そうして昼時間になれば昼飯食べて、その休み時間には修理庫に入って、ギア入れる練習をやったんだから。ギアは入れられるんだけれども、車、動くの乗ったことないんだから。それで僕が車を習うときに、免許をどういうふうにして取ったかというと、そのときに日本の免許証を闇で作って売っている人がいてね。その日本の免許証を買ったわけ。向こうにいるいわゆる朝鮮人がソ連で運転できるようになったのは、ほとんどそういうおかげじゃないかな。それで僕は車の中で運転を習ったんだけれども、動くのには乗ったことがないんだから。それで僕の友だちで運転免許をもらってね、先に運転やっている人がいたのよ。その友だちに連れられて行って、誰もいないところに行って、ハンドルをちょっと持ってみたんだけれども、思うようにいかないんだね。まっすぐに行けなくて。なんだかハンドルを持っていると、なんかこっちに行っているような気がするし、ハンドルをこっちに回せば回しすぎて。あっちダメ、こっちダメで、まっすぐにどうしても行かない。初めのうちは、二、三〇メートル行くと止めて（注47）。そして三日ぐらい付き添ってもらってやったら、三日目は少しまっすぐに行けるような気がしてね。それで五日目ぐらいで結構、まっすぐ行くようになって、少し走らせてもらったんだけれども。だから、免許証もらっていても、車、運転できなかったのよ、正直言って。友だちに教えてもらって、そうしてできるようになったわけ。それで、会社の車庫のところに道があって、そこをクルクル回って練習したり。まあ、そういうふうにして運転習ったんだね。

そうして向こうはポンプがないんだから。空気入れで、自力で自動車のタイヤに空気を入れるんだよ。あれは辛かったよ、とにかく。何しろあの空気入れで、自動車の大きいタイヤの空気を入れるんだからね。最低四〇〇回以上、四五〇回ぐらいやらなければ、車乗れるようにならなかったのよ。あれは参ったね。あれ、いっぺんにね、四〇〇何十回もできないよ、とても。僕はできなかったよ。もう、休み休み。あれは一番きつかった。まあ、後はそんなにきついものはなかった。重い物持つわけじゃないんだし。そして運転やったって、向こうはね、車を着けておけば、荷物積んだりする人は別にいるんだから。その人が専門にいて積むし、また降ろすところに行けば、降ろす人間がいるんだから。運転手は全然その荷物に手をつけないの。日本は運転手が自分で積んだりなんだりやっているでしょ？　あれ酷だね。向こうは絶対、荷物には手つけない。みんながやっているのを、ただ見ているだけ。荷物は魚もあるし、他の荷物を積むときもあるし、いろいろだね。ガソリン運んだり。あのガソリン運ぶのはね、日本もそうなんだけれども、特別な免許が要るわけなんだけれども。僕は別に特別な免許もなかったんだけれども、ガソリン運ぶのもやった（注48）。そのタンクローリーも日本のみたいにきちんとできていないのよ、正直言って。こう、普通の鉄板を溶接して、でっかいやつで作ってね。だから、ロシアの機械を見たらね、日本の機械と比べると、全然問題にならない。例えば、スパナなんかね、ロシアのスパナなんか、使い物にならない。硬いやつをやると、スパナが延びてしまうの。それをまたハンマで叩いて縮めてやるんだろ？　でも、すぐまた延びてしまう。ダメなの。鉄の質が悪いのよ。それで向こうの四トン車の車軸が、大きさがこのぐらいあるんだから。タイヤを支える車軸がね。それがよく折れるんだね。折れたのを修理したことが何回もあるんだから（注49）。まあ、とにかく鉄の質が悪い。それで、アメリカの道具はいいね。それがなかなかないんだよ。ところが、新しい車（注50）来るところは、全部一式ついている。ついているんだけれども、それみんな盗まれてしまって、ないのよ。それで、部品だってね、後ろのナンバー照らす小さい球なんかいくらでもあるじゃない、安いし。向こうはそれがないんだよ。だから、盗まれるんだよ。それで、だいたい盗まれて出てくるのは軍部から出てきてね。そういう部品売っているところがないんだから。まあ、今はもちろんあるだろうけれども、僕がいるときにはなかったのよ。そして、アメリカのスパナはね、一六ミリならミリとインチ両方あるんだけれども、たいていはインチだったと思うね。何分の一だとか、スパナに全部書いてあるんだから。その番号だけちゃんと合わせれば、大きさもぴちっと合うんだから。延びるとか、ありえないのよ。本当にカギとかスパナなんかはいいね。その道具使ったら、ロシアの道具なんか使えないよ。品物に差があったということだね。そうしてアメリカの新車組み立てたときのその性能のいいこと！　でも道が悪いから、早く車が痛むんだね。むやみにふかすんだから。車が悪い道にハマると動けなくなって、何か他の車が行って引っ張り出さないと出られないところがいくらでもあるんだからね。そんなに道が悪いから、少しハマってもなんとか上がろうと思って車をふかすから、そんなにふかしても上がるもんじゃないんだけれどもね。それでもふかして無茶するから、早く車が痛むんだね。それで車を直すときでも、一回目メタル取り換えるやつと、二回目メタル取り換えるやつと、もうちゃんと番号があるんだよ。それも番号通りにやれば、何もあまり手間かけないでスムーズに行くんだけれども、オイルが悪いんだかなんだか知らないけれども、そのクランクシャフトが、あの鉄は普通の鉄じゃなくて硬い鉄なんだろうけれども、クランクシャフトそのものが減るんだからね、メタルがはまっているところの。それで後からソ連のトラックが来たんだけれども、ボディーが鉄板でできた車があまりなかったね。みんな、木。木でも、硬い木でもない。まあ、そういう、質が全然劣るということだったね。向こうの道は悪くてねえ（注51）。僕が三〇年ぶりに一九九〇年にサハリンに行っても、町の光景は変わったものは何かというと、人間が住む家だけが変わって、道路そのもの、山そのものはそのまま、何も変わっていない。道路がそのときでこぼこがあって水溜りがあったところ、三〇年後に行っても水溜りがあって、そのまま。ロシアはこんなに開発が遅れているんだなあ、やっぱり後進国だなあと思ったのよ。

そうして僕があの当時、会社に入って自動車の修理工場に行ったらね、アメリカから箱詰めで来た新しい車が、箱もばらされないでそのままあったのを、それを組み立てもしたんだよ。エンジンはエンジン、車体は車体、各部品は部品と、みんなきちんと木の箱を組んで、アメリカから樺太に持って来たやつ（注52）。やっぱり舶来品でいいよ。トラック。四トン車のトラックでね、いろんなトラックがあるのよ。フォードもあるし、シボレーもあるし、ダッジもあるし。ダッジは軍部で使う車。アメリカではジープって言った。それを向こうではダッジと言ったのよ。それでダッジは軍で使うから、屋根がない。オープンになっていて。上が空っぽだから、雨が降ると当たるのよ。それで向こうは乗用車がないんだから、それを乗用車に使うために柱を立てて、その上に雨が当たらないように作って、屋根を作って、そうしてソ連の偉い人たちがそれに乗っていたんだね。それがいわゆる軍の乗用車。ダッジは軍で使うものだから、普通の車より頑丈に作られている。そして、バッテリーが違うわけ。車を持って行って、バッテリーを引っ張って戦地で使うようになっている。線をはめ込むようにちゃんとなっていて……。だから、そういう車の組み立てを相当やりましたよ。フォードもやったんだし、ストデベーケル（注53）という軍で使うもので、前輪も働くやつも。前、後ろも駆動するから、どんな悪い道でもそのままトラクターのように走ったんだから。もう、あの車乗れば心強いのよ。道悪くたって心配ないもの。普段は前のギアは抜いておくわけ。ガソリンが余計かかるし、ちょっと遅くなるからね。それ抜いておいたって、後輪だけで十分だもの。後輪もタイヤが四つ、みんな回るんだからね。それで前輪も回るというと、それこそトラクターと同じだもの。まあ、そんな車もあってね。それを組み立てるのも、初めはそんなに慣れていないんだから。それでもその修理工場には、日本時代に豊原かどこかにあった自動車学校の先生やら修理工やらが、全部来ていたのよ。そうして彼らと一緒に組み立てるんだから、難なく組み立てるのよ。それで、組み立てたエンジ

漁業会社の自動車修理部の朝鮮人同僚と（向かって左から２番目が李義八。後ろは米国製トラック。1949年９月、大泊市）

ンで一番静かなのはフォード。フォードはね、エンジンをかけて運転台に座っていても、エンジンがかかっているんだかいないんだかわからない。それぐらい静かでね。すごいのよ、うん。それで、運転台の前の小さな赤いボタン電気がついていれば、エンジンがかかっているとわかるわけ。本当にいい車だったよ。

アメリカの車がソ連に輸出されていたのかって？　いや、戦争のときに応援物資として、連合軍の援助を受けたやつ。太平洋戦争のときに、ソ連がアメリカから援助を受けていることは、もうわかっているもの。だって、あの車ですよ。トラックであろうが乗用車であろうが、真っ白なやつを（注54）、ちゃんと木の枠を組んで、新しいやつを山ほど積んであるんだからね。組み立ててエンジンかけたら、本当に良い車だよ。日本の車は格好から何から全然だめ。

アメリカの品物は車だけじゃないのよ（注55）。いろんなものが来ているの。食べ物は主に缶詰。アメリカの缶詰はうまいよ、本当に。豚肉の缶詰もあるし、牛肉の缶詰もあるし、そして鶏肉の缶詰。鶏肉の缶詰はどうやって作ったか知らないけれども、水気がないのよ。その軍隊で食べていたものはね、缶の太さは大きいやつはこんなに大きい、そして高さはこれぐらいあってね（注56）。軍部には兵隊さん、たくさんいるんじゃない？　その全部の者に作るのにそんな缶詰があったのよ。それで、僕が軍部に入って仕事したときに、あっちの軍部、こっちの軍部、豊原と大泊を行ったり来たりするわけ。そうすると、たまたま昼時間に行くときがあるんだよ。そして炊事場に行くとね、普通の人はそんなの見たこともないんだから。炊事場に呼ばれて。まあ、民間人が来たから、自分らも珍しいんだろ？（注57）　行ったらね、アメリカの缶詰をどっさり入れてね、ご飯を作るのよ（注58）。ご飯を作ったところに缶詰を入れてかき混ぜて、そうして兵隊に少しずつ配給するんだから。それを僕が行ったら、どっさりくれるんだね。ああ、うまかったね。缶詰は豚肉と牛肉と鶏肉とあるんだけれども、その鶏肉の缶詰がまたうまいんだね。鶏の味、そのものだよ。それであれはおそらく軍隊から盗んできているんだろうな。たまに売っているのを買ってね。家でお汁を炊いても、そんなにたくさん入れないんだよ。例えば二人で食べるところに少し入れるわけ。これの半分ぐらいでも、そのお汁が全部鶏肉の味。本当にうまい。そうして豚肉は脂があるんだけれども、豚肉はそのまま食べてもうまいね。やわらかいし。そんなに缶詰がうまかった。だから、アメリカの缶詰はうまいということを、ロシアにいてわかったのよ。それがなんでわかったかというと、彼らもこれがルーズキー（注59）じゃなくて、アメリカンスキー（注60）だというんだから。英語の字で書いてあるんだから。車にもね、荷造りした木の箱に大きく黒い字で書いてあるんです。まあ、なんと書いてあるんだか、わからないけれども。made in USAじゃないかって？ 何かそのUSAはわかるね。ハハハ。このUSAというマークはアメリカの独特の印なんだからね。

それで、僕は酒をそんなに飲んで酒癖が悪いとか、何か悪いことをするとか、そういうことはなかったんだから。近所の人にも僕のことはある程度信用は得ていたと、まあ、自分なりにそう思っていたんだし。会社に行っても何も仕事を怠けたりなんだりしないし、自分に責任のある仕事はちゃんとやって成し遂げたんだから。まあ、憎まれるようなこともなく、向こうでは無事に終わったんだけれどもね。あるとき、会社の警備する、当直する人に子どもがいたんだけれども。その子どもには障害があってね、腕の先がここ（注61）からなくて。何かの仕事で、腕がここから下がなかったのよ。それで、その人ともいろんなことを話したり、しょっちゅう僕は事務所に入ってよく彼らと話したりしてね。それで僕が何かの休日に、家内と子どもを連れてちゃんと背広を着て、ちょっと遊びに行こうとしたんだか、市場に行こうとしたんだか、とにかく出かけようとしてバス乗り場に行ったわけ。そしたら、そこにいわゆる子どものチンピラ、向こうではフーリガン（注62）と言うのよ。それがいて。あのとき、僕はまた良いオーバー着ててね。職場の車庫の総監督している人がドイツに行ったときに、ドイツの軍隊のオーバーを着てきたんだよ。それ見たらね、とても格好がいいわけ。僕もあのオーバー欲しいなあと思ったんだけれども、どこも売っているところないんだから。それが何の拍子でかいろいろ話しているうちに、そのオーバー僕とても欲しいんだけれどもと言ったら、売ってもいいよという話になって、それでそのオーバーを買ってね。そうしてそのオーバーを着て、ぴしっとして行っているのに、チンピラが来て僕にいろいろ絡んできてね。まあ、僕を殴ろうとしたんだか、何かしたんだよ。そうなったら結局、僕だってまだ若いんだから、そのまま黙っていじめられるわけにはいかないんだから。まあ、オーバーを脱いで追いかけようとかなんとかしているうちに、ちょうど職場の警備する人の息子が、その腕の先がないという人がバス会社の切符切り、車掌をやっていたのよ。たまたまそのバスが通った。そしたら僕がチンピラにいじめられているから、バスを止めて降りてきて、そのチンピラを追いかけて一発やって。あの人が言うのにね、自分のこの腕に一発やられればね、どんなやつだって倒れるんだって。そう言っていたよ。

ない方の腕で。まあ、先は骨だよ。もうこれで一回突かれたら、だいたい参るんだって、後からそういうことを言ってくれたよ。そういうふうに助けてもらったことがあったよ。まあ、向こうではあっちでもこっちでも優遇されていたんだからね。そんなみみっちいことというか、悪い事はする気もないんだし、もともと。

そうして一人でも二人でも集まったら、酒を飲むんだね。皆、若いんだから、酒飲んでね。みんなが笑っていろいろ話して、そうして笑って別れればいいんだけれども、そうじゃないんだよ。飲めば必ず、俺の言うことを聞け、というんだろ？ すると、もういざこざが起きるわけ。それが嫌で、もう酒飲みに行かない。友だちの遊ぶ所にも行かないのよ、それっきり。行ったら、酒の味見ろと言って少しくれると、それ飲まないわけにもいかないし。飲んだってあまりうまくもないものをね。それで仲良く別れればいいんだけれども、しまいには結局喧嘩になる。僕、こんなことは嫌だと言って、そういうところは行かないの、もう。それでずっとそのまま引き揚げるまで行かなかったのよ。だから向こうは僕を知っていても、僕は彼らを知らない場合が多かったね。何も彼らに僕が頭下げる必要もないんだし、僕は働いて自分の稼ぎで食べるんだからという考えでね。だから結局、真の友人がそういなかったよ。

それで、職場のちょっと離れたところに、日本の兵隊が住んでいてね。そこに行ってみたら、もう男ばかりだからね。タバコを欲しがって、いろんなこと言っていたよ。今、考えたら、タバコでも少し差し入れてあげればよかったなあと思うこともあるんだけれども。僕もタバコ差し入れするような、そんな金ももらっていないんだしね。そんな優雅な生活もしていなかったんだから、できなかったんだけれども。あのときの兵隊さん見たらね、かわいそうだったね。もちろん、シラミもいるし（注63）。何しろ男だけで、洗濯だってそんなにしょっちゅうやっているんだかどうだか、それもよくわからないし。まあ、とにかく軍人たちがね、そこにいるのを、生活しているのを見たのは確かだよ。それで、後から兵隊も全部日本に帰したんだけれども。シベリアには行かなかったんだね。僕はもう、直接見たんだから。そうしてそこに行って、話したりしたんだから。でも、そこに行って、物をもらって食べたということはないよ。ロシアの軍部に行けば、わざとその缶詰だけをくれるときもある。食べろと言って、取ってくれたときもあるし、また、ご飯に缶詰を混ぜて兵隊にやるやつを僕には二個余計に入れて、どっさり入れてくれたやつを食べたこともあるんだけれども。日本の軍隊のところでは、食べ物を見たこともないし。たくさん、団体生活しているのを見たことがあったのよ。コルサコフ（注64）から二キロぐらい行ったところに兵隊さんがいてね。漁業コンビナートからは一キロあるかないか……。その間に、海辺のほうに、せいぜい二〇〇人か三〇〇人いたかどうだか。軍服を着ていたんだからね、それは軍人だとはっきりわかる。軍服そのまま着ているんだから。一人ぼっちで生活しているのを見て、かわいそうだなと思ったんだけれども。それから何年後に急に引き揚げて行ってね。

敗戦後、二年目か三年目かな。北朝鮮から派遣労務者が何十万と来たんだよ。そのとき、もう僕は運転していたんだからね。僕はもうちょっとで北朝鮮の女性をもらうわけだったのよ。それが、僕も韓国に妻がいるんだし、いつか帰れるかもしれないんだしと思って、もらわなかった。それで、僕の友だちが、僕に運転教えてくれた友だちが、その女性をもらったんだけれどもね。その人は今でもその女性と一緒になっているんじゃないかな、北朝鮮から来た女性と。

派遣されて来たわけですよ。一二月、一月の寒いときに来たのに、裸足の人もいて。もう、服はボロボロだしね、ひどかったんだから。まあ、それで仕事一緒にやっているときに自分の家に呼んで食事も少し食わせたり、古い服とか靴とか、分けてやったり、援助したんだけれども。それがほとんど漁業コンビナート関係に来たんだから。サハリンはあの当時は、もう漁業コンビナートが一番だったんだから。そういうところに来て仕事したんだけれども、何年もしないでほとんど帰ったのよ。そして、そこに残って住み着いた人も結構いたのよ。そうして彼らは同じく働いたとしても、半年働くと歩合が付いていてね。今まで日当が一日一〇ルーブルあったとすると、一〇%だから一一ルーブルもらうわけ。それが一年になると一二ルーブルになる。だから初めは僕らより賃金が低いにしても、彼らはそういうふうに期間を決めてきたんだから。そういう歩合の権利があるんだね。ロシア人も同じこと。ロシア人も半年ごとに初めに決めた賃金よりも一〇%ずつ上がっていくんだから。だから、二年もすると、僕らよりも余計もらうことになるのよ。そういう制度だったんだね。それで彼らが帰るときには、結構貯めていったんでしょ? 樺太に何か娯楽があるかと言ったら、何もないんだから。仕事しかないんだから。出稼ぎするには、もってこいのところだよ。ロシアの大陸で働くより、全然何倍もいいさ。ちょっといいなんてどころじゃないよ。だから、北朝鮮から派遣されて来るときに、そういう契約で来るんだから。それが、まあ二〇万人来たとかなんとか言ったんだからね。それで彼らはね、何年もしないで帰ったのよ。帰りたくなければ帰らなくていいというようなことを言っていたのよ、それで残った人も結構いたわけ。結局、向こうは休む日がないんだからね、休日返上で働いて、結構お金残していったんじゃないかな。とにかく、仕事を与えないということはないんだから。樺太全土のあっちこっちの漁業コンビナート関係に配属されたのよ。どこ行っても朝鮮人だらけだよ。北朝鮮から来た人たちは初めのうちは服もボロボロだったんだけれども、もう半年、一年ぐらい経てば僕らと区別がつかないよ。見たって、わからない。働いたお金で……。服は作業服、木綿生地はいくらでもあるんだから。だから、外見で見ても、すぐにはわからない。まあ、言葉交わして見れば、わかるんだけれどもね。おそらく、炭鉱に行った人もいると思いますよ。

軍関係の建設会社

漁業コンビナートを辞めて、ウネルと言って、軍関係の建設会社、そこに二年ぐらいいたかな。平和になったから、おそらくできた会社だと思うのよ。それで僕が引き揚げてくるときに、この会社は現場を撤収して、他のところに行ったんじゃないかな。この会社入るのに保証人立てろと言われて、あっちこっち行って保証人立てたわけ。ところが、別のロシア人が入社しようとして、ロシア人も保証人が必要だと言われてね。もらいに歩いたんだけれども、彼はもらえなかったのよ。僕は何でもらえたかと言うとね、前に働いていた会社の人で共産党員の人に、実はこういうわけで保証人になってくれないかと話したら、「ああ、いいよ」と言って、すぐやってくれて。それで二人の保証人をもらっていったら、OKだったのよ。まあ、ソ連は共産主義ということで自由はないけれども、保証人を立てるとか何とかいうことは、政治のやり方そのものは結局、資本主義国家とそう変わらないと思うよ、僕は。それで軍関係の会社に入ってみると、教育方面は本当にいいのよ。僕らのような先住民というか、ロシア語わからない人、そういう人を教えるわけ。お金は一文も要らない。それで残業の日もあるんだけれども、その会社でもこの人はどこの学校に行っているという証明書があれば、残業させない。させたら法律に触れる。法律でそうなっているんだから。だからね、教育方面はとてもいいのよ。それで普通教育を終わって大学に行こうとすると、それこそ保証人というか、国籍をソ連の国籍に変えなければ入れない。それはあったんだね。それでその学校出たら、出ると同時に仕事が決まっていたんだから。だからその頭に応じて、偉くなっている人がたくさんいるんだね。そうして僕らが引き揚げてくるときに、そのときにサハリンで何があったかというと、ユダヤ人が祖国に帰るという話があって、もうぼちぼちイスラエルのほうに引き揚げる人が多かったのよ。結局、僕が働いていたサハリンでも見ればね、ユダヤ人はみんな偉い職に就いているのよ(注65)。

会社で言えば社長、軍人でも何でも偉い人はほとんどがユダヤ人。それでユダヤ人で貧乏な人はそんなにいない。軍の階級では、上の級のカピタン(注66)にもなれば、星が四つ。まあ、伍長よりもカピタンのほうが上で給料もいいし、権限も上なんだからね。それで入社した年の冬に、薪運びに行って、車(注67)を雪道に突っ込んで出れなくなってね。当時、亡くなった妻と一緒になって初めての正月だったんだから。それであのとき、妻はマンカ(注68)と言ってね。小麦粉でもない、片栗粉でもない、何の粉かね。色が黄色で、粗っぽいんだよ。粗いんだけれども、その粉でうどんを作ればうまいんだよ。粉そのものがうまいのよ。そのマンカもなかなか買えなくてね。それでそのマンカのうどんを作って、そうして僕が帰るのを待っていたんだけれども、とうとうその夜は来なかった。それで、後で僕が帰って来てから妻が言うのに、朝起きてみたらストーブの煙突の穴から入って来た雪でストーブの周りが白くなっていたと。それでとても寂しかったわと言っていたのよ。それはそうだよ。一二月三一日の晩にうどんを作って待っているのに夫が来ないから、寂しいのは人間だったらそうでしょう。しかし、車をそこに突っ込んだまま家に帰るわけにもいかないし、警備するにしても、あの雪の中で車の脇に座っているわけにもいかないんだから。薪を運びに行って、谷川に車を突っ込んで、そこで動けなくなったんだけれども。たまたま、ちょっと一キロぐらい入ったところに飯場があってね。（注69）そこまで歩いて行って、泊まったのよ。その飯場も朝鮮人がいたんで、同じ朝鮮人だからそこの隅っこに寝かせてもらって……。そうして、そこに一ヵ月いる間に、家と二、三回行ったり来たりしてね。何か食べ物を持っていかなければ。そのときは、米なんか自由に買えなかったんだから。その飯場から家まで一六キロぐらいある雪道を、歩いて行ったり来たりしてね。ところが、会社は何も言わないのよ。僕が出社しなくても何も言わないんだけれども、給料日に給料はちゃんとくれたよ。後から考えれば、この会社には法律を取り扱う課があるんだね。それで、僕が車を雪に突っ込んでしまい、車を警備しているので出社できないと、そういうふうな事情をおそらく書いたんだろうと思うわけ。そうして給料はちゃんともらって、その後、トラクターが会社に入ってきてね。それでそのトラクターを持って行って、車を引っ張り上げて帰ってきたこともあったんだね。一ヵ月以上、車の警備をしている間、会社には一度も行かなかったんだけれども。その会社には法律を遵守するという課があって、そこにいた爺さんが、「給料はちゃんと払うから心配するな。ソ連にはこれこれこういう法律があって、ちゃんと法律に従ってやっているんだから、あまり心配しなくていい」と。そして車はそこにそのままにして帰宅してもいいんだけれども、車の脇というか近くにいないで家に帰ってただ遊んでいるというのは、僕の良心からしてありえないだろうと。そうして、運転手たちに聞いてみると、大陸（注70）ではもしそのような事故なり故障があって、車を放っておけば、一週間もしたら車なくなるよと言う。なぜかと言うと、部品をあれこればらして、全部持って行ってしまうと。しまいには何もなくなる、車台だけ残ると。タイヤも皆、持って行ってしまうよと言われた。そういう話を聞くと、そんなにされたんじゃ本当に困るんだもの。それで、ずっと車の近くにいたんだから。まあ、近くにいても、毎日車のところまでは行かなかった。行かなかったけれども、まあ、別にそういうこともなく、無事に。

日本人の引き揚げ

日本人は一九四五年八月一五日の敗戦の前に、すでに偉い人の娘だの夫人たちは疎開し始めていたのよ。（注71）それで敗戦になって、一七日だか一八日だかに引き揚げた船は沈没されて、全滅したんだろ？　それから疎開はストップしたわけ。その最後の船が出るときに、ソ連が魚雷だか何かで爆破したのよ。それでストップになって、それっきり。それで引き揚げが何とか始まったのは、一九四六年一二月五日から樺太にいる日本人が疎開をするようになってね。そうして日本人はどんどん先に行くんだね。僕らはそのうち、その次は来るんだろう、その次は来るんだろうと思って待っていたところが、一ヵ月経っても、一年経っても、今日までなかったんだね。なぜ日本人は行って、僕らは帰させてくれないのか、相当悩んだけれども、そんな悩みは何にもならなかった。その引き揚げが始まったときに日本政府が何と言うかというと、お前は第三国人だから日本政府は知らないと。純然たる日本人の血を引いた者だけを引き揚げさせると。そのことは初めはわからなかったのよ。一般の人にわかるわけがないんだから。後からどんどん噂が染み渡ってきて、僕らの耳にも入ってくるようになったんだけれどもね。ラジオで放送するわけでもないんだから、初めはそんなに普及しなかったんだね。それでそのときに、日本人は毎日のように真岡（注72）のほうに順々に出て行くのに、朝鮮人は一向にどこ行ったという話が全然出ない、ラジオでも。向こうでNHKのラジオはよく聞こえるんだからね。誰も知らせてくれる人はいないんだし、もうラジオが何しろ情報の元なのよ。NHKは聞こえる、よく聞こえる。まるで傍で聞いているのと同じ。だから、樺太には娯楽というものはないんだね。そうして僕は酒は飲まない。何もやることがない。まあ、いつ、いい便りがあるか、それを聞くがためにラジオばかり聞いていたのよ。ラジオはでっかいやつを持っていたんだから。樺太で買ったんだよ。

再婚

ソ連では一年間働けば、有給休暇があるんだよ。だから僕は漁業コンビナートにいるときに休暇をもらって、もと、僕が徴用に行った内渕にでも行って。故郷の人たちがいまだにそこにいるんだから、まあ一回会ってこようということで、有給休暇をもらって出発したんだね。出発してどこに寄ったかというと、（注73）豊原の友だち。友だちがそこにいたんだから、奥さんをもらって。その友だちはどんな人かというと、僕と同じ故郷で、故郷に入るそばのちょっと道はずれに住んでいたのよ。名前は南溟鎮《ナムミョンジン》。その家は、韓国にはまだあるかな？　そこの南の親戚の中では宗孫《チョンソン》と言って、一番上の、第一番目の子孫だったのよ。それが一人っ子でね。お父さんも一人っ子、自分も一人っ子。それであの当時、南という苗字を持っている親族の頭《かしら》で、上のほうにいたんだから、生活はそんなに苦しくなかったんじゃないかなとも思うんだけどね。それでお父さんは結構、有識者だったらしいのよ。それで結局、優遇されて育ったんだから、南さんは甘えん坊になったんじゃないの？　気ままになったんじゃないの？　お父さんは妾を囲ったりなんだりする方で、その息子が溟鎮で。それで樺太に一緒に来たわけ。それで日本に引き揚げるときも一緒に来るんだけれども……。それで南さんが、妻には姉がいるんだけれどもどうかなと思っているんだけれどもと言うから、彼女と会ってね。そのときに彼女は独り身でいたんだから。それじゃあ、僕と一緒になったらどうかと言うことで。その話、なんとかまとめてよというふうに言って。そうして、なんだかんだいろんな問題があったんだけれども、話がまとまってね。あの当時、樺太では旦那がいる奥さんでも、男がぼやぼやしていれば、奥さん取られるぐらいのときだったんだからね。女がいないんだから。だから女だと言ったら、もう病人であろうがなんであろうが、関係ないのよ。男ばかりだから。女がいないんだからね。

それで何日もしないで式を挙げたのよ。まあ、式を挙げるといったって、本当に形式でね。家に来て、隣のおばあさんたちがちょっとご馳走作ったりして。そうして一九五〇年四月一〇日に式を挙げたわけ。式を挙げるのも、大泊ではしょっちゅう停電になるんで、バッテリーを用意してね。そのバッテリーもソ連のものはあまり良くなくて。まあ、とにかく、写真も撮ってね。あまりよくは撮れていないんだけれども、とにかく形は出来たんだね。それで日本に引き揚げて来たら、皇太子殿下がその明くる年の四月一〇日に結婚したのよ、同じ四月一〇日で。それを皇太子殿下と美智子様が一緒に車に乗ったのを、信濃町に行ってすぐそばで見たことがあるんだから。だから、僕が結婚できたのは南溟鎮さんのおかげ。それで、南さんはおとなしい人でね。本当に法がなくても生きていかれる人柄だったの。今の世の中はいろんな制約の法律があるでしょ？　彼は法律がなくても生活やっていかれるおとなしい人間だということ。それで、一緒になって。まあ、お見合いの結婚ですよ。そうして、女一人じゃ生きて行かれないじゃない？　向こうは。食べ物もないんだし。女がどこか行って働いてということは、とても無理だから。だからどっちみち、女性は嫁に行かなければいけないんだね。

当時、彼女は妹の家で暮らしていたのかって？　いや、嫁に行ったのよ、他のところに。行ったんだけれども、相手が変な男でね。妻を妻として考えないのよ。そういう変わった男だったんだね。それで別れたのよ。それでも、僕のこの家内だってね、まだ純情で、処女のときに一緒になったんだから。処女を捧げた旦那だからといって、夫に従う、どんな苦労でもついていく覚悟でいたという、そういう女だったの。僕と一緒になってみても、そういう女だったのよ。ところが、子どもを産んでも飯もくれないんだって。後で見たら、お金はいっぱい持っていたというのよ（注74）。そんな男だったんでね。だから、その女のほうの親が何とかして離婚しろと言って、せがんでやっと離婚させたわけ。それで、その男の仕事は、泥棒やってたんだよ。泥棒が専門だね、うん。彼女はその男と戦後に結婚したんだけれども、まあ、そういう人生だったんだから。だから、彼女も苦労したのよ、誰しも苦労はしたんだけれども。それで、その男との間に子どもが一人できてね。その子どもは結婚後、僕が連れて来たのよ。連れて来たら向こうでなんだかんだ言って、それで、子どもを取っていけば女も子どもについて来るだろうと考えて、子どもを連れて行ったんだよ。ところが女が来ないいんだろ？　母親のいない子どもを、そんな泥棒の男が満足に養うことができるわけがないんだから。そうこうしているうちに、痩せておかしくなっちゃって死んで

結婚直後（李義八 28 歳、碓井英子 21 歳。1950 年、大泊市）

しまった……。それはもう、非人間的ですよ。もう、人間じゃないのよ。そしてその男の国はどこかというと、韓国の全羅南道だと。日本人じゃない、朝鮮人だよ。同じ朝鮮人ですよ。それで、向こうは友だち連れて僕のところに攻めて来ようと何度も話があったらしい。ところがこっちだって、友だちがいるだろ？　それで向こうも考えたんだろ？　喧嘩やったたって勝ち目ないから、それで来なかったの。それで終わり。そういうふうに大変だったのよ。まあ、とにかく、まともな人間ではなかったのは確か。それで彼女は僕と一緒になって、その後六〇年間、一緒にうまく生活したんだから。よかったのよ。おかげで僕も日本に来られたのよ。だから、相手の過去はどうであっただろうと、まあ、そんなのはいい、今は。というふうに、僕は開けて、ガラス張りで。なんでも人間は、生きていくのにはいろいろあるということ。だから、まあ、これも一つの戦争のおかげ……。

それで、妻が日本人なのになぜ日本に引き揚げずに戦後のサハリンに残ったのかって？　当時、妻の家族はご両親と三人の兄弟、妹の七人暮らしでね。戦後に日本人の引き揚げが始まった頃の話だよ。あるとき、妻の母さんが市場に行って、パスポートをなくしてしまってね。これがなくては、日本に引き揚げることができないわけ。ソ連政府が発行したパスポート。言葉もよく通じないんでしょ？　ワイロを使えば早く再発行してくれるんだけれど、ワイロを出すお金もなかったんだから。それでまごまごしているうちに引き揚げが終わりに近づいてきたので、その家族は父さんが男の子三人を連れて先に引き揚げてしまったのよ。そして母さん一人残るわけにいかないから娘二人が残って。後でパスポートができたときには引き揚げが中止になって、もうないのよ。船が来ないんだから。それで母さんと娘二人、女三人が残ったんだけれども、女だけで向こうで生活できるかというと、できないんだよ。食えないじゃない？　誰が食わせてくれる。それで、結局、娘も年頃だから嫁に行かなければならない。母さんだって、嫁に行かなければいけない。まだ若かったんだから、四〇になるか……。それで母さんも朝鮮人のじいさんと一緒になって、子どもも産んだんだから。それで日本に引き揚げるときは、その母さん家族も一緒に、同じ船で帰ってきたのよ。

オホーツク海は春になれば、三月の終わり頃からニシンが出始めてね。妻と一緒になって、子どもが一人できた年の春。皆で海に何か獲りに行くということで。向こうは昆布はいくらでもあるんだから。海辺に波で寄せられて、腐って臭いがするくらいだから。潮が引くと遠浅の海底に、わかめが出るんだから。それで妻が子どもをおぶって、海に行ったらしいのよ、近所の人たちと。そしたらそのとき、たまたまニシンが来てね。ニシンを手でつかんで、生きたやつを。つかんで、そうしてバケツに入れて。ところが次から次に来るんだから。獲ってバケツに入れても、活きがいいもんだから暴れて飛んで出る。それで子どもを負ぶうときの紐を解いて、破ってね。そうして、その紐を通して持ち帰って来た（注75）。そういうこともあったのよ。ああいうことは滅多にないことだよ。それで何日もしないで、定置網がニシンが来て破けちゃった。もう、ニシンで大泊の海辺が真っ白になっちゃった、全部。あんなこと、初めてだったね。一の沢、二の沢、三の沢まで、もう海辺がニシンで真っ白になってね。それ、全部は処理できなかった。半分ぐらい処理したかな。後はもう……。結局はまた波が来て、全部さらって持っていったんじゃないの。そんなにニシンが獲れるところなのよ。だからあそこはもともとね、世界三大漁場の一つに入っているところなのよ、オホーツク海は。

それで、昔の社宅みたいなところがあってね。昔の都営住宅のように、一戸に二軒が住むようになっていたのよ。僕が初め彼女と一緒になったときに、そこに住んでいたんだから。そうして、ソ連の兵隊が来たの。それで、もう、妻の母さんが、母さんも今はあの世に逝っていないんだけれども。自分の娘、英子（注76）を隠すからと言って。天井の裏に隠すのに、まあ、父さんはすでに引き揚げてしまっていないんだから。男はいないんだから。それで天井裏に隠すのに、昔は何かこう上がるところがあったらしいんだよね。母さんだって早く上げたいんだけれども、高い所の小さい穴にあげるんだから、そんな思うようにいかないわけ。「早く上がって！」と言われて、足をかじられたという話を聞いたことがあるのよ。母さんにかじられたのよ。早く上がらないから。ハハハ。いや、それ、事実かもわからない。一緒にいるときに、母さんとそういう話をしたことがあるんだから。そし

隣組一同（向かって右端が李義八。1954 年 6 月、大泊市）

て、隣の長屋に女らがいたんだけれども、お産したらしいのよ。そして、親がいて、妻の家のような状態があったというの。兵隊が入って来てね。まあ、何か物を出せと言うわけ。腕時計だとか万年筆、写真機、それから着物の生地。そういう物を欲しがっていたらしいのよ。そうしてまた、女も欲しいし。ところがその家に入ってこう見て、実際、昨日、一昨日子ども産んで、今こういう状態で何もないということで、そうして行ってしまった。何かこう見たら、昨日お産したか、ずいぶん前にしたか、わかるわけだから。まあ、赤ちゃんもいるし、その体見たってわかるもの。そのまま行ってしまったらしい。

それで、ソ連に女の兵隊もいたんだから。今度は女が男を強姦するわけだよ。そういう話も聞いたよ。豊原でこういうことがあったと。女ももう一人でやるんじゃないんだから。結局、二、三人がかりで。一人がやり終わった後に、また一人がかかってやられるんだから。男が参ってしまって、結局立てなかったと言うんだね。東洋人はどういうもんだか味わってみたいという好奇心もあったんだろうし、やっぱり兵隊だから規則でもって、その遊ぶということは許さなかったんじゃないかなとも思うし。まあ、向こうは男女同権という話は聞いたんだけれども。これは本当だか嘘だか僕が見たわけじゃないんだし、それはわからない。

引き揚げ

僕が日本に早く引き揚げるようになったのは、妻が日本人だったからなんだね。一九五〇年四月一〇日に再婚して、それから何年経ったかな。ちょうど鳩山一郎総理大臣のときじゃないかなと思うんだけれども。そのとき、鳩山首相がモスクワに来て、日本人と一緒になって婚姻関係にある人は、外国人でも日本に入国させる用意があるということで、それで一九五七年の八月から、そういう日本人と婚姻関係にある朝鮮人がサハリンから引き揚げられるようになったわけ。その鳩山首相がモスクワに来たときにスターリンは死んでいなくて、スターリンの部下と話し合ったんだね。初めはね、日本人の引き揚げだけ引き受けるということを言ったんだよ。ところがソ連側は「夫婦になっている人間を引き揚げるとき、自分の国の人間だけ自分の国に連れて行ったら、今、一緒になっている配偶者はどうする？」「夫婦別れまでして日本人だけ連れて行くなんて、そんな非人間的なことをソ連はやらない」と。中国でもそういうことがあったのよ。日本人の離散家族の問題があったんじゃない？　これ本当か嘘か、いろいろ日本側で調べたことがあったでしょ？　あのときもそうだったのよ。日本側が旅費はお前、中国側が持てということを言ったんで、毛沢東は「もう、いい。その人たちはうちで食わせて育てるから、お前たちはもう帰れ」と断ったのよ。なぜ、断ったか？　自分の国の人間を連れて帰るのに旅費も出さないでただで連れて行くと言う、そんなみみっちい非人間的なことを中国は認めないって。それで断られて、後から謝って「その交通費は全部こっちで持ちます」と言って、それで話をして日本に帰れるようになったんだろ？　それと同じことよ。日本ではソ連を嘘つきだとか、非人間的だとかそういうふうに悪く言うんだね。昔、僕が尋常小学校に通っているときにも、あのN校長先生もロシア人をあまりよく言わなかったのよ。嘘ばかり言って…とか。でも、実際はそうじゃないのよ。

それで、いよいよ引き揚げの通知が来たのよ、ソ連政府から。一九五七年の一二月一四日か一七日ごろに許可が下りたのよ。約二週間、二週間はまだいいほうだよ。退職するのに、僕が会社のあっちこっちの本社、支社に行って、みんな許可もらわなければいけないんだから（注77）。それが大変なのよ。何も、自動車があるわけじゃない。バスを利用するんだけれども。それを全部もらって、そうして退職証明書を出さないと、会計が出ないわけ。それでそれを全部もらって出して、その一週間か一〇日前に郵便局の局長が来たんだよ。来て、「イ・フィパル、ドーブルィ、ドーブルィ（注78）」と言って。何が？　くじ付きの貯金したやつが、それが五〇％当たったということを知らせに来たのよ。そのとき、僕は約二〇〇〇ルーブル貯金してあったのよ。そうすると五〇％というと、一〇〇〇ルーブルただでもらえる。だから、とんでもないお金が入ってきたのよ。それで三番目の子どもは生まれて四ヵ月目で引き揚げてきたんだけれども、服やら生地やらミシンも買ってね。そのミシンでおしめを五〇枚ぐらい縫ったのよ。とにかく途中でおしめ洗うこともできないんだし、うんちなんかしたら捨てて、それで次から次と新しいやつを使おうという計画だったのよ。そうやって引き揚げて来て、うまくいったわけ。貯金したお金が五〇％くじ引きで当たって、とても助かったし、おしめも別にそんなに使わなくても何だかんだ終わったんだから。全てがうまくいったのよ。ただ、あの社長にね、手紙出せなかったのがいまだに悪い、最悪、最低だったなぁと思うよ（注79）。それで、引き揚げのときに社長が来たんで、鏡と寝間着をあげたんだね。絹で作った寝巻きは、向こうではなかなか買えないんだよ。そんなに金額は張らないんだけれども、買えないんだよ。物がないのよ、いいやつは。洋服生地でもいいやつは入荷したら、すぐ売れてしまうんだからね。それで新しいラジオ、一番最新のものを買って来たんだけれども、日本に来たら、小さくても音がよく入るんだね。向こうのラジオはでかいやつだったんだけれどもね。鉄の寝台も持って来たよ（注80）。あんなもの、その社長にでもやれば、社長喜んだだろうに。日本には何もないということで、それも全部持って来たんだよ。それ、全部、日本政府で運んでくれたのよ。僕、手なんかつけないもの。引き揚げるところにちゃんと着いたんだから。まあ、そういうところはね、日本政府がちゃんとやってくれたんだね。

それで一五〇〇人ぐらい帰って来たんだね。自分の奥さんが日本人か、自分が日本人でなければ、引き揚げられなかったんだよ。だから、サハリンに残る朝鮮人から頼まれるわけ。運動やって僕らもあんたらみたいに帰れるようにしてくださいと。それは涙ながらだよ。とにかく帰りたいんだから。帰れと言われたらパンツ一枚ででも帰れるとみんな言っていたんだよ。お金のことなんか、誰も言わなかったんだから。帰ると言うのは、まあ、韓国に帰るということだね。でも僕は韓国に行かないでここに、日本に残ったということは、妻のことを考えてということですよ。僕もいろんな人から聞いたこともあるし、韓国の生活程度が日本より低いということもある程度知っていたんだし。僕はサハリンにいるときから、ラジオでちゃんと聞いていたんだから。朝鮮戦争が一九五〇年の六月二五日に起きるということを、七ヵ月前に僕はわかっていたんだからね。ＮＨＫのラジオで聞いてわかったんです（注81）。僕の作り話じゃないんだから。アナウンサーが六月頃には北から攻めてくるでしょうと、はっきり言ったんだよ。それで、日本は戦争負けたのにどうして他の国をそこまで知っているのかと思ったんだけれども。そして六月に入ってしばらく何の話もないし、ラジオもそんなこと言わないし。二〇日頃にも何も言わないいんだから。だから僕はその話を現場のロシア人の責任者たちに話したこともあるのよ、そのまま。「前に僕が言ったことは、まさかと思うけどね……」と。ところが二五日に現場から帰ってラジオのスイッチ入れたら、戦争が始まったと言うのよ。それで僕、二日ぐらい何も言わなかったのよ、現場に行っても。それで二日後に「やっぱり間違いなく起こりましたよ」と言ったわけ。そしたらその責任者が「お前、どうしてそれがわかったのか?」って。「僕、日本のラジオを聞いてわかりましたよ」と。正直、何も隠すことないいんだからね。そして僕は社長にも言ったんだけれども、それが確かであることを僕は信じられなかったわけ。「日本の放送で、NHKの放送でこういうことを言っていましたよ」と言ったら、そこに倉庫係がいてね。「今朝、私も聞きました」と言ったんだね。彼はソ連のラジオ局でそう言ったと言うのよ。「僕は一昨日聞きました」と言ったの。一昨日、始まりましたよって言ったら、みんながびっくりしてね。それで後から、どこまで攻めて来たとか何とかということは言っていたね。「レーニンの道」新聞には、終いには釜山《プサン》近くまで行ったことも出ていましたよ。僕の故郷も北によって赤化されるんじゃないかと思ったんだけども、終いにはアメリカ軍が仁川《インチョン》に上陸したんじゃない? 僕、その上陸したところに行ってみたよ。たった一回だけど。甥っ子がそこにいたので、甥っ子が僕を連れて行ってくれてね。そこに行ってみたらいろんな銅像もあるし、石碑も立っているし、いろんなものが作られてあった。サハリンの朝鮮人に対して、北朝鮮のほうから徴兵とか献金とか、一切なかったね。

　それで、くじに当たってまもなく、引き揚げの命令が来たんだろ？　忙しかったよ。さあ、物は買わなければ。お金はあるんだから。物買うのに忙しいのよ、その買いたい物が店にそんなにないんだからね。いろんな物を全部新しく買ったのよ。ラジオは大きいやつを買い換えたんだし、洋服、オーバー、全部新しく買って。ところが、日本に来て、向こうから新しく買ってきたやつ全部、妻が古物屋で処分してしまってね（注82）。まあ、やってしまったやつは、もう怒ったってしょうがないんだけれども。あのとき、僕、新しいオーバーを買ってね。一回も着ないやつ。そのオーバーの襟がね、からくり襟と言って、母ヤギの腹の中にいる子ヤギの皮で作った襟。それは細かくてね、これこれこう巻いてあるのよ。日本でもそのとき、よほどの人間でなければ、その襟のついたオーバーは着ないのよ。キツネだのなんだのという毛皮を着ている婦人はいるんだけれども、男があいうからくり襟をするのは、そういなかったんだね。だから、その襟を取って売っても、十分にいい新しいオーバーを日本で買うお金ができたのに、それをみんなただでやってしまったんだから。もう、服もみんな。子ども服もオーバーもシューバ（注83）も。シューバは中は毛、外は皮で、あれは向こうでは金がなくて買えなかったんだよ。それで僕はそれも全部新しいものを買い揃えてね、そうして来たんだけれども。そうして持ち出した金が、戸主が二五〇ルーブル、そうして家族が二〇〇ルーブル、子どもが一〇〇ルーブルだったかな。そういうふうにちゃんと割り当てがあってね。それで、日本に来て取り替えたら、全部で日本の金で六万円ぐらいあったんじゃないかな（注84）。

樺太の真岡《まおか》に引き揚げの収容所があってね。その収容所に入ったとき、長男が六歳、次男が五歳だったのよ。まあ、向こうにいるときには長男は六歳になっても、言葉があまりよくしゃべれなかったんだね。それというのも、僕がしゃべっているときには僕の口をこう見て、そして妻がしゃべったら妻の口をこう見て。結局、迷ったんだね。僕がロシア語使ったり、朝鮮語使ったり、日本語使ったり、いっぺんに三つの言葉あれこれ使うんだから、どれが本当の言葉だかわからなかったんだよ、結局は。それで、こう、口を見るだけ。それで終いにしゃべり出したのが、朝鮮語。なぜかと言うと、隣にも子どもがいたんだから。結局、その子どもたちと遊んでいたので、朝鮮語を覚えたわけ。朝鮮語をしゃべり出してね。隣にいた子どもたちは朝鮮語をしゃべっていたんだから、大泊で。

南さん、妻の妹の旦那の南溟鎮さんはなんだか後から見たら、お金がなくて苦労したというんだね。だから、向こうから持ち出して交換するルーブルもなかったらしいね。僕もね、そのときにちょっとやればよかったんだよね。五〇〇ルーブルぐらいでもあげればよかった。僕はそのときに、お金はあったんだから。そうすればよかったと思うんだよね。僕も悪いんだよね。一銭もあげなかったんだから。妻もあげようとも何とも言わなかったんだから。お金は僕の勝手にできないんだよ。妻がちゃんと目を光らせているんだから。一緒にそういうことを聞いたんだけれども、妻はやれとも言わないし、やるなとも言わない。何とも言わないで、黙っていたんだけれども、そういう状態で困っていたらしいのよ。だから、早い話が、僕がそのときにそれだけの力はあったのに助けられなかったのが、まあ、常識的に言って悪いんでしょうね。

そうして引き揚げてくる一、二ヵ月前に南さんに何があったかというと、子どもが交通事故で亡くなったのよ。男の子が三人いてね。最後の三番目の子どもがよちよち歩くぐらいのときに、言葉も少し覚えたんじゃないかな。その頃に交通事故で亡くしてしまった。それで頭がこんがらがってしまったんだね。もともとおとなしい人で、自分の気持ちもはっきり発表できない人だったんだから。それをもとにして考えると、今度、引き揚げだろ？　引き揚げるのはいいんだけども、お金がないんだろ？

だから両方の気持ちがこんがらがって、神経衰弱になってしまったのよ。今、この話は正直、妻が生きていればできない話なのよ。絶対言うなと、口に出すなと言うんだから。だから僕もあまりいい話でもないんだし、今まで口にしなかったのよ、誰にも。それ初めて、今、言うんだけれども。そういう状態だったのよ。

一緒に引き揚げてきたのかって？　来られなかったのよ。船には乗った。乗って船が出発して、発船してまもなく、日本海を渡っている頃じゃないかと思うのよ。水死してしまったのよ。海に飛び込んで、死んでしまったの（注85）。船に乗るその前の晩、真岡の収容所でも大勢いるところでひどいことがあった。もう、ひどいいざこざがあったらしいのよ、暴れて。本人が。もう気が狂ったんだから。本心じゃないんだから。だから、船にはやっと乗ったんだけれども、結局はどんなにして死んだか、いつ誰をどうしたんだか、後で水死したという話で。それで、船がちょっとバックして、くるっとそこで一回りしたという話は聞こえたけれども。まあ、僕も船酔いするんだから、本当に回ったんだかどうだか、それも知らない。とにかくそこで死んでしまって、日本海で死んでしまったのよ。それで終わり。日本に来たくなかったのかって？だから、来たくないとかなんとかの問題じゃない。頭が狂ってしまったというの。さもなければ、あの日、収容所であんなに暴れたりしない。もう、包丁振り回したり、大変だったというんだから。その晩、みんなが大変だったと言うんだけれども、ところが僕は全然別のところに泊まったんだから（注86）。船は一緒だったんだけれども。それで、その妹が自分の姉にそういうことを話したらしい。それで姉が、妻が僕に言うから、そうだったのかというふうにわかったわけ。他には誰も僕に話してくれる人もいない。それで日本に引き揚げて来てから、妹は仙台に行ったんだけれども、母子寮に入ったんだね。

注1）樺太人造石油株式会社。

注2）鉄管の部品の名前。

注3）鉄管の部品の名前。

注4）落盤のこと。

注5）父の兄の子。いとこ。

注6）厳しくやるからあまり評判がよくない内渕にいた花岡という隊長に李さんが行って、あまり厳しくしないようにと話したことがあったという。

注7）日本人。

注8）朝鮮人。隊長の下に班長もいた。

注9）日本。

注10）英陽部隊の平山隊長。

注11）中には山に畑を作って、ジャガイモを植える人もいた。

注12）英陽郡首比面出身の車《チャ》さん。朝鮮ではきょうだいが多く、貧しい生活をしていたという。

注13）坑内にも道具を貸し出すところがあった。休んだ人の代わりに李さんはこの日、連勤で坑内に入った。

注14）炭鉱整理のこと。生産調整や労働力の再配置を目的に、一九四三年一〇月に第一次炭鉱整理、一九四四年八月に第二次炭鉱整理が実施され、西海岸北部地区の十数鉱の炭鉱が事実上、閉山になった。

注15）他のところは賃金もいいし自由もあったが、李さんは捕まったら大変だと考え寮から逃げる度胸がなかったという。

注16）樺太帰還在日韓国人会の前会長。

注17）朝鮮にいるとき、梅毒にかかったら大変だという話を聞かされていた。

注18）王子製紙落合工場。

注19）戦時中、砂糖の配給はわずかな量だった。とくに寮の朝鮮人の場合は、寮長が配給切符をみな握っているので、何一つ買えなかったという。

注20）西内渕にも内渕にも会社の大きな集会場があった。ここでは各種行事のほか、時々映画上映なども行われた。

注21）しかし、実際に上敷香や瑞穂で朝鮮人虐殺事件は起きている。

注22）佐久間さんの家。坑内にベルトコンベアを設置するとき、設計した人。

注23）坑内係員として働く中で、炭塵がドラムにつくと大きくなってベルトコンベアが寄ってしまうので、ピッケルでたたいて落としていた際、ピッケルがひっかかってはずみで転倒してボタに激突。危うく歯車に巻き込まれるところだったという。

注24）国営の漁業会社。漁船、水産加工場、トラック等を所有し、漁獲、運搬、加工等を一括して行なっていた。ソ連各地にあった。リーバコンビナート。

注25）店に並ぶ品物の七〇％は中国製で、それは日本に引き揚げる直前までそうだったという。

注26）李文沢さんのこと。当時は、鉄道で運ばれてくる石炭を貨車から降ろす仕事をしていて、家に石炭を持って帰ってくれたという。星山さんが三人の会計係をやっていた。星山さんはどぶろくも作っていた。どぶろく作りは初めは不法行為ではなかったが、後に規制されたという。

注27）トラックの車体前後左右に、縦八《センチ》、横三〇《センチ》程度のプレートに車の番号を書いた。李さんが書いたのが始まりで、その後、大泊を走る車はみなまねるようになったという。

注28）Парикмахерская　床屋。

注29）都《ト》さん。クリスチャンでいい人柄だったという。

注30）谷内さん。

注31）映画「自転車泥棒」も観たという。

注32）朝鮮にいるとき、二軒隣の家は裕福で、家には蓄音器、写真機、自転車、精米機があり、あこがれていた。六人の子どものうち一人は東京の大学に行っていたという。また、李さんより一つ上の子がいて、その子が李さんの家に遊びに来ても床が汚いので座らなかったという。当時はオンドルの床の上に、かますを解いて敷いていた。

注33）東ドイツ製かチェコ製で、バザールで売られていた。当時、李さんの給料は月に手取り一二〇〇ルーブルだったが、写真機は一一〇〇ルーブル余だったという。

注34）闇の横流しのフィルム。

注35）李さんは、ビールを造る麦を運ぶことが多かったという。

注36）鮭のこと。

注37）樽に入れて車で、仮に一〇〇トン運んで来ても、扱いが乱雑で荷下ろし等で破損したり、倉庫保管中にダメになって廃棄したりする結果、実際の在庫は八〇トンほどになってしまうという。

注38）корюшка　キュウリウオ。

注39）一日働いても、魚一キロ買えない。この魚を黒パンと一緒に食べると、本当にうまいという。

注40）ソ連の大陸部のこと。

注41）Икра　魚卵、イクラ。ここではアキアジ（鮭）の卵。

注42）当時、李さんの本給は六〇〇ルーブルだったが、それでは生活が厳しいからといって、一一〇〇ルーブルにしてくれた。このため、他の運転手やロシア人たちはヤキモチを焼いたという。ちなみに会社の給与システムは、最初は給料が少ないが、半年ごとにボーナスが給料の五〇％つくので、一年いると給料は当初の二倍、二年いると四倍になる。そういう法律があったという。このシステムを利用して、やってくれた。

注43）いわゆるノルマ（Норма　基準量）を超えた仕事量のこと。

注44）社会主義ソ連では、職場を変えるのは厳しかったという。

注45）ゴルバチョフが登場して、自由に旅行できるようになって二年目の一九九〇年にソ連に行った。ペレストロイカの二年目だった。

注46）車の車体にペンキで車体ナンバーを書き直した。縦七センチ、横三〇センチほどの大きさ。

注47）このとき、友だちは李さんの脇に、ハラハラしながら座っていて、車が変な方向に行くとハンドルを掴んで回してくれたりしたという。路上で練習した。

注48）給油所に入っても、大丈夫だったという。

注49）車軸が折れたら、他の車から持って来て取り換えるしかなかった。

注50）戦時中に米国からソ連に援助された米国製トラック。一台ずつ部品が箱詰めされて来て、ソ連国内で完成車に組み立てられた。

注51）木箱などを燃やした後の釘などが入った灰をそのまま道路に捨てるので、車のパンクが多発する。

注52）戦時中、アメリカからソ連の大陸部に運び込まれたものが、戦後、サハリンに運ばれてきたと思われる。

注53）二〇人以上、荷台に乗れる軍用トラック。四トン車。

注54）塗装用のペンキが違う。ソ連の車の塗装はみな雑という。

注55）三〇トン戦車まで支援していたようだという。鉄のツヤがソ連のものと全然違うという。

注56）太さ二〇センチ、高さ三〇センチくらい。

注57）ソ連人は人なつっこいという。

注58）ソバの実や麦のご飯もあった。

注59）русский　ロシアの
注60）Американский　アメリカの
注61）ひじの関節あたり。

注62）хулиган　不良。

注63）炭火の煙でいぶして、軍服についたシラミを駆除していたという。

注64）大泊のこと。

注65）ユダヤ人はみな、管理職に就いているという。

注66）Капитан　陸軍大尉。

注67）車は五トン車か六トン車のトラックだった。

注68）манный　粗挽き小麦か。

注69）同じ会社の人が、木を伐採していた。

注70）ソ連の大陸部のこと。

注71）ソ連は八月八日に対日宣戦布告し、九日から樺太でも交戦状態に入っていた。交戦は八月二三日まで続いた。

注72）ホルムスク。樺太西海岸の港湾都市。

注73）豊原からそのまま大泊に帰って来たので、結局、内渕には行かなかった。その後も内渕に行くことはなかったという。

注74）部屋のむしろの下に、たくさん隠していたという。

注75）身欠きニシンにしたという。

注76）碓井英子。

注77）ベッスナーヴ社はビールやお菓子を作る会社の中継所のような会社で、豊原、大泊を始め、北樺太にまで支社があった。退職するときは関係する本社、支社から「借りた物はありません」という証明書をもらう必要があった。

注78）добрый　良い、めでたい。

注79）日本に到着したら、安着通知を社長に出すべきだったのに……と後悔するのである。

注80）鉄のスプリングの入った寝台はソ連では初めてで、日本でもまだ珍しかったが、引き揚げ住宅が狭かったためか、何の相談もなく、妻が古物屋にタダでやってしまったという。

注81）スターリンが死んだとき（一九五三年三月五日）も、ソ連国民はすぐに知らなかった。二日目になって「スターリンが二日前に死にましたよ」と言ったら、社長はホーッとため息をついて「外国人が知っていることを、自分はソ連共産党員なのに知らない。他国の人に教えてもらうなんて情けない」と言った。これもＮＨＫのラジオで知ったのだが、聞いてすぐに伝えるとスパイだと思われるので、二日たってから現場で伝えたという。

注82）ある日、仕事から帰って来たら、妻がみんな捨ててしまっていた。オーバーは一〇〇〇ルーブル以上したが、日本のものと比べて、デザインから生地から良くなかった。

注83）шуба　毛皮のコート。

注84）引き揚げ船の船内で両替したという。日本に来たとき、お金には不自由しなかったという。

注85）乗船したその晩に自殺したという。李さんは翌日、そのことを知ったという。

注86）南さんは豊原から来た家族用の宿舎、李さんは大泊から来た家族用の宿舎に泊まったという。

三　日本時代

舞鶴に引き揚げ、東京へ

引き揚げるときも、いろいろあったのよ。向こうで旦那が死んで、旦那がいない奥さんがいてね。その奥さんと、日本に行くまで夫婦になってくれ、日本に行ってからは別れてもいいというような約束をした朝鮮人がいてね。向こうで金をやったり、いろいろ面倒みたんでしょ？そうして日本に来てからすればよかったんだけれども、船に乗ったからもういいだろうと思って、喜んであっちこっち友だちに話をしたわけ。それが日本人の船員の耳に入って、それで調べたら話の通り、実はこういう約束で来たんだということがわかって、船から降ろされてしまったの。またある者は日本人に化けて手続きをして、船に乗る前に密告されたこともあってね。それでその人はロシア人にどこかに連れて行かれたとか、いろんな話があるの。それは実際に僕が見たわけではないんだけれども、そんな話が流れていたんです。そんなに嘘が流れるわけがないんだから、ありそうな話なんだよ。まあ、とにかく向こうにいる人は帰りたかったんだから、みんな。誰れ彼れ問わず。ちょっと裕福な人も貧しい人も、とにかく帰りたい。だから抑留生活というものは、体験してみなければわからないよ。だからね、日本の言葉の「ふるさとは遠くにありて思うなり」と全く同じだよ。

それで、戸主は二五〇ルーブルをドルに取り替えることができたんだけれども、僕はそれ以上のお金を持っていたのよ。それで服とかいろんな物を買ったわけ。買わなくてもいい物まで……。物持って来る分にはよかったの。だから僕は本当はオートバイを買って来たかったのよ。樺太でオートバイを一台買って来て、金持ちになったという人の話をちょっと聞いたことがあってね。ところがオートバイを買うと他の物、買えなくなってしまうのよ。それでダメだと、買えなかったの。二五〇ccかな。あれはとても良くてね。日本ではそんなの、まだなかったんだから。それが三二〇〇ルーブル近かったんだね。高かった。そのオートバイを買って来てね、日本で四〇万円で売ったと言ったかな。その話、ちょっと耳にしたことがあるのよ。それでオートバイを買おうとしたわけ。その当時、四〇万円と言うと、家が二軒ぐらい買えたんじゃないかな。(注1)十分立派な家が買えたのよ。僕らが引き揚げて来た当時はね、土地が坪二〇〇〇円だったんだから。

引き揚げ船は興安丸や白山丸は大きな船で、三回ずつで六回しかないのよ。後は少人数で来た人が何回かあってね。僕たちは三船目で白山丸。興安丸が最初で、白山丸は後から。うちは妻と子ども三人の五人。そうして船が青森沖あたりに来て、そこでリンゴを一個だか二個だかもらったんじゃないかな。船は青森港には寄っていないんだね。まあ、引き揚げ船が来るからといって、船がそこに停まったんじゃないかな。それで青森からも船が来て、そこで会って、まあ、ご苦労さんでしたって、そういう挨拶しながらお土産に。青森はリンゴが有名なんだから。一月だったんだからね、まだリンゴがあるときだもの。

両替は舞鶴でしたんですね。それで、妻が日本人だから、額面一〇万円の国債を一枚もらったのよ。一〇万円。それはいっぺんにもらえるんじゃなくして、一年に一万円ずつもらえるの。一〇年経てば全額もらえる、そういう債券でね。それで、家内の父さんが来たのよ。来て、それくれと言うから、いいですよと言ってあげたのよ、父さんに。だから、僕はその父さんにもね、損はさせていないよ。

舞鶴に上陸してから、日本の田舎に行った人はね、ほとんど別れてしまったのよ。差別が激しいときだったんだから。初めのうちは帰って来てくれてありがたいと言うけれども、何日もしないで、一週間足らずで「あの朝鮮人が……」となるんだから、それでだいたい、別れた人が多いのよ。時代がそういう時代だったんだね。

向こう出たのは、一九五七年の一二月三〇日か三一日に乗ったと思うんだね。それで着いたのは一月四日か五日か……。日の丸の旗がいっぱいあってね。誰か腹下りの人がいたんで、それ調べるために入国が一週間、延期したのよ。入国したのは一九五八年一月一四日で、その前に上陸はしたのよ。その手続き、書類を作るのが一四日にして、一五日か一六日に東京に来たと思うのよ。そうして舞鶴に来たんだけれども。その船の中でみんなどこに行くんだ、その行き先を決めるときに、まあ、妻の故郷が仙台だから、行き先を仙台にしたわけなんですよ。そうして妻もみんな仙台に行くというふうにしたと思うのよ。それで、正直に言って、僕は韓国に行きたかったのよ。ところが、僕は韓国は日本より生活水準が低いということは前から知っているんだし、おそらく戦後、今になってもそう裕福ではないんだろうと、大変だろうと、こう思ったわけ。それで、そのときに日本は生活保護法というのがあって、生活保護をもらえば何とか生活はできる。そうして、向こうを出発するときは、引き揚げ寮があるとか全然わからないんだから。まあ、とにかく日本に行って、橋の下でもどこでも何か板でもビニールでも捨てたやつを拾って来て、雨に濡れないようにして。そうして妻と子どもはそこに置いて、僕はとにかく何をやってもいいから働いて食えるようにすればいいじゃないかと、そういう覚悟だったんだからね。向こうから来るときに引き揚げ寮があるとか全然考えたことないんだから。もう、どこか橋の下、公園の横にでもね、今のホームレスみたいに……。もう、ホームレスなんだから。そういう生活をやって、僕が何か働いて子どもたちを食わせなければいけないんだと。そういうことを考えて、僕が樺太にいるときにはお金はあったんだから、それで全部新しいものを買い揃えたんだね。そのとき、韓国に行こうと思えばできたんです。ところがそのときは韓国も貧しくて、昔と変わりなかったんだね。それで五人家族が行って、どこでどんなに生活できる？　どう考えても自信がなくて、まだ日本にいれば生活保護をもらって何とか生き延びることができる……。日本の外務省では僕を帰化するようにと、僕には言わなかったけど、家内には言ったらしい（注2）。引き揚げてすぐに、何かいろいろと調査があるときに。

それで、家内の母さんも仙台に行くと言うし、僕らも仙台に行くって言ったんだから、まあ同じところに行くわけだったんだけれども。それがこの東京に落ち着いたのは、その後、会の副会長を務めた沈桂燮さんが大泊にいるときに顔も名前もわかっていたんだよ。彼は楠渓町《なんけいちょう》で時計の修理をやっていてね。南渓町には僕と同じ村の人がいて、たまに遊びに行くんだから。そこを行ったり来たりしているうちに、僕の顔と名前を覚えたわけ。それで沈さんは僕より半年ぐらい早く引き揚げて来たんだよ。それで彼はあまり新聞も読まないんだけれども、引き揚げ者であるということに気をつかっていたのよ。樺太に僕らの同胞がまだたくさんいるということを、そして、そういう人らを何とか助けなければいけないんだけれども、自分はあまりそういう頭がない、覚悟がない、学校行ってないから。それでも気持ちだけは誰にも負けない、そういう人柄だったんだね。それで僕が来ると、聞いたんだね。ラジオで放送したのは、新聞に載るんだから、その引き揚げ者の。それでわかったんでしょう。それで舞鶴に迎えに来たのよ。そしてそこで、舞鶴で会うと、僕に聞くのよ。どっちのほうに行くことにしたのかと。僕は、家内の故郷が仙台だから、仙台に行くようにしたよと。すると沈さんは、だめだめと。仙台に行くのはいいんだけれども、初めのうちはね、「まあ、どうもご苦労さんでした」と言って、二、三日まではいいと言うのよ。それ以上になると、結局、ありがた迷惑で、離婚されてその男は追い出される、悲惨な目に遭うと言う。それで、経済面においても、都会に行ったほうがいいよと。だから自分は東京に行ったんだよと。東京のほうがいいということは、まあ、噂でも聞いてはいたんだし。彼は学問はないんだけれども、そういう方面の探りはなかなかうまいのよ。そうして、どこか行くにしても、字もよくわからないんだけれども、駅もよく探していく。仕事行くのに、土方行くのに、しょっちゅう職場が変わるんだから。僕、初め仕事行くのに、どの電車乗ってどこで降りるんだか、そんなの全然知らなかった。ところが彼はよく知っているんだね。まだ引き揚げて来て、彼は半年になるかならないか。一九五七年の八月に来たんだから。それで僕を迎えに来たんだから。今はまだ間に合うから、今行けばいいんじゃない？

ということで、僕も彼の話を聞いて、その係のところ探して行ったのよ。「実は仙台に行くことにしていましたが、思い直して東京に行くことにしましたから、一つお願いします」と言ったら、「うん、いいよ」と言われて、すぐ受け付けしてくれたのよ。「ああ、よかった」と言って、それで東京行きのバッジをつけて戻って来たよ。東京行きに変更することを家内に相談したかって？　いや、言わないよ。僕、家内にも言っていないの。僕の勝手に……。そんな相談する暇なんかないもの、時間なんかないもの。それで、みんな親戚だなんだかんだとたくさんの人が舞鶴に迎えに来ているのに、仙台の親戚は来ないんだから。来ないのよ。とにかく東京ということをね。それで、人間は生まれたら都会、獣は生まれたら山奥と、そういう諺を田舎で聞いたことあるのよ。それがこのときだと思って。それですぐ受け付けてくれたんだから。それで、仙台市からお菓子やらお土産を少しもらったんだよ。それで僕、これ返そうかと言ったら、返さなくてもいいよと、日本の東京係の方が言って。仙台市から引き揚げ者を迎えるのにお土産として。もちろん、仙台市からも係の方が来ていてね。そして沈さんと二人で話しているところに朴魯学さん、その後、会長を長くやった人が来てね。僕をこう見たら東京と行き先をぶら下げているから、「李さん、どうしたの？」と聞かれて。実はこういうわけでこうだよって。そこに沈さんもいたんだから、沈さんも同じことを言って。「今早く、東京の係に行って頼んでみて。今、僕が行って切り替えて来たばかりだから」と言ったら、早速行ったよ。そして話したら、すぐ同じくＯＫされてね。そして、その後に誰かが行ったんだけれども、もうだめ。それで二人で来るようになったわけ。それで僕らは満足したのよ。なぜか。三人が、沈さんも東京に来ているんだし、そして僕ら二人が東京に来るようになったんだから、これでもうOKだと。サハリンの同胞を助けるためには人がいなければだめ、仕事をやる人がいなければだめだと。

引き揚げて来たときの国籍？　家内は日本人ですよ。僕と子どもたちは無国籍ですね。それで、東京に来てから子どもたちの出生届、出したんだ。ソ連から出生届したのを持って来たんだけれど、そんなの要らないと言われて。だから、そこがおかしいんだよね。それで、子どもたちの出生届をするときに、国籍は僕は日本国籍にするって、決めていたんだから。これは僕の考え。だから、子どもたちの戸籍を作ったということなんですね。ところが僕は、結婚届が遅いのよ。なぜかというと、僕は朝鮮で結婚していて、その本妻が載っかっているから、結婚届ができなかったのよ。それで、その後、僕が韓国に行って、離婚の手続きを全部して、それで結婚届をしたんだね。だから、その戸籍を見たら、おかしいのよ。結局、子どもはどうなっているんだ？　子どもは家内の産んだ子どもだから、まあいいわけなの。ただ、結婚届ができなかっただけ。まあ、二重結婚届はできないからね。樺太に行く一年ぐらい前に結婚したんです。それで、五人家族の中で僕だけが朝鮮人になっていてね。僕が運転手になろうと車の免許を取って、それで免許証を見たら朝鮮人と書いてあって……。いや、僕は朝鮮人ではない、金日成を奉る人間ではないと言ったら、今度はそれを韓国に直して。樺太裁判のとき（注3）には、もう韓国籍に直したんだからね。

家内の母さんは引き揚げて来て、八四歳で亡くなったかな。仙台に、引き揚げて来たら入れるような家が、市営住宅があったのよ。その市営住宅に入ったんだね。それで一緒になって来たその朝鮮人も長生きしないで、ここに来てすぐ死んでしまったのよ。死んでしまったんだから、前の夫のところに戻ることもできたんだけれども、その前の夫はその一〇年前に引き揚げて来て、他の嫁さんもらってね。だから元に戻るのも、なかなか難しいんだね。人間のその償いというか、その仕組みが……。一〇年以上経っているんだから。別れているうちにお互いが再婚したんだからね。それで家内は父さんにはあまりお金を送っていないんだけれども、母さんには小遣いを結構やったのよ。僕、そんなにお金がないのに、家内はいくらでもやってね。「あんた、全然やらない」と言われても、そんな、お前がやっているのに僕がやる余裕があるかって思って、僕はやらなかったんだけれども。後で考えれば、やっぱり僕も少しはやるべきだったと思ったんだけれどもね。向こうの人の生活と、ここに来て働いている僕の生活では、ある程度の差はあったと思うのよ。そうして田舎では仕事がないんでしょう？　そこの引き揚げて来た人はみんな東京に働きに来たんだからね。

家内の母さんは日本に引き揚げて来て、苦労したんだから。旦那は仕事できないし、まあ、生活保護もらって生きているんだから、あまり良い生活はできないわけだ。それで母さんが何か病気で寝込むことがあったらしいんだね。そのときに僕もこんな遠いところに離れていて母さんの面倒を見ることもできないし。結局、僕もここで土方やって、それも家から通うんじゃなくて、飯場生活なんだから、思うようにならないわけ。それで母さんが苦労したのよ。そのときに、元の夫が来てね、一回でも顔を出してくれたなら戻る気持ちも起きたというの。病気で苦労して寝込んでいるのに、一回も来なかったと言うのよ。それで、母さん生きているときに、家内としょっちゅう電話をしててね。電話代がいつも月に一万円以上。三万円もかかったことがあるんだから。だから僕はいつも言うわけ。「電話もねえ、いい加減にしてくれよ。僕の給料、いくらなのか、ちょっと考えてくれ」と、こう文句を言ってもね、「私はそれが一つの生きがいなのよ」と返されてね。その気持ちもわからないわけでもないんだけれどもね。まあ、そういうふうな引き揚げて来てからの生活だったんです。僕も家内の母さんの家には、何回も行ったことがあるのよ。そうして行けば、次女の家で老後を過ごしたんだから、その次女に「今日のおかずはちょっと変わったもの作ってね」とひそひそ言うのが聞こえるのよ。やっぱり、自分の娘の男だからということだろうと思うのよ。韓国でもそうなのよ。自分の娘の旦那が来たら、ちょっとうまいもの作るのはその母さんですよ。母さんがやるのよ。

会の結成

僕らが引き揚げて来たのは一九五八年一月一四日に舞鶴に上陸してね。それで東京の亀有に来たのが一六日か一七日ごろでしょう。亀有の大谷田《おおやだ》引き揚げ寮に来て、そこで一年半ばかりいたんだね。それで来て荷物も届かないうちに、あっちこっち何人も人に会って。韓国代表部にも行ったり、民団の中央本部にも行ったり。朝鮮人の何かやっているところはみんな行ってお願いをしたんだけれども、何とかしなければいけないなということは言うけれども、正直にそれじゃどうしましょうと言う人は一人もいなかった。どこにも誰もいなかった。それで鶯谷の付近にね、戦前、朝鮮で国会議員をやっていた人がいたのよ。あっちこっちから聞いて、そこにいるということがわかってね。方《パン》という名字で、その人は戦争当時、軍に飛行機一機を寄付した人（注4）。僕、よく知らないけれども、そういうふうに聞いたのよ。それで事実を話して、何とか一つ助けてくださいとお願いしたんだけれども、何とかしなければいけないということは言うんだけれども、それっきり何にも沙汰なし。

引き揚げて来て、初めのうちは西も東もわからないんだから、あっちこっち歩いてどこか助けてくれる所ないかなと思ってやったんだけれども、それは実を結ばなかった。ところが、同じ寮に満州から引き揚げて来た人がいたのよ。今はもう亡くなったんだけれども、有川義雄という若い人がいてね。若いといってもあのときに四〇歳にはなったんだろうね。彼は満州から引き揚げて来たんだから、裕福どころではなかった。それに足がちょっと不自由で、障がい者なんだよね。それで奥さんがいて、子どもが三人いたと思ったんだな。夫婦で何か会社に行って、小さな品物、あまり商売にならないようなものだけれども、そういうものを安く仕入れて、そしてリヤカーに積んで行商して夕方に帰って来る。そういう方で、そこにいる寮長と仲が悪いということは、あっちこっちから話を聞いてわかったのよ。彼は僕らが来る前にいろんな運動をやったらしいよ。何かお化け煙突（注5）にも上ったような話もあって、そういう運動で有名な人だったらしい。そしてその方に会って、僕らの事情をいろいろ話したわけ。そうしたら彼がまた熱心に僕らが言うことを聞いてくれてね。そして、ここはこうだ、ああだとまた質問を繰り返す。これは何とかしなければという話になって、早速、日本の国会に陳情しなければいけないと（注6）いうことで、陳情書の書き方、嘆願書の書き方、そうして大臣に会うのには紹介議員が要るとか、紹介議員が要るということも教えてもらって……。そのときに、大臣に会うのには紹介議員が要るとか、引き揚げて来て西も東もわからないのに、国会議員がどこにいるのか、国会がどこにあるのか、紹介議員が何だとか、そんなこと僕らはわかりっこないんだから。何一つわからないんだから。それで結局、有川さんが全部やってくれたのよ。陳情者も嘆願書も自分が直接書いてくれて、そしてそれを出して。そして直接僕らから聞いた話を、北千住に当時、島上善五郎という社会党の国会議員がいてね、（注7）あのときも六〇歳近かったんじゃないかな。その後、何回も会って、いろんなことを話してもらったけれども。有川さんがその国会議員に、僕らから聞いた話を、こういうわけだということを話したわけ。それで社会党の国会議員だから、一生懸命に国会ですぐ質問したんじゃない？（注8）いつしたかというと、一九五八年の一月に僕らが引き揚げて来たんだから。その年の二月一七日、第二七回の予算委員会に島上善

東京都足立区大谷田の引き揚げ寮（向かって右端に李義八。1958年3月16日）

五郎先生がこの問題を初めて、日本の国会で質問したわけ。サハリンに朝鮮人をこのまま放置してはいけないんじゃないかと、僕らのことを国会で発言したわけだよ。それがいわゆる国会でこのサハリン問題を話した、最初の第一声ですよ。その言ったことが全部、議事録に載るんだからね。いろいろなこと、ほとんど忘れるんだけれども、その日にちだけは忘れられない。

（注9）

朴魯学さんと沈桂燮さんと僕、この三人が東京に来たおかげで、サハリンの同胞は相当、恩恵を受けたと僕は思うよ。早い話が、引き揚げてから僕らがどこに行くことにしたかというと、朴さんは栃木県だから。奥さんが栃木のほうに行くことにしたんだからね。僕は仙台に行くことにしたんだし。そういうふうにバラバラになったら、会ができたとしても何年後になっただろうし、できたとしてもみんなそれぞれ分かれていたんじゃ、おそらく運動も無理だっただろうと思うんです。その当時、電話があるわけじゃない、そんなに離れていて連絡取る方法だってないんだしね。まず無理だったと思うんですね。会の名前は、「樺太抑留帰還韓国人同盟」としたのよ。あのときに韓国も入れなかったかな？　同盟を作ったのは一九五八年の一月の終わり頃だと思うんですよ。こっち来て、すぐ作ったのよ。早い話が、それを作ったのが誰のおかげかというと、有川義雄という方のおかげなのよ。あの方に会ってその話をして、それから全面的に有川さんが僕らを応援してくれたんだから。それで会を作って、有川さんはその後、島上代議士にそのことをしゃべって、話し合って、相談して、そうして国会で僕らのことを……。まあ、その代議士だって国会でしゃべるんだから、少しは勉強しなければ。それで会の最初の代表は僕だったのよ。あとは朴さんと沈さんが書記やら経済部長やら、そういうことを……。古い書類があったんだけれども、家内がどうしたんだか、それがなくなっちゃった。家内が晩年、痴呆症になって、どうしたんだか。だから、僕は前に話したんだよ。こういう問題は全体に歴史に関わる問題なんだから、後で必ず必要なときがあると思って、全部書類は一部ずつ取っておいたんだけれども……。だから、僕もねえ、よくがんばったと思いますよ。家内にいじめられ、政府にいじめられ。だからねえ、僕、下手なこと言えないんですよ、正直に言って。会を作ることはサハリンにいるときから、計画していたのかって？　いや、それは日本に来てから。向こうにいてはこんなことができるかどうか、そんなの全くわからないんだから。それでここに韓国の大使館、当時は代表部だったのよ。代表部があるのは知っていたけれども、こんなことができるかどうかわかるわけがないし。それで僕らが引き揚げるときに、向こうにいる同胞が、あんたらは引き揚げて行くけれども、行ったら日本には韓国の大使館もあるんだし――向こうは代表部なんてわからなかったよ。僕も代表部って日本に来てわかったよ。本当にはそのとき、大使館がなかったんだから（注10）――そして、朝鮮人もそこにたくさん住んでいるから、何とか僕らもあんたらみたいに帰れるように運動してくれという、そういう話はしました。頼まれていたということはあります。でも、果たして僕らにそれができるかどうか。それで、よくここまで来れたのは、あの沈さんが僕より六ヵ月ぐらい先に引き揚げて来てて、僕が引き揚げるのを知って舞鶴まで来たのよ。あれが一つの大きな分かれ道じゃなかったかなと思う。沈さんはサハリンにいるときから、僕の名前を知っているから。名前が新聞に出ていたんでしょう、おそらく。だから迎えに来たのよ。そのときは引き揚げてまだ仕事もしていないんだから。持って来たお金もちょっとしかないのに、そのとき、舞鶴まで片道一〇〇〇円いくら、二〇〇〇円近くかかるわよ。そうすると往復でなんだかんだ多くかかったと思う。その人が僕を迎えに来たのが、大きな一つの山場だったと思いますよ。僕が東京に来なかったら、朴さんも東京に来なかったのよ。彼だって栃木県に行くことになったんだから。僕は仙台だし。仙台や栃木県にあっちこっちバラバラになったんじゃ、こんなに早く、一九五八年二月の一七日に島上善五郎先生が予算委員会でサハリンのことを話せなかったもの。あんなに話ができたのは、まずは僕が東京に来られたからですよ。そして二番目は有川さん。あの人に会ったからですよ。会って、あの人があんなに努力してくれたから、面倒見てくれたからできたんです。僕らの力でできたわけではない。でも、後に「サハリン問題に対しては誰がなんと言おうと、皆さん方が一番偉い」と言ってくれたのは、あの法学部の大沼保昭先生だけですよ（注11）。「いや、僕らはたいしたことないです」と僕は言ったんだけれども。「この問題を提起したことが一番大きい、そうしなければ、永久的に葬られたかもしれないと。大沼先生が後に、僕に全部詳しくそういうふうに説明してくれたの。あまり激しい運動もしないし、時間はかかったんだけれども。また、これを激しくやったからといって、そんなにうまくできたかというと、おそらくできなかったと思う。

僕が会の代表をしていたのは半年ぐらいかな。そんなもんだと思います。僕、そんなに長く代表やっていないのよ。代表が変わった理由？　引き揚げ寮の自宅にチンピラみたいなやつが来て(注12)、こういうナイフみたいな頑丈なやつを持って来たのよ。そして「お前、代表を辞めろ」と言って来たんだから。辞めなければ直ちに殺してやるというやつがいたんだから。信じられないことがあるんですよ、こういうことは。誰に頼まれたのかって？　そんなこと言うわけがないでしょう。そういうことで朴魯学さんが代表になって、僕は副代表です。そのチンピラは朴さんに頼まれたとしか考えようがないのではないかって？　そうですね。代表になるのは一つの名誉というかね。そうして彼は僕より韓国語はよくわかるんですよ。年も僕より上ですよ。せいぜいそんなもんですね。それで、まあ、ちょっと威張りたかったということ(注13)。この話をしたのは初めてなんだからね。それで朴さんが代表、僕が副代表になったんだけれども、会の活動は何も変わらなかった。

みんな東京に引き揚げて来たわけじゃなくて、あっちこっち行ったのよ。その会を東京で作って、そうして、横浜の引き揚げ寮に行ったわけ。行ったらみんなが何を言うかというと、自分らはそんなもの要らない、そのまま韓国に行くと。まあ、それは韓国に行くがために引き揚げて来たんだから、韓国に行くという気持ちはわかるんだけれども。今、韓国だってね、情勢が大変だから、もうちょっと考えるところがあるんじゃないかと、そういうふうな話をしたんだけれども、彼らは聞く耳を持たなかったね。それで、奥さんや子どもを連れて、韓国に行った人が多かったのよ。東京にいる人も、そのときに品川と大崎にも引き揚げ寮があってね。そうして、東京はこの足立と。それで僕らは東京や横浜をあっちこっち行って、そういう話を聞いたり、いろいろな話をしたんだけれどもね。もう、行く者はしようがない、本人が故郷に帰るというものを行くなとは言えないし……。ただ、向こうの状況を話して、もう少し考えたほうがいいんじゃないかと話したんだけれども、聞いてくれなかった。いや、そのときには誰しも韓国に行きたいという気持ちはあるんですよ。東京に来ていた人も相当行ったんだし、同じく亀有に来ていた人も韓国に行った人が結構いたんだからね。

会を結成してから一年以上経ったまだ早い時期に、ソ連の役所から、サハリン州政府の民政事務所から手紙が届いてね。その会の名前に「樺太抑留」というのが入っているのはうまくないから、この「抑留」というのを抜いてくれというクレームがあったのよ。結局、ソ連の人は、まあ、気に入らないでしょう。向こうは共産主義国家で、どの人も平和に生活する権利があるということを主張している国だから、それじゃそのソ連がそんなに悪の国なのかと感じたわけだね。でも僕たちは正直言って、そこにいたくているところじゃないんだから。もう、そこにいる同胞が集まって酒飲んでいるとき、何か集まって話するときは、いつ帰るかということしか話していないんだから。だから何も持って行かなくてもいいと。パンツ一枚でもいいと、みんなが言っていたんだからね。それだけ故郷に帰りたかったのよ。まあ、抑留という言葉を結局、そのまま訳して使ったんだから。そうすると向こうにいる人もそれじゃ抑留になっているのかと、お前も抑留されているのかと、結局、言われたんじゃないかと思いますよ。だから、僕はそれはわかったと。それで抑留という言葉を抜いて、「樺太帰還在日韓国人会」というふうにしたんですね。人が嫌なものを作ったんじゃ、かえって益がない。僕はそう思う。ソ連と喧嘩して何かいいことがあるかというと、それはありえない。そこに住んでいる人間をどうかこうかしようと言っているんだから、向こうの国に憎まれて何ができます？　それで抑留という言葉を使って、それでいいことがあるかというと、ありっこないのよ。だから会の名前を変えるのに問題はなかったね。ないんです、あるわけがない。

亀有の引き揚げ寮は、東京都足立区大谷田二三一六番だったかな。日立の工場跡地に建てられて、今は貯水池になっている。お世話になったのは、セツルメントの大学生たちが来て、子どもたちと遊んでくれたこと。毎日のように何年間も来てくれたから、助かったよ。セツルメントの学生は、女の子が多かったね。大谷田の引き揚げ寮に一年半ちょっといて、その後、この足立区伊興の都営住宅に移ったのよ。そのときの建物は新築の木造で、一棟に二軒入ってね。六畳が二間あって。

初期の活動

日本に来てから荷物も届かないうちに、樺太にいる同胞を何とか助けなければいけないということで。そうして引き揚げて来て、大谷田の日立の大きな工場の前にあった引き揚げ者の収容所に入ってね（注14）。いろんなところからお土産もらいましたよ。キリスト教の団体から卵の黄身、粉にしたやつを、このぐらいのボール紙の箱でいくつかもらったことがあるんですよ。それで寮の人に分けて。ところがその食べ方がわからないんだ。おそらくほとんど捨てたんでしょうね、食べ方がわからないんだもの。見たこともないんだし。おかゆにしてもなんだか……。そのまま食べたって喉に詰まる。味はないし。そして民団から何をもらったかな。何かをもらったんだろうと思うけれども、まあ、たいしたことはなかった。何をもらったんだか知らない。それで、朝鮮総連の人も来た。来たんだけれども、その人たちはお土産は何にもなかった。そして何を言うかというと、「なんでそんな良い共産主義の国家を捨てて、こんなに悪い帝国主義の国に来たか？」と、そういうふうな挨拶だったのよ。それで、「あんたらはね、実際、共産主義がどんなものだか、ただ耳で聞いて本で読んで、それでそれに惚れているかもしれないけれども、実際、共産主義がどんなものだか、体験した人が引き揚げて来たんだから、何もそんなこと言うことないいんじゃないか。行け！」と冷たく言って、帰してしまった。僕は共産主義が嫌で来たんだから、共産主義の国の人、来なくていいよと。それっきり、来ない。僕はまあ、民団の人もあまり来たことはないんだけれども。僕もその後、運動をしているうちに、向こうに行ってサハリンの現状を、我々同胞が住んでいる現状を見てくるようにと民団の人に何回も話をしたんだけれども。行かなければいけないけれども、忙しいからと言って、とうとう一回も行かなかったね。

それで、樺太から引き揚げて来ていくらも経たないで、半年ぐらいだったかな。僕が朝鮮で学校通っているときに、日月尋常小学校の五、六年生のときの担任が校長先生でね。N校長先生といって、九州の熊本県というところに住んでいることは、学校通っているときに知っていたんだから。よし、今度、先生を探してみようと思って、当時、読売新聞に「尋ね人」の欄があってね。そこに申し込んでみたわけ。僕はそのときから引き揚げ問題をやっていたんだから、何か僕らの言うことを少しは手伝い、助言してくれるんじゃないかなと思ってね。そして、はがきを出して一〇日位経ったかな。先生からのはがきが来たよ。いつごろ、東京に行くから、そのときに会いましょうというような返事が来たのよ。それで先生が来て、会って。そして、何をしているか尋ねたら、市会議員をやっていると言うのよ。人吉市の市会議員で、それで用があって東京に来たと、そう言ってたよ。まあ、それでせっかく久しぶりに会ったんだから、何もしないわけにはいかない。そこ出て線路渡って向こうに、味道園と言う、朝鮮人がやっていた焼肉屋があったのよ。そこに連れて行って、焼肉を食わせたよ。あの当時、焼肉は安くないよ。今も安くないんだけれども。家内と僕ら三人で食べてね。僕らは遠慮してそんなに食べなかったけれども、先生がパクパク食べたんだから。あのとき、僕、三〇〇〇いくら払ったと思うよ、三人分で。三〇〇〇円というのは、大変な金額ですよ。あのとき、僕らにとって大変なお金ですよ。それで帰られたんだけれどもね。その頃、僕はサハリンの同胞を、何とか僕らみたいに引き揚げて来られるように運動をしている最中だったんだけれども、僕はその運動が職業じゃないんだから。食わなければいけないんだからね。引き揚げて間もないときに、お金なんかそんなにあるわけないんだから。そのときに土方をやって一日いくらもらうかというと、二四〇円か二五〇円。そんなもんだったから。ここから北千住まで行くのに、バス代は片道五円。そういう状態で、交通費使って一日タバコ吸って。弁当のときなんか喉が渇いたり。当時、牛乳一本、結構高かったよ。コカコーラというのがあったよ、小さい瓶が。あれ二五円で飲んで、一日瓶を返すと一二円だか一五円だか戻って来て。そのコカコーラを飲みたいんだけれども、一日いくらももらっていないのに、そんなの何本も飲んでいられるわけがないんだから。まあ、そういうふうにして生活しているのに……。それから僕が仕事に行った後に、また、家に来たらしい。そのときにも、前にも焼肉食わせてくれたんだからと、今度は自分から要求したらしいよ。「夫は今、仕事に行っていて、いません」と言うと、「焼肉食べたい」って。それで仕方なしに家内が連れて行って食べさせたと言っていたのよ。そしたら、よく食べたって。そして、ごちそうさんでしたと言って、帰って行ったと。それから三度目はね、御茶ノ水あたりで会ったんだよね。会って、自分の娘が入院したとかで、今度はお土産を要求したんだよ。少なくとも四〇〇〇円以上のお土産を持って来るようにと。僕はもう、行かないつもりだったのよ。土方をやっているんだから。飯場回りだから、飯場に泊まってそこで仕事やっているんだから。でも、やっぱり、家内は四〇〇〇円ぐらいの物を買って行ったらしいよ。僕は行けとも行くなとも言わなかったけれども、やっぱり習った以上、夫の恩師だから、黙っているわけにはいかないだろうと。あいつ、心臓強いなと思ったけれども、仕方なしに買って行ったということを言っていたよ。僕はもう、それっきりで、付き合いをやめてね。電話もしなければ、もう何もしない。結局、元担任は何かしてくれたのかって？　何もやってくれない。僕が話をしてね。そして書類もあるやつをちょっと見せて。僕らの同胞が日本時代にサハリンに行って、今、故郷に帰りたくて、首を長くして待っていると。だから、僕らと同じように日本にでも本国にでも帰れるように、僕らは今、運動をやっているんだと。ここは何とか一つ、僕を助言してください、とお願いしたの。そしたら、「私は人吉市の市会議員で東京に出張で来ているんだから、国会議員なんて誰も知らないしな……」で、それっきり何の話もないのよ。恩恵は何一つ受けなかったね。

その頃、樺太の問題を日本の国民に知らせなければいけないと思って、各新聞社を訪ねて行ったんだけれども、どこも門前払いされてね。会ってくれない。とにかく門に入れてくれない。ドア閉めて入れてくれないんですよ、どこも。読売も朝日も産経も、どこもみんな。どの新聞社にもみな断られて、記事にできなかったのよ。ところが、そこに朝日新聞の女の記者で、松井やよりという方がおられてね。松井さんが僕らと会ってね、その後、しばらくして僕らのところに来たのよ。そして実は外務省に行って取材を申し込んだんだけれども、外務省の人からこういうふうに聞かれたと。「あなたは日本人？」「日本人です。だから取材に来たんです」とこう言ったら、「それじゃあ、日本人であれば、これを記事にして何か日本にとって得になりますか？」と、そういうふうに言われて、取材に応じてくれなかった。松井さんが家に来て、そう言ってくれたからわかったのよ。それで松井さんが僕らに言った。「皆さん、大変ですね。実はこういうふうに言われたんですよ」と。それで記事にできなかったのよ。

民団はどうだったかって？　民団に行ったたってね。「それは大変なことですね」というぐらいで、積極的に「こうしましょう」と何とかしなければというのが、一切ない。韓国大使館にも行ったんだけれども、大使館に行ったたって、「さあ、どうすればいいのか……」と言うだけでね。その後、僕らに責められてしょうがないから、大使館は一度、日本政府に話しかけたことはあるらしい。僕らが引き揚げて来て、一九六三年に日本政府に出した陳情書だったかな。

その後、三〇年ぐらい経って、外務省の外交資料館で公開されてね。共同通信社の人らが、そのコピーを持って来てくれたのよ。僕らは正直言って、日本政府が陳情書に対して返事を出したことはないだろう、出したとしてもおそらく「ノー」という返事だろうと考えてね。それで、難しい言葉も入っているけれども読んでみるとね、韓国政府も何月に言って来たと書いてあるのよ。サハリンの韓国人は今は第三国人だから、韓国政府とは関係がない、というようなことが書いてあってね。韓国大使館の誰かから韓国政府に、僕らのことで何か言ったんだろうと思うけれども、それはサハリンの韓国人の一人思いで、韓国政府とは全然意見が違う、考え違いだというようなことが書いてあってね。そこに日本の法務省、大蔵省、外務省などの四人の政務次官が集まって座談会をやって、その返事を書いているんだよ。そういう文書のコピーを受け取ったんだけれども、最初に日本政府が考えていたことが今日までそのまま続いて、それを実行しているだけ。関係がないと。何も進展はない。

国会の第二七回予算委員会の議事録は後からもらったのよ。それで、それを見て写すんだけど、僕は鉄筆を握ったことないんだから、下手な字で。それでもとにかくそれを写して、謄写版を借りて来て刷って（注15）、会員（注16）にも配ったんだし。新聞社もそのとき初めて欲しいと言って、記者がもらって行ったよ。まあ、それでね、何ヵ月かそういうふうなことをやって、あっちこっち歩いて、その結果を夜帰って来ては、その寮の人々を集めて、今日はこういうことをやったと報告したわけ。そのときは僕が代表だったんだから、初めは。僕が代表なんで、結局、僕が全部声をかけて報告をしたわけ。まあ、そんなに長くなかったんだけれども、その何ヵ月かの間に、まあ、いろんなことがあったよ。

日本に引き揚げて来て、警視庁の人にインチキな名刺を何枚か、もらったことがあるんですよ。僕のことを探るがために、警視庁の人が僕の後ろをずっと探っていたんですね、正直。何年間も。そうして、僕が「生活保護をもらっている」と言ったら、「いいよ。生活保護は国でくれるんだから、もらっていいよ」と。まあ、その人もそう言ってくれたの。それで、その人がくれたネクタイ、記念に取っておこうと思ったんだけれども、おそらくもうないだろうなあ。そうして、僕が車の免許証を二種に切り替えるのに、品川の試験会場があるじゃない？ そこに受験に行く途中で、何回も僕と電車の中で会うこともあった、僕を調べる人間と。僕のケツをね、五、六年調べたんだ。引き揚げて来てから、すぐだよ。だから僕が同盟の代表になっているんだろ？ それが大きく影響したんじゃないかなと思うよ、そんなに調べたのは。他の人で調べられたのがいたんだけれども。直接、僕のところに来て、質問をしたりするのかって？うん、するよ。するんだけれども、僕があっちこっち行って何をやるかわからないでしょう？だから僕の行動を見て、やっぱり土方やっていると。おそらく土方の姿も写真撮っていると思うよ、遠いところから。

この写真は北送反対運動のときに撮ったもので、一九五九年二月二五日と裏書きがあるね。東京日比谷、北韓送還反対と。このときにも参加したんだからね。北送は僕らが引き揚げて来て、その明くる年に始まったんだから。

ソ連と韓国が国交がないときに僕らが日本に引き揚げて来て、ソ連と韓国の間の手紙の中継の役割もしたんだね。これは大きいと思いますよ。実際、ソ連と韓国の間では、手紙の往来は戦後一〇年も二〇年も三〇年も四〇年もできなかったんだからね。先に引き揚げた日本人が中継してくれなかったのかって？　職場の日本人上司はいたんだけれども。まあ、中継をやればよかったんですよ。でも、それをやる日本人はいない。だから、朝鮮人と日本人といえば、こういう状態だったのよ、早い話が。戦争中、僕らは悪いことをして樺太に行ったんじゃないんだから。戦争に勝つがために石炭を掘らなければいけないいんで、腹が減ってもひもじいのを我慢して、日本人と同じく働いて。そして敗戦になったのに……。僕らが引き揚げて来て、舞鶴から東京まで来るのに途中で弁当が出たのよ。でも、朝鮮人には弁当はくれなかったんですよ。だから、僕はあの当時のことは、それは戦争だったんだから仕方ないと思う。でも、敗戦になってからの後始末がダメだと。今まで同じ職場で、戦争に勝つがためにみんな一生懸命に働いたわけだよ。それで朝鮮から無理やりに連れて行ったわけだよ。それなのに、戦争が終わって帰るときには、お前らは第三国人で俺は知らないと、その一言で終わりなんだからね。まあ、結局は朝鮮人と日本人は仲良くなかったんだね。

仕事と生活

当時、土方やったってね、日本人と一緒に日雇い行っても二百何十円。二百何十円じゃ、交通費使って、タバコ一箱買って吸って、ご飯が二十何円だかしたから、いくらも残らないんだね。五人家族、とても食べていける状態じゃない。それで古い自転車一台買ってね、あっちこっち乗っているうちに、仕事をやるところがあるわけ。そしたらそこは、たいてい朝鮮人が仕事をやっている。日本人は少ないのよ。そして朝鮮人の親方がやっているんだけれども、いろんな人から話も聞いて何日間かかけて、朝鮮人の親方を探したわけ。会って、実はこういうわけで働きたいんだけれども、使ってくれますかと。そこはね、一日五〇〇円くれると。ここなら真面目にやれば何とか飯が食えるんじゃないかと思って、そこで仕事やったのよ。結局、その現場終われば、仕事ないんだろ？　次の仕事が出るまで、何日間かないわけだから、また他のところへ行って探すのよ。何年間か、そういう生活をやってね。それで、この運動は雨降る日は向こうから来る手紙の整理、そうして陳情書も書く。この陳情書を書くのに、初めはどう書くのか、どこにどう送ればいいんだか、そんなのわかるわけがない。どこに行けば助けてもらえるかと思って、あっちこっち歩いてね。同じ同胞のところ、民団に行って話をしても、「大変ですね」というぐらいで、積極的にああして、こうしてと言ってくれる人が誰一人いないわけ。それで、あっちこっち、本当にいろいろなところを歩いたんだよ。

それで仕事はね、樺太から来た朝鮮人が、同じような気持ちを持った人間が固まって、一つの組を作ってやったのがよかったのよ。普通の日本人が一日五〇〇円稼ぐときに、僕らは何千円ともらったんだから。何倍ももらったのよ。請け負った仕事を終えればいくらだ、ということで。ところが日本人はなかなかやり遂げられない。そこの差は大きいですよ。だから、あの大手町の交差点（注17）。そこの道路の土を掘るのに、上《うわ》めくりがあってね。一番上はアスファルトでしょ？　そうしてその下に繰り石がある。その繰り石の下に目潰しがあるのよ。大手町のあの交差点あたりは、もう、国道だから。最高に硬くしているわけ。あのアスファルトだけでも、四〇センチあるんだよ。そうして繰り石がなんだかんだで、五〇チセンぐらいあるんじゃないかな。だから、その上めくり、いわゆるそのアスファルトをめくって、その下の繰り石を土が出るまで掘るのが大変なのよ。一晩ではできない。土が見えるまで、順調に行って三日かかるんだよ。まず、現場に行って、そのアスファルトを切り出して、そこに鉄板を敷く。それが一晩。明くる日にその鉄板を外して、今度は掘るのよ。当時は今のように機械がなくて、ツルハシだけだったんだから。ツルハシ一丁で掘るんだよ。それが硬くて、もう掘れないのよ。とりわけ、上めくりすると、頭が痛くてね。ツルハシでこう掘ると、まるで岩にぶつけるようで、頭に響くんだから。それだけ硬いんだね。大型でもって固めているんだから、硬いんですよ。そうしてそれ掘ると、今度、土が出た。それ、いくらも掘らないで、今度は水が出るんだから。その水を汲まなければいけない。その水汲むだけじゃダメなのよ。またこの土が崩れないように、山留《やまどめ》しなければいけないんだ。それを下まで、床《とこ》つけるのに何日か、かかったんだからね。それで、朝方には車を通さなければいけないんだし。そういう難工事をね、日本に来てたくさんやりましたよ。そうしてその仕事をやっていればね、監督たちは「ここ、こういうふうにやれ」と言うだけで、あまり来ないのよ。何やっているんだか、もちろん遊んでいるんでしょうけど。ハハハ。やることないんだから。僕らは監督より仕事うまいんだからね。夜の仕事なんだから、人が寝ようとするときに仕事始まるわけ。それを一〇年以上、やったんでしょうね。それも一流の会社に入れなくて、僕らは下請けの孫請けでね。下っ端にいたんで、日雇いで働いているんだから。あの厚生年金もらう金を納めたくても、納めようがなかったわけ。早い話が。僕が引き揚げて来て、その明くる年の一九五九年からあの東京タワーを作り始めたんだね。それで、あそこの上でトビが一日働くのに、僕らは普通に土方仕事やれば、だいたい一日二五〇円から二六〇円ですよ。あの当時、あそこの上での仕事は、とんでもない金額だったね。人の話を聞いただけでも、千何百円もらったという話はあったね。僕ら千何百円、二千何百円もらったって、あの上歩く仕事はやらないよ。

それで、僕がブルに乗っていて、残土を運んで来たらブルで押して埋める仕事をしたんだけれども。その埋めるところが田んぼでね、ちょうど苗を植えたのがこのぐらいの高さに勢いよく育っているのよ。そこに残土を持って来て、埋めるんだよ。ええ、もったいないですよ。僕は農家育ちでしょう。これはこのまま埋めたら罰当たると思って、酒屋に行って自分のお金で一合買って来て。イカも一枚買ったんだかどうか。それをこう置いて、そして、僕が朝鮮で農業実修学校にいるときに覚えた祝詞《のりと》をあげたんだよ。祝詞をあげて、そして埋めたのよ。それから、今の三ノ輪の交差点（注18）。あそこはあんなに広くないのよ。初めは狭かったのよ。それで環七（注19）を通すときに、そこの隅に小さなお寺があってね。もう無条件に家を壊して道路を広くするんだから。そして、お寺がほとんど道の真ん中なんだから。掘ったらね、あれが出るのよ、棺桶《かんおけ》が。昔は骨を桶に一緒に葬ったんじゃないかな、と思うのよ。骨がどんどん出て来たんだよ。それでショベルで積むんだけれども、僕は骨を拾ってね。そのとき、僕は同じ捨て場にブル使っていたんだし、二トン車の小さい車にも乗っていたんだから。その骨を全部拾って僕の車に乗っけてね。そして捨て場に行く途中、一合か何合かまた酒を買って。そうして、坊さんになって拝んで、その骨を埋めたのよ。そういうことも、やりましたよ。そのお寺は古く、元はそこにお寺があったという話で、寺はもうなかったのよ。それが骨が出たんだからね。それで僕はね、小さいときから貧しいから、もともと肉は食べなかったけれども、肉はあっても食べなかったのよ。なぜ食べなかったかというと、人間も死ねば肉になるんじゃないかと。肉が肉を食べるということは、これは人間としてやるべきことじゃないと。僕は別に仏教を信じるわけでもなければ、キリスト教を信じるわけでもない。何にも信じないんだけれども、小さいときにそういうふうに思ってね。肉を歯でかじると身が縮むような気がして、食べなかったの。

それで、そのときに余力があって、お金を貯めたのよ。どんな余力があったかというと、電話管とか水道管とかガス管の埋管を専門にやっていたときだったんだから。前にそこに家が建っていたところを掘るとね、使わない電話の銅線やら水道の鉛管が出ることがあったのよ。そのときに鉛が一キロ六〇円だったのよ。当時の六〇円というのは大きいのよ。一日働いて二五〇円しかもらえないときだったんだからね。それがしょっちゅう出るやつを集めて売って、そして分けて。そのお金がね、月に結構貯まったんだから。

引き揚げ寮ではね、樺太から来て寒いだろうからといって、ストーブも石油ストーブ。あのときにコロナといってね、一台六千円！　灯油も買って来て、ぼんぼん燃やして暖かくしてね。後で朴魯学さんが薪ストーブを買ってね。薪を拾って来て焚いたり。それで地域の人たちが僕らの生活を見たり、東京都の職員もしょっちゅう巡回に来て見ているんだからね。僕らには何も言わなかったんだけれども、後ろでは結構いろんなことを言っていたらしいんだね。そうして有川義雄さんのおかげで、生活保護をもらうようになったんじゃない？　有川さんのおかげでね。相当助かったんだよ。それで、僕が生活保護を子ども三人と夫婦でいくらもらったかと言うと、月九千円近くもらったんだね。当時、働いたって、おそらく九千円もらえなかったと思う。それで引き揚げ寮のすぐ隣のいくらも離れないところに、セツルメントの大学生の寄宿舎があってね。その学生たちが来てね、子どもと遊んでくれるのよ。そうして遊び方や言葉も教える。あれで相当助かったと思うよ。日本に来て遊び方も言葉もわからないだろ？　それを遊びながら、言葉を教えるんだから。あれで本当に助かったんだよ。僕らはそこに一年半、いたんだから。亀有の日立の工場の前でね。

それで、何年ぐらい経ってかな。今、ちょうどここの区役所分所のあるところの土地が売りに出されてね。坪一五万といったかな。そのときに五〇坪ぐらい買うお金はあったんだけれども、そのお金全部使ってしまったら子どももいることだし、どうしようかなと。結局、買えなかったのよ。それからすぐ、地価がうなぎ上りになってね。それはもう時代の流れ。家内のパート友だちから、旦那が交通事故を起こして現金を払わなければいけないんで、お金が欲しい。一〇〇坪の土地を買わないかと言われてて。東武線の竹の塚駅から一〇ほど行った、せんげん台というところ。うちは都営住宅に入っているんだから必要ないと言って、それ買わなかった。その後、地価がうなぎ上りでどんどん上がってってね。あのときに買っておけばよかったなあなんて、もう遅い。ハハハ。そういうことが何回もありました。そんな話をするような友だちでもいれば、まあ、違っていたかもしれない。

それで、いろんな人にお金を貸してね。あの当時は三分の利子なんだよ。一〇〇万円貸すと、月に三万円もらうんだからね。あれは大きかったよ。それで僕の友だちの奥さんが、たまたま東京の赤羽にいてね。土方しているうちに、その婆さんに会ったのよ。その婆さんの商売は何かと言うと、高利貸し屋。そうしてその旦那は僕と一緒にいつも仕事やっているんだから。それでお金があったら俺に預ければ、ちゃんと毎月、利子を払ってやるからと言われてね。それでその人、結構金儲けしたんですよ。今は沖縄県の石垣島に立派な家を建てて、何か商売やっているらしい。まあ、とにかく仕事は真面目でね。土方やらせれば、うまいのよ。その段取りから、全ての面で。どんな難工事でもできるんだから。水がじゃんじゃん出るとか、硬くて掘れないとかいろんな難工事があるわけ。普通の人はできないのよ。そういうところを、ちゃんと設計通りにやるんだから。だから、他の人より余計もらうのよ。だから僕らが仕事を請け負うときに、他の人がけちょかった（注20）ところを、仕事を取ったりしてやったんだからね。だから収入が他人より多かったんです。まあ、そういう彼の恩恵を全然受けなかったとは言えないですね。

韓国に里帰り

それから僕が日本に引き揚げて来た翌年の一九五九年に韓国に行ったんだから。おそらく八月ごろだった。ソウル駅から汽車に乗って安東《アンドン》に行って、そこからバスに乗り換えて行ったんだよ。朝鮮戦争の被害はあまりわからなかったね。それでも兵隊が山の木をほとんど切ってしまって、大きな木はもうなかったね。解放後、初めて行った韓国は、昔とそんなに変わっていなかったよ、ほとんど。大きく変わったのは朴正熙《パクチョンヒ》大統領がセマウル運動（注21）をやって、こういうふうに変わったね。道無きところに道ができたし、あんなところに電気が通るなんて考えてもいなかったのに、電気が入ったんだしね。それからどんどん開発が進んで、天水田にも水をポンプで汲み上げて、どこでも田植えができるようになったんだから。解放後、初めて僕が行ったときはまだそういうのはなかった。それが行くたびに変わって来たんだね、それこそ。でこぼこの道がアスファルト道路でまっすぐに行けるようになったし、橋のないところに橋ができたり、変わったよ。何年ぐらい後かなあ、バスが山の奥の奥まで入ったんだからね。僕の故郷は川に沿ってずっと人が住んでいて、その最後の最後の集落までバスが行くようになってね。あんなところにバスが入るなんて、夢にも思っていなかった……。昔は安東まで歩いていたんだから、大変大変。一番山奥に住んでいる人は、一日じゃいけない。安東まで一四里、大体五六キロあるんだからね。

韓国に二回目に行ったときにね、飛行機のチケットがあるでしょ、幅が四本指合わせたぐらいの。それを取り出してね、ソウルから安東の駅まで行くのに、ずっと泣いていたのよ。ちょうど晩春であっちこっち山桜が咲いて春爛漫。お天気も良くてね。そういう山を眺めながら、桜の花を眺めながら、どの村を過ぎていっても、韓国の国旗が春の風になびいている。それで自分が樺太にいるときに、あの故郷に帰りたかったその気持ち。そうして同胞が同じ気持ちでそういうふうに故国を考えたと思うと自然と涙が流れて、ずーっと泣いていたのよ。紙切れ、この紙切れがあれば飛行機に乗って自分の故郷に帰られるというのに。この紙切れが求められなくて、樺太の何万人という同胞が焦《こ》がれているということを思うとね、自然と涙が流れたんです。そういうことが二回ぐらいあったね。それから少しずつね、働いてある程度旅費を作らなければ行けないんで、三年に一回ずつ、行って来たんですよ。三回行くと一〇年も過ぎるんだから。まあ、そういう状態で、それで今となってはこういうふうにね、さなぎになっているんだけれどもね。ハハハ。

父は、僕が樺太から引き揚げて来た明くる年に韓国に行ったとき、僕を迎えにリスガン（注22）というところまで歩いて来たよ。一人で、杖ついてね。兄はいたんだけれども、来なかった。父一人だけが来て、やっぱり親だなと思ったよ。ちょうど家から一里、四キロの道程で、石ころだらけの山道なんだから。まあ、そういうところを一人で歩いて来てね。僕もそのとき、父に会ってね。父は酒が好きなのよ。酒が好きなんだけれども、僕は父に酒を一杯、買ってあげられなかったのが胸が痛い。日本から持参した所持金が少なくてね、一万持って行かないのよ。まあ、昼飯だけしてね。

父は七七歳ぐらいまで生きたのかな。僕が二回目に行ったときも会ったんだから。そのとき、早生《わせ》の桃を売ったお金を、「お前には子どものときに小遣いやることができなかった」と言って、六ウォンくれた。忘れもしない、たったの六ウォンだよ。韓国のお金。日本のお金で十何円だよ。「父さん、俺、そのぐらいの金は持っているよ」と言ったのよ。そしたら「お前が小さいときに小遣いやったことないから。今、少しあるから。やるから、もらってくれ」と言われて、それでもらったのよ。父がそう言うから。父に初めてもらった小遣いだったの。それだけ貧しい生活をやっていた。そのときもそれだけ貧しい生活をやっていたのよ。

母は僕が樺太にいるときに亡くなったのよ。韓国に行ったときに、兄の嫁さんに聞いたの。母は亡くなるときに、僕の名前を呼んで、「フィパリ（義八）はまだ来ないのか、まだ来ないのか」って。死ぬときまで僕の名前を呼んでいたというんだから。その義姉《ねえ》さんがそう話してくれたからわかったんだね。僕が樺太に行く時も、英陽郡庁まで二里の道を峠を越えて、我が子と別れるときに一日会おうということで。あのとき、黄な粉を少し包んでくれて、そこまで来てくれて、そこで別れたんだから。僕は「二年の期間が終われば必ず戻って来るから。そうしてそのときにはちょうど母さんが還暦になるから、還暦の祝いをしましょう、必ず」と言って出発したのが、それっきり会えなかったんでしょう。そのことを思うと……。

それで樺太から引き揚げて来て、伯母の家に行ったことがあるのよ。父の姉の嫁ぎ先で、僕が尋常小学校通うのに二年間ご飯をもらったんだから。そして実家から伯母の家に行くのに山道を越えなければいけないのに、夜になっちゃってね。それで伯母の家に着いたら、警察が来たよ。夜中に来たということで。僕は何も悪いことしていないんだから、ありのままを言ってすぐ帰ったのよ。その明くる日またもう一回、行ったんじゃないかな。何回来ても僕はどこも逃げもしないんだもの、自分の伯母の家に来たんだから。樺太行っていつ帰って来て、伯母に会いたくて来たということも全部話したんだから。そしたら「そうですか。それじゃ、ご安全に」と言って、それで警察は行ってしまったのよ。それっきり来なかった。あの当時は、僕が日本に引き揚げて来て、韓国に出した手紙は、警察が来て全部見たという。親族は何も言わなかったけれども、後からそういうふうなことを聞いてね。手紙に何か秘密のことは何一つ書いていないんだから。それで伯母の家に行くときに、大きな魚を二匹買ってね。韓国では刺身にして食べる魚で、高価でなかなか食べられないんだから。一匹は伯母の家にやって、そしてもう一匹はそこからちょっと離れた峠を越えて山の上に、父の妹の嫁ぎ先があってね。その明くる日に叔母さんの家に行ったんだけれども。行くのにね、家内も一緒に行ったんだけれども、よく僕についていて行ったよ。あんな道を。氷で滑って歩けないんだから。道も悪くて、それこそ立って歩ける状態じゃなかったのよ。這って上ったんだから。それでそこに行って、その魚を叔母さんに渡してね。

伯母の旦那さんには、僕が樺太にいるとき、一年間ご飯を食べさせてくれた恩返しというか、どうもすみませんでしたということで、三〇円送ったのよ。それを聞いてみたら、もらっていないというの。あの方は嘘を言う人間じゃないし、それこそ有権者だからね。そのお金は受け取っていないというんだし、生活程度が前より全然落ちているんだから。財産は全部子どもにやってしまって、自分は鍼をやったり漢方薬を作って売ったりしてね。それで僕は樺太から引き揚げて来てお金があるわけではないんだし、お土産として懐中時計を一つとバリカン、髪刈るバリカンを一つ、持って行ったことがあるのよ。まあ、そのバリカンは自分の子どもの頭も刈るだろうし、また、村の人も刈ることができるだろう。頭刈ってやれば、何か少しはもらえるだろうと考えてね。それでその旦那さんが亡くなったときに、葬式に出てね。その子どもは僕と一緒に学校に行ったんだから。僕より一つ年下でね。軍隊に入って、中尉とか、相当高い位にいたらしい。

最初の妻、金桃紅《キムドホン》は、僕が樺太に行って一〇年くらい待っていたんだよ。しかし、いつ夫が帰ってくるかわからないんだよ。樺太がソ連領になってからは、韓国に手紙出せなかったんだから。それで一〇年くらい経った後に、再婚したのではないかと思うよ。僕も解放後、サハリンで再婚しました。再婚するのに、ためらいはなかったのかって？　あったんだが、いつ韓国に帰れるかわからないもの。これで一生そこにいることになれば、一生一人ぼっちでいなければならない。まあ、再婚して正解だったと思います。そうしなかったら日本に引き揚げて来ることができなかったんだし、子どももいなかったんでしょ？　だから僕が日本に引き揚げる前に、樺太にいるときにお互いが再婚していたということです。

それで解放後、韓国で一回だけ会ってね。もう僕が六〇歳過ぎて行ったときだったね。彼女はどこか江原道の遠いところに嫁に行ったんだから。僕、何回韓国に行っても家にいるという話はなかったんだから。それで会うといっても江原道に行かなければならないんだし、江原道のどこだかもわからないんだから。それで韓国に何回か行ったとき、家内と一緒に行ったときだよ。彼女が里帰りしているという話を聞いてね。それで、一度会ってみようということで家内と話して、その家に行ったのよ。「昨日、実家に帰ったのよ」と言われたので、それで「仲が悪くて別れたのではなく、時世のせいで別れたのだから、一度はどんな顔をしているのか見たい」と言ったら、彼女の伯父の世話で会えることになってね。ところが僕はどこに行っても馬鹿みたいなことをやってね。部屋があって、そこで会うので中に入った。部屋の電球が一〇ワットだから、暗かったよ。そうして彼女は暗いところに立って、僕は明るいところから入って来るように、僕の顔が見られるようにと、そういうふうな考えだな。僕はそれも知らないで行って、「長い間、どうもすみませんでした。ご苦労さんでした」と言ったらね、その彼女が何を言ったかというと、「今はあなたの妻ではない」と言ったのよ。どうもその一言が気に食わなくて、すぐ部屋を出ようとしたんだけれども、顔もまっすぐ見ることができなかったんだよ。何しろ、暗いところに立っているんだもの、見えないよ。ハハハ。それで、ああ面倒くさいと出て来てしまったわけ。顔も満足に見られなかった。その後、その家を出るときに見送りに出て来てね。その夜は月夜だったんだから。もう歳をとっているんだから、器量は今の家内に比べたら全然、話にならない。彼女のおじさんも家内を見てね、「こんな綺麗な奥さんをどこ行ってもらったんだよ」と羨ましそうに言っていたんだよ。四〇年以上経っているから、お互い六〇過ぎ。彼女は僕より一つ少なくて、子年《ねずみ》だったんだから。まあ、久しぶりだね。でも、話はしなかったのよ。僕が部屋に入って行って、「長い間、苦労させてごめん」と言ったのに、僕が尊敬の言葉を使わないからといって、「私は今はあなたの妻ではない」とそれだけ言った。それで部屋を出て来てしまって、それで終わり。それでも見送りに出たんだから、たまたま月夜だったんで少しは顔が見れたんだから、いいんじゃない。

そうして僕が父の墓に墓石を建てようとしたらね、本家の兄に「祖先を五代さかのぼって全部やって、それから自分の親をやれる。親の墓だけではだめだ」と言われてね。僕らが引き揚げて来た時は、ちょうど景気が良くて、土方の仕事はいくらでもあったときだよ。それで前にも話したように、道路とか掘ると前に埋めた電話線とか水道管の死んだやつが、使っていないやつがあるのよ。そのとき掘ったやつを切って、古物屋に持って行って、売ってね。それをみんなで山分けするのよ。そういうふうに集めたお金やら僕の小遣いやらを全部集めて送ったら、兄はそれを元にあっちこっち歩き、そうして全部やったわけだね。その後、僕が故郷の先祖の墓に一回、行ったことがあるんだよ。祖父《じい》さんの墓なんだけど、ちゃんとやってあった。これぐらいの高さの墓石で、上も横も磨いてあってね。そうして横に、どこの何代目の誰が建立したと、僕の子どもの名前が彫ってあったの。甥っ子の名前も、僕の名前も彫ってあったね。何代目の子孫の誰がというふうに書いてあった。五代分の墓石は一つだけじゃないよ。父はこっちの山、母は向こうの山というのもあるんだからね。ばあさん、じいさん、その五代分を全部やらなければいけない。僕は全部は歩いていないんだけれども、兄はおそらくみんなやっただろうと思うよ。本家は余裕のお金がないわけ。そんな墓石、やってもやらなくても、それで飯が食えるわけじゃないんだから、関係ないのよ。それは先祖を敬う心というか、親孝行というか、そういうことにしかつながらないんだから。あの墓石建てるときに、親族も結構裕福で良い生活をしている人たちもいたんだけれども、誰もびた一文出してくれなかったと、僕がその後、韓国に行ったときに、孫がそう言っていた。「おじいちゃんのね、功績は自分はわかっている」

と。「お前一人だけでもいいや、それ、わかっていればいいよ」と言ってね。そのとき、たまたま自分の母さんの葬式の日に当たって、いわゆる宗孫なんだから、その甥っ子の嫁の葬式なんだから、僕も参席したんだね。その家に行って、遺体を持って行って墓地を一周してから山に行き、自分の畑の墓地に土葬してね。またその甥っ子が眠っているところもお参りして。お墓が一ヵ所にあれば問題ないのに、墓石も結局、あっちこっち運ばなければいけないから。墓参りも山のてっぺんまで行ったりして、ああ、大変です。四泊五日でも、日にちが足りなくてね。

KCIA本部に連行される

一九六三年か六四年頃だったかな、本家の兄さんの還暦祝いのときに、韓国に行ったのよ。そうしてそのとき、東亜日報社に行ってね。もともとあそこは新聞社だけども、ラジオ放送ができたんだよ。それでは僕も樺太のことでいろいろ言いたいことがあるんだけれども放送してもいいかと聞いたら、いいよと言われてね。僕が放送したのは、広いところにただマイクが一個あるだけだったの。人も誰もいなくてね。それがサハリン向けの国際放送になっていたんですね。

その後、外務省に行った。当時は外務省と言わないで、海外僑胞の……。なんだかちょっと変わった名前じゃなかったかなと思うのよ。そこに行って、担当課長に会って、まあ、僕の言いたいことを言ったわけ。サハリンには韓国人がこれだけいて、そうして故郷に帰りたくてみんなが首を長くして待っているんだけれども、本国では何も言ってくれないと。今日はいい話が聞けるか、明日は聞けるかと思って毎日ラジオに耳を傾けていたんだけれども、いつになっても今日までいい話が一つもなかったと。そういうことを外事課に行って、言ったわけ。東亜日報社の放送局でも樺太に向けて僕が放送したのはね、樺太に住む数万人の韓国系の人たちはいつ引き揚げがあるか、日夜を問わず首を長くしていいニュースが聞けるかと思ってラジオに耳を傾けていると。向こうにいる人は誰もがパンツ一枚で帰れと言われても気持ちよく帰る、帰りたいと言う人ばかりだと。それなのに李承晩《イスンマン》大統領、尹譜善《ユンボソン》大統領、そして現在の朴正熙大統領は、海外に行っている我が同胞のために何をやっておられるのかわからないと言ったのよ。自分の子どもが都合によって海外に行った。その子どもが大きくなって親のもとに帰ろうとしているのに親が貧しいからといって帰って来るなと言う親がいるのかと、例え話をしてね。そうしてその後、外務省に行って、担当者と会ってああでもない、こうでもないと話していたら、その課長もあまりにも突っ込んで訳のわからないことをしゃべるから、おそらく頭に来てＫＣＩＡに知らせたんじゃないかな。それでしゃべっているうちに、こう見たら、背の高い人と背の低い人、二人が入って来たのよ。僕はいい気になったというか、せっかく自分の国に来たんだから、自分の国の政府の人に言いたいことを言っているんだからと思ってしゃべっていたら、その背の高い人が前に立って「なかなかしゃべるね」と、こういうふうに言われたのよ、韓国語で。僕がこう顔を上げてみたら、「はあ、これは捕まえにきたんだな」と思ったのよ。僕が黙っていたら、「行こう」と。もう、とにかく行こうと言うから、行かないわけにはいかない。それで黙ってついて行ったよ。背の低い者を前に立たせて、僕を真ん中に入れて、自分は後ろについて外に出て行ったら、もう車は待っていたよ。そうしてその車に乗って行くところに行ったんだけれども、どこだかわからないよ。わかるわけがない。ソウルのあっちこっち歩いたこともないんだし、何回か行っても、ソウル飛行場からバスに乗り換えて自分の故郷に行って親戚と会ったら、またタクシーで戻って日本に帰るということだから、ソウルのどこがどこだかわかるわけがないのよ。そしたら、ある広場のところに行ったよ。広場というのは運動場だったらしいんだよね。車を停めてそこを見たら、レンガ造りの五階建ての建物があったのよ。そんなに大きくなかったよ。そうしてそこに連れて行かれたら、その人らは言葉使うのに、日本語も使わない、韓国語も使わない、英語でペラペラ喋るんで何を言っているんだかわかるわけがない。まあ、それで僕の考えでは、問題の人間を連れてきましたと知らせている、見せているんじゃないかなと思ったの。黙ってとにかくついて行くしかない。そうして五階まで歩いて上がって、その階一階上がるたびにこう会って、何か英語で話すんだから。それで五階まで上がってそこで回れ右して、今度下まで降りて来てね。そうしてその運動場のちょっと離れたわきに、昔の学校の廃校みたいな古い家があったのよ。そうしてそこに行った。まあ、僕は黙ってついて歩くだけ。そこに行ったら、古ぼけた机と腰掛けがあってね。その腰掛けに座らされて、そこで僕の陳述書を書いたわけ。まあ、いろんなこと、全部聞かれた。それで僕の歴史をそのまま全部話したわけよ。朝鮮にいるときはどこどこにいて、今も戸籍はそこにあると。そうして小学校に通うのに貧しくて、私立、普通、尋常と三つの学校に通って、最後の二年間は親戚の家でご飯を食べて通ったと。その後、樺太の人造石油株式会社というところに徴用に行った。初めは募集だったが、その期間が終わって帰ろうとしたら憲兵が出て来て、寮では二〇〇名の人が生活していたんだけれども、全員を広場に集めて、「貴様ら、こんな非常時に帰るって、どこに帰るんだ⁉ 今日からお前らは現員徴用だ！」という言葉一つで終わり。中には元気のある人もいて、その人がちょっと抗議したら、その人はすぐタコ部屋に連れて行かれた。そして何ヵ月かいて、帰って来た。ほどなく八月一五日に日本の天皇が無条件降伏を受け入れ、日本は敗戦したということを、ありのまま全部話したのよ。それで今、日本に来て、何をやっているのか、それも全部聞かれてね。まあ、日本に来てどこに行っても、我々韓国人は使ってくれないと。お金はいくら持っているかも聞かれたよ。まあ、とにかく僕の言うことを全部書いてね。樺太にいつ行って、こういうわけで帰って来て、そうして今、樺太の自分の民族を助けるがために、こういう会を作ってやっていますと。この度、韓国に来たのは、兄の還暦祝いがあるので来ましたと。そうして僕らが日本に引き揚げて来たときに東亜日報社がいろいろ世話を焼いてくれたので、ついでに東亜日報社に行ったと。それで行って聞いたら放送局があるということで、それで許可をもらってサハリンに向かって僕の言いたいことを言いましたと。とにかくありのままを話して、まあ、陳述は終わった。そういう話をするのに、なんだかんだ三時間近くかかったんじゃないかな。朝方、外務省に行って、それでそこから来て、あっちこっち回って、陳述書が終わるともう夕方になってしまった。その間、ラーメン一杯食事するとかしないとか聞きもしなかったよ。おそらく僕、そこで何も食べてないと思う、ずっと。朝、食べたきり。そうして陳述書が書き終わって、「あんた、ここがどこだかわかっている?」って聞くんで、「いや、わかりません。僕は韓国人であるけれども、ずっと外国の生活をやっていて……」と。そしたら彼が僕に言ったよ。「ここはソウルウンドンジャンティだ」と。ソウル運動場の後ろだね。「こう言えば、たいていの人はわかっているよ」と言われてね。ところが僕は「わかりません」と。「あんたがやることがあまりにもいいことをやっているんで、自分の足でここを出ていかれる」と（注23）。「ああ、そうですか」。ここはペルゲンイ、共産党の人間を叩き潰すところだと、そういうふうにはっきり言ったのよ。それで「これから故郷に帰っていいんだけれども、行って帰りにまたここに来て、寄って遊んで行きなさい」と言われてね。それで僕は馬鹿みたいに兄の還暦祝いを済ませてソウルに戻った。まあ、その人がまだいるかどうかと思って、そのソウルウンドンジャンティというところを、レンガの五階建てのところに頼って行ってね。そうしてくれた名刺（注24）を出して、その名刺も何か古ぼけた名刺だったんだけれども、「この人、ここにおりますか?」と聞いたら「そういう人、おりませんよ」と言われたよ。まあ、たとえまだそこにいたとしても、おそらく「ああ、そうですか、行って来ましたか」なんて挨拶して付き合ってくれる人間ではないと思うけれどもね。

そして後で、海外僑胞の事務長という人とも会ってね、食事もご馳走してもらってね。それで彼に言ったのよ。そこに行って、こういうことを言われて、こういうふうにして来ましたと。「ああ、そうですか」と。それで「僕も運良く、ここまで来れました」と言ったら、「いや、万一あなたがブタ箱に入るようなことがあったら、僕らが黙っていないですよ」と言われたんだけれどもね。

それで僕がラジオで放送したことを再放送すると言ってね。放送したときに原稿がないんだから、ただ口でしゃべったんだから。どんなふうにしゃべったんだか、もう一回聞きたいと思ってね。ちょうど泊まっていた旅館にラジオがあったんで、新聞の番組表を見て早めに聞き始めていたら、放送時刻の五分ほど前になって、突然、「都合により中止することになりました」とアナウンスがあってね。それで、再放送は聞けなかったのよ。その後、何か用があって、タクシーに乗る機会があってね。「何か、東亜日報社のラジオ放送で、サハリンのこと放送していなかったですか?」と尋ねてみたのよ。そしたら「いや、そういえばサハリン何とかいう放送を聞きましたよ」と、タクシーの運転手が答えたのよ。ああ、それじゃ、やっぱり、放送されたんだなと。それで、僕を取り調べた人が最後に言うのに、「これは朴大統領の直接の命令だ」と。「これこれの放送があったから、その男を調べてみろ」と。まあ、僕も放送で結局、朴大統領批判を言ったわけ。「海外に住んでいる同胞のために、何をやってくれましたか?」と、はっきり言ったんだから。本当のことを言ったんですよ。悪く言えば悪いというかもしれないけれども、言った本人は悪いとは思わないのよ。まあ、ちょっとうるさいときがあったのよ。

朴大統領の右腕と言われた車智哲《チャジチョル》という人がいてね。彼が日本に来てね。そうして僕らを韓国大使館に呼んだのよ、その本人が。そうしてそこに僕らが朴大統領に書いた陳情書があったのよ。それで彼が僕らに向かって何を言うかというと、「なんでこんなに厳しく言わなければいけなかったのか?」と。そのとき、会の顧問をしていた張在述《チャンジェスル》、朴魯学、沈桂燮と僕の四人で行ったんだけれども、誰も何も言わない。それで僕が「五、六月になって、親鶏がどれだけ苦しくて屋根の上に上がるのか」という諺を言ってね。「サハリンにいる人がどれだけ故郷に帰りたいか、これは向こうで抑留されている人でなければわからない」と。そういうふうに僕が言ったらね、あの車智哲は二度と何も言わなかった。この陳情書は朴大統領に届いたんだね。だから、車がそこから持って来たんだよ。陳情書はいつ頃、出したのかって？　ＫＣＩＡに行くより前に、もう出したんですよ。だから、中にはいろんなことを言う人もいたのよ。だが、僕は「自分の民族を自分の民族が助けなくて、誰が助けてくれるのか。日本人やアメリカ人が助けてくれるのか」と言ったのよ。「自分の民族は同じ民族が助けなければ」ということには、文句いう人は誰もいなかったよ。だから僕はどこに行っても、そのまま、まともに直接言うのよ。何が悪いかというんだよ。自分が体験して来たことなんだから。樺太では集まれば故郷の話だけなんだから。

手紙の中継

僕らが韓国に行って、中蘇離散家族会を作らせたのよ。韓国の家族と樺太の人間を連絡しようと、引き揚げ問題に対して運動をしようとして、韓国でいろんなことをしましたよ。そうして、樺太から手紙が来たら僕らはそれを韓国の中蘇離散家族会に送って、韓国から手紙が来たら樺太の個人個人のところに渡したりして。それでまた手紙が戻ってきたら、うちの会から韓国に送ってね。その中蘇離散家族会を高木健一弁護士が長く応援していたんですよ。ところが、韓《ハン》という人が会長をしている時だね。彼の父親が樺太にいたのよ。そしてその人を樺太から韓国に呼び寄せようとしていろんな運動をしたんだけれども、なかなかうまく行かなかった。そうして後で公明党の草川昭三議員が行ったりして、それから一〇年以上も運動をしてやっと来れるようになって、韓国に行ったのよ。行って何年もしないでその父親は死んだんだけれども、その問題で草川議員と僕らは別れるようになってしまった。彼もサハリンの問題を何とかしようとやったんだろうけど、僕らを抜きにしようとしたんだね。まだ朴魯学さんが生きていた時だったのよ。

中蘇離散家族会の会長は何人も代わってね。中には僕から見て、変な奴もいてね。キリスト教の何かをしていて顔は立派なんだけれど、何かひともうけしてやろうとしているような、それればかり気にして行動していた奴もいたのよ。ソ連にも会ができてね、サハリン東北韓国人会だったかな……。

招請・再会運動

それで一番悔しいのはね、一九七六年だったたか、樺太で四人（注25）が出国許可をもらったんですよ。まあ、その前に大泊で運動していた金永培《キムヨンベ》さんから、二〇〇人ぐらいが出国許可をもらえるような状態になっていて、帰りたがっていると連絡があってね。それに協力したんだけれども、何だかんだで結局、パアになって目的は達成できなかったんです。ところが今度は本当にソ連から出国許可をもらったのよ、奥さんもいない一人ぼっちの四人が。しかし、いくら一人ぼっちだって生活していくのには最低限の家財道具はあるわけ。それらを全部処分して、ナホトカ（注26）に来て、日本への入国許可を申請したら、ナホトカの日本総領事館が何を言うかというと、韓国政府の入国許可証がなければできないと。韓国政府はいいから、とにかく日本に入国させてくれと頼んだけれども、どうしてもダメ。それで韓国政府にも話をしたんだけれども、ソ連にいる人間に韓国に来るか来ないかわからないのに、入国許可証は出せない、そんな法律はないというんだよ。とにかく日本に来るためにやったんだけれども、日本政府は韓国政府の許可が先だというわけ。そうこうしているうちに期限が来て、四人は泣いて樺太に帰ったんじゃない？

その人たち、どうするのよ。家財道具、みんな売り払って処分してきたのに。結局は韓国に行かなくて、あの世に行っちゃった。悲劇もいいところだよ。日本の精神、気持ちが戦前と何ひとつ変わっていない証拠じゃないかと思いますよ。日本政府がなぜそうした政策を取ったかというと、日本に入国して韓国に行かずに日本に居座るから、それがいやだということなんですね。そういう悔しい思い出があるのよ。

まあ、ここまでサハリンの問題を取り上げてある程度の形にできたということは、あの東大教授の大沼保昭先生の力が大きいと僕は思うんです。大沼先生が後になって話してくれたんだけれども、「正直言って、今になって言うけれども、このサハリン問題に対して誰が何と言おうと、皆さんが一番偉い」と、そういうふうに言ってくれてね。まあ、いろんな話が聞こえるんですよ。同じ同胞の人間でも「あいつら、明日の朝飯もないくせに、民族運動やると言ってホラ吹いている」とか。もちろん面と向かって言う人はいないんですけれども、陰でそういううわさが聞こえて来るんですよ。民団の中央本部が未だに僕らを重要視しないというか、そんなに認めてくれないというのは、僕が民団をあまり良く言わなかったからなのよ。もちろん朝鮮総連に対するようなことは言わないし、しないんだけれども。あの当時ね、日本は神武景気で、景気が良かったのよ。それでこの日本には金持ちの朝鮮人がたくさんいてね。それにもかかわらず、韓国から金が月に一億ずつ、毎年十二億送ってもらっているという話を聞いたことがあるのよ。民団が、本国から。僕らがそういうのを見れるわけはないけれども、いろいろ運動をやっているうちに、耳にすることがあってね。それで、僕はあまりいいこと言わなかったのよ、正直言って。そのこともあって、民団は僕らをあまり認めてくれないのかなあと思っているんです。

まあ、日本のことをそんなに悪く言うなら、何も日本にいないで自分の国に行けばいいじゃないかという日本人もいましたよ。一人や二人じゃない。たくさんいましたよ。何も文句を言うなと。与えられた仕事をやって、稼いだ金で飯食っていればいいんだと。そんなああでもない、こうでもない言うなら、自分の国に行けばいいじゃないかという日本人も中にはいましたよ。いたんだけれども、そう言われてもしようがない。どうしようもないんだから。自分の力で何かなるかというと、何にもならないんだから。そうして、土方やりながらこの運動をやっているのを見て、後から大沼先生が言ってくれたんだね。その運動やっているのを見たら、あまりにも無知というか、中途半端というか、良いところが一つもないと。しかし、土方の仕事をしながら運動をやるのを見て、これはそんなチンピラみたいな人間ではないということを知ったと、そういうことを言ってくれてね。

それでソ連から日本に招請するのに、初めはね、その保証人が大変ですよ。日本人は誰も立ってくれないんだから。だから大沼先生が立ったり、高木弁護士が立ったり、そうしてニッポン放送の女性アナウンサーが立ったりしてね。それでその人たちが招請して、招請されたサハリンの朝鮮人は僕が借りたあの飯場に連れて来たんだから。当時はね、招請状があっちこっち行って書類にサインもらってタダでできると思ったら大間違い。日本の外務省に行くと、みな手数料取るんですよ。一人三千円(注27)。ソ連の大使館に行っても取るんですよ。ソ連も三千円取った。そうして書類を作るのにロシア語を翻訳しなければいけないんでしょ? これ全部、金がかかるんですよ。それ、僕、自分でできないから、どこに行ってやったかというと、新宿から小田急線に乗って五つ目の駅。そこに翻訳する人がいたのよ。それ一枚一万円ですよ。高いって? だって、他にいなかったんだから。そうしてそれ一人分でしょう? そこに家族が何人か来るんだから。それも翻訳してもらってね。その日本人はね、親切でよくやってくれたと思いますよ、あんなに面倒なんだから。まあ、辛かったんですよ、本当に。ところが高木弁護士はどんなふうにやったんだか、どこに行って頼んだんだか。彼は弁護士だからね、そういう書類作るのはプロなんだから。僕みたいに翻訳するのに金はかからなかったと思いますよ。

その後、僕が前田建設㈱の孫請けの仕事をしているときに、その孫請けの会社の社長を通して本社の証明を受けて僕が保証人になって、三人くらい招請したのよ。もっと沢山招請しようとしたら、家内に止められて……。それでもうできなかったのよ。

まあ、涙なしには聞かれないような話もあってね。鄭《チョン》という人だと思うんだよ。その人は樺太にいる日本人ととても仲良くしていたらしいんだね。それで、その日本人が出征するときに「家をひとつ、よろしくお願いします」と言って、その朝鮮人に頼んで行ったらしいんだよ。それで、頼まれたんだから、その家を誠実に守ってきたらしい。その日本人は運良く死なないで帰ってきてね。その日本人は日本に引き揚げてからも昔の友情を忘れないで、その朝鮮人を日本に引き揚げるようにいろんなことをやってね。住所がわかって、手紙でやり取りして……。それでその人のお陰でその朝鮮人は日本に来たんだよ。兵隊に行ったその日本人が闇の船で連れて来て、北海道まで引き揚げて来たんだけれども、日本の警備に見つかって、朝鮮人だけその船で帰したという話を聞いたことがあるのよ。

　僕らは再会運動はずっと続けてやったですよ。再会をさせるのに、金がかかる。やっぱり来たら食わせなければいけない、寝せなければいけない。共産国の監獄みたいなところに入っている人間だから、来たらせめて浅草ぐらいは見物させたい。僕らは体験しているから、そういうことが言えるのよ。そういうふうにやろうと思って

孫致圭さん（樺太野田在住）の帰還を迎える（横浜港大桟橋、1971年7月10日。撮影：李羲八）

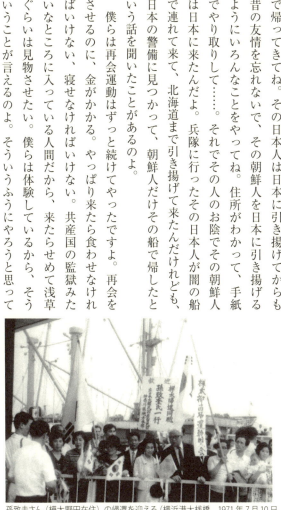

いたんだけれども、それが思うようにいかなかった。人が来るのをホテルに泊めるなんて、とても金がないからできないので、アパートを借りたのよ。借りるのに権利料も要るし、家賃も要る。それらは高木弁護士が全部やってくれた。三十七万だか、その金を全部、高木さんが工面してくれた。それで家賃が七万七千だか八千だか、もう忘れたんだけれども、とにかくちゃんと毎月振り込んでくれたのよ。振り込んできたのを毎度ちゃんと払ったんだから。それできれいに払って二年間それやると、今度情勢が少し変わってきた。どんなに変わってきたかというと、金徳順《キムドクスン》というおばさんのことなんだけれども、その前に樺太から朝鮮人を呼んできて世話をした話なんだけどね。

樺太に朴スホという人がいてね。彼はサハリン大学の教授だったのよ。サハリンにはその大学しかなかったんだから。だから彼はもちろん共産党員だし、その地位からもまた国籍はもちろんソ連国籍で。そういう人が来たときに、彼は僕のところに来ないで、練馬の倉本さんのところに行ったのよ。当時、僕は会社（注28）の車を自分専用に借りていてね。それでそこに行って彼を乗せて、そうしてせっかく自由世界の日本に来たんだから、少しは見物させなければと思ってね。そうしてその人を乗せて靖国神社のほうから国会を回って、東京タワーのところを通っていくと高速道路の上り線があるのよ。そこを上がって羽田空港のちょっと手前をくるっと回って、そうして家に来たんだけれども。途中でいろんなことを話したら、倉本さんの話もしてくれたよ。倉本さんの飯場、その練馬の宿舎に来た朝鮮人はあまり評判が良くないと。倉本さんのことを良く知らないと。それで、僕はこういう方針でやっているんだと話して、この自宅まで連れて来てね。まあ、僕はこういうところに住んでいますと、そういうふうに言って、そうして飯場にも連れて行って見せたのよ。すると朴先生は、練馬ではどこかに連れて行くようなことはなかったと言ってね。日本に来たら飯場に泊めて、期限が来るまでそのままそこにいたんじゃないかな。ところが、こちらは僕が連れて行くときもあるんだけれども、僕はあっちこっち飛び回るんで、家内が浅草に連れて行ったりしてね。五、六人連れて行くと、電車賃も馬鹿にならないよ。結局、僕も家内にやる金がないんだから。ところが家内は自分でへそくりがあって、使っているんだから。それは僕が働いた金なんだろ？　僕は家内に全部渡してしまって、金、持っていないんだから。

一度こういうことがあったの。韓国から来た人が浅草に行って、革のベルトを見たらしい。この人は性格があまり良くない人間らしいんだね。それで、これいいなあとか喋りながら、それを盗んで自分のところに詰めたらしいんだな。ところが浅草というところは、いろんな人が来るんだから。その商売する人は、ああ何本見ていたっていうことを、ちゃんと頭に入れているんだから、商売だから。ああ、一本足りないよということで、それで家内がそれじゃもしもと言って調べたら、その下に入っていたのよ。それで、これはダメだ、返せと返したのよ。まあ、僕が連れて行ってそういうことがあったならば、ある程度そこで解決つけて、高木弁護士のところまで話が行かなかったわけ。ところが家内が高木さんに電話したらしいんだな。それで僕が高木さんのところに行ったら、何かこういうことがあったと言われたんでねと。まあ、いろんなことがありましたよ。ソ連から日本に来て、一週間いたり、中には一ヵ月ぐらいいる人もいてね。あっちこっちから来たのよ。本土から来た人もいる。タシケントから来た人もいたんだから。

年に五十人も来るんじゃ、大変じゃないかって？　だからそのときは銀座の金城《かねしろ》という人がうちの会の顧問になっていたのよ。その人は金持ちだから、あっちこっちアパートを動かして、その空いたアパートがあったんで、招請して来た人をそこに臨時に入れてもらったりしたこともあったんだから。

張在述《チャンジエスル》という人も顧問をしてね。あの人は戦前、中学校を出てね。頭もいいんだよ。だから文章も書けるんで、統一日報紙に連載したり、『獄門島』という本を出したことがあったのよ。それで彼は戦時中に樺太にいて、朝鮮の独立運動に関わったということで逮捕されて、服役したんだね。僕らが日本に来たら、彼はもう日本にいたんだね。あの人も貧しくてね、生活があまり安定していなかったよ。それなのに酒はよく飲むんだね。酒を飲むと何だかんだ話すわけ。ところが僕らは彼に酒を飲ませる余裕がないんだから。僕らは自分が働いて、生活維持するのが大変だったんだから。そんな悠長なこと考えているひまはなかったのよ。それで結局、酒を飲ますような機会がなかった。僕らの会の顧問だからといって別に何をやったわけでもないんだけれども、ただ自分が持っていた資料を使って、統一日報紙に長く連載したことがあるんですよ。

高木弁護士の事務所にKという事務員がいてね。その女性が欲が出て、この仕事は自分が受け持って主になってやろうと、そんな気持ちを起こしたと思うんです。そして自分が一人出て、事務所を持って、民団の婦人会のところに行って寄付をもらったりなんだりして……。それでひともうけしようと思ったんだか、一旗揚げようと思ったんだか知らないけれども、結局は思うように行かなかったんでしょ？　だって僕の目が黒いんだし、高木さんだってそんなわがままやらすわけがないのよ。まあ、いろんなことをして、終いには弁護士事務所を辞めていったんじゃないかな。

議員懇談会の結成

それで議員懇談会（サハリン残留韓国・朝鮮人問題議員懇談会）ができるときに誰が一番骨を折ったかというと、僕の力でできるわけがない。それは大沼先生ですよ。僕らが運動するのを大沼先生が見ていて、初めは僕らがいつもの在日の人びとのようにいろんな要求をするのかなと思ったら、そうじゃないんだよ。なんか運動をやっているのかいないのか、さっぱり訳のわからない、あまりにも貧弱な運動のやり方をしているんで、見ていられないから、自分が、大沼先生が「樺太帰還在日韓国人会を助ける会」を作ろうとしたんだね。ところが呼びかけても人が集まらない。二回ぐらい集会を開いたのに一人も来ない。それで早い話がその会も自然消滅になってしまった……。けれどもその先生がね、この問題はどうしてもやり遂げなければならないと。それから十数年、大沼先生はいろいろ頭をひねったけれども、最後に、この問題は政治解決しなければいけないと、そう言いましたよ。少なくとも自分は東京大学法学部の助教授であるというプライドもある訳よ。あのときは助教授だったんだから。助教授である人間がこの問題に携わってこのまま逃げるということはあり得ない、日本国の恥だと考えたんじゃないかな。僕らは十年も、二十年以上も陳情活動をやっていたんだけれども、その先生は政治家を使わなければうまくいかないということで、それで議員懇を作ろうと思ったの。そういうことを後に細かく全部言ってくれたよ、あの先生は。

議員懇ができたのは一九八七年の七月かな。まだ朴魯学さんが生きているときですよ。議員懇ができると手早く段取りして、すぐその議員懇の方たちがモスクワに飛んだのよ。原文兵衛議員、五十嵐広三議員、高木弁護士と、あのときに草川昭三議員、白川勝彦議員が行ったんじゃないかな。ソ連側とどんな話し合いをしたのかって？　僕らがこの運動をやっていてもソ連政府には絶対に迷惑はかけません、それとこれは政治的な運動ではなくて純然たる人道問題であると、僕がいつもしゃべっているようなことを言ったんじゃないのかね。それでそういうふうに話をして、皆が納得してうまくいって、その足でサハリンに飛んだんだから。そしてサハリンにいる朝鮮人と会って、そこでも話をして帰って来たんだから。僕らも日本政府のところに行って言ったんだけれども、その話は信憑性がないから信じられませんと言われてね。その後、いくらも経たないで日本赤十字社社長と事務長、それから外務省の職員がモスクワに飛んだよ。行くのはわかっていたんだけれども、何しに行くのかとか聞かなかった。ああ、僕らの話を確かめに行くんだなとはわかっていたのよ。それで帰って来ても、何も話してくれない。それで僕らが言ったのよ。「どうでした？　何か僕らがウソ言いましたか？」。そう聞いても何も言わないんだね。あのときは僕らも一生懸命だったんだからね。

それでその議員懇ができて何が僕らの運動が楽になったかというと、招請するのに身元保証人を立てなくてもいい、僕らの署名だけでいいということになったのよ。それで本当にやりやすくなった。その当時はソ連の朝鮮人を呼んで、そして韓国にいる家族も呼んで、それで日本で再会させているときだったんだから。それまではあの身元保証人を立てるのにまごついて、どうしようもないの。朝鮮人は身元保証人はだめだと言うし、日本人でも彼らが日本に来て何週間いようが、その間は全責任を負わなければいけないんだし、無事に向こうに帰るまでの責任も負うんだから。それである程度の有力者、財産家の日本人でなければ、身元保証人になっても外務省は認めてくれなかったの。だから身元保証人になる人間がいないわけ。それでもそのときに身元保証人になったのは、大沼先生、高木弁護士、日本放送の宇野淑子アナウンサー、それからまた他の弁護士が何人かいたし、また政治家も何人かいたよ。

それで議員懇ができるちょっと前に朝鮮人も身元保証人になれるようになったのよ。その当時、僕は前田建設の孫請けの会社で羽田空港の埋め立て工事の仕事をしていてね。それでそのときに保証人というか、会社の証明書を二回ぐらいもらったんだね。その後、何回でももらえたけれども、家内が反対するんだよ。そんな余計なことをすることないって、家内に怒られて。それで証明書もらうことやめたのよ。そしたら前の会長の朴魯学さんが証明書をもらうのに非協力的だと言って、僕と少し仲が悪くなったのよ。それだけ現場に通っていながら、力があるのに証明書をもらって来ないと言って……。家内が反対しなかったら、その証明書は何回でも繰り返しもらったんだけれども……。何故、家内は反対したのかって？　そういうことをするとね、税金が余計にかかってくるというのを恐れていたと思う。税金なんて関係ないと思ったけれども、言っても聞く耳がないいんだから。僕の立場からは辛いんだけれども、何とも言えなかった。

そうして議員懇ができてからは身元保証人なしにやるようになってね。僕のサインだけで通ったのよ。ところがしばらくしたら、今度は朝鮮人はダメだと言うわけ。招請する人間が朝鮮人ではダメだと。これには参ったな。でも僕は、家内の名前でやることにしてね。家内は嫌がったんだけれども、とにかく僕が書類を作ってしまうんだから。

それで当時は来て一ヵ月もいる人もいたんだから、生活費が大変だよ。それで僕がソ連に手紙を出すときに、向こうはサケがたくさんいるから、来るときに塩ザケ一匹も持ってくればおかずの足しになると思ってね。そんなのいくらもしないんだから、買ってくるように手紙を出したのよ。そしたらタシケントの新聞記者という人が来て何を言うかというと、僕に文句をつけるんだよ。新聞記者というから何かいろいろ聞きたいこと、しゃべりたいことがあるだろうと思って、僕が招請してここに来たのよ。そして外務省に担当の伊藤さんという方がいて、僕の言うことを聞いてくれて、よくやってくれたんですよ。それで伊藤さんに、こういう人が来るんで、何か話したいというんで、ひとつ相手して下さいと話をしたら、「いいよ。会ってあげるよ」と承諾を得たの。それで来日したその新聞記者にそういうことを話したら、その人は僕に文句を言うのよ。僕はその人がよくわからなかった。自分は会いたくないし、韓国に行きたいんだから、早く韓国に行かせてくれと。がっかりしたね、ハハハ。それで外務省の人に電話して、実はこういうことを言われて面会に行くことを断られたと言ったら、「それならそれで、いいですよ」ということで終わったんだけれどもね。伊藤さんは一四年後に会ったら、偉くなっていましたよ。

一九八九年に僕はサハリンに行ったんだけれども、そのとき、昔の友だちに会ってね。解放後に僕と同じく運転手をしていた人でね。彼はそのとき、車を持っていたよ。そうして彼の車に乗って弥満《ヤマン》というところまで行ってもらったんだから。それでも僕は金を一銭も払わなかった。その代わりに僕は彼を日本に招請して、その親戚と会わせたりなんだりしてあげてね。それで後からもう一回、呼んでくれと泣きつかれたんだけれども、僕の荷が重いんだもの。それ、聞いてやらなかったんだよ。もう、力がないんだから。僕一人でするんだから、けっこう金がかかるもの。その金、出るところないんだから。スポンサーがいるわけじゃないし。それでなんだかんだ言って、それ断ったんだけれどもね。あっちこっち車乗せて、見物もさせてくれたんだからね、そのぐらいやってもいいんだけれども、何しろそれだけの力がなかったのよ。正直言って、できなかった。まあ、当時は一人二万か三万でできたんだけれども。彼は一回来たときに皆に会って、その親戚だのなんだの、昔の何だか知らないけれども金持ちがいて、何十万かもらった金があったらしい。それを持参して日本で物を買って行こうという予定で。こっちに来ても僕に迷惑はかけないとは言うんだけれども、それわからないもの。それでとうとう、招請状出してやることできなかった。それでとうとう、しまいに死んでしまったの。本当はやってあげるべきだったんだけれどもね。それで僕が招請したのは約五〇所帯。それでそのときもね、招請のことで高木弁護士と一晩中、電話でケンカした。恐らく一時間以上、電話でいろいろ話し合ったこともありましたよ。

まあ、僕も多少の金はあったんだけれども、家内が使わせる訳がないんだからね。あのときは孫請けの会社に行っているんだから、正式な給料袋だとかそんなのないんだし。それこそ山分けみたいにね、お前はいくらいくらってくれるんだから。それもらって来て、僕は全部家内にやるのよ。あの暑いときにコーラが飲みたくてね。瓶買いして一本二五円だか、その飲みたいコーラも飲まないで普通の水を飲みながら、そうして塩をなめながらね。そうして働いた金を僕は一銭も横取りしなかったんだから。家内に全部やったんだから、僕は。ところが、その家内は、普通の会社ならちゃんと給料支払いの明細書があるのにそれがない。魚を獲って山分けしたような金持って来て、これで全部ですと言われても信用できないと言うんだから。

一九八八年三月に朴魯学会長が亡くなって、彼の奥さんが会を運営するときに、公明党の草川議員は僕らを捨てて、奥さんと組んでなんか一緒にやろうとしたんだよ。それで僕は頭に来て反対して、草川さんと別れることになっちゃったのよ。できるかどうか、やってみればと思ったけれども、あの奥さんだってできなかったんでしょ。朴会長の奥さんだからといって、日本人の奥さんがどうしてその会の会長になれる？　なれる訳がない。ちゃんと副会長という人間が生きているんだから、それはダメだと言ってね。それで彼女も何ヵ月か経って、結局はやめたんだけどね。

議員懇がこの本（注29）を出すとき、出版記念会があってね。韓国大使館の大使も来たんだし、就任まもない日本の海部俊樹総理大臣も来て、いろんな人が来たのよ。民団中央の国際局長とか、運動に関わった人たちとか。国会議員が使うそういう部屋があってね、そこがいっぱいだったのよ。原文兵衛先生は議員懇の会長だからもちろんそこにいる、五十嵐広三さん、大沼保昭さんと、張本人の僕もいたんだね。それで司会の大沼先生に、発言の機会を作るから簡単にしゃべってくれと念を押されたのよ。「はい、わかりました」と言って僕が発言権をもらって、しゃべることになったわけ。ところが僕は、後先考えないんだから、総理大臣もいるし日本の偉い人がたくさんいるところで、「僕らのこういう小さい会が今日まで来るのに、日本政府のいろんな方から馬鹿にされて来ました。馬鹿にされながら今日の日を迎えるようになりました。これからも一つよろしくお願いします」と。それで終わったんだけれども、後から大沼さんが話を埋めるのに苦労しただろうと思うよ。そしたらそれが終わって出るときに、民団中央本部の国際局長が「李さん、よく言ってくれた。これ、李さんじゃなければ言えない。誰も言う人いないよ」って、その場で褒められた。ハハハ。応援していた方々も僕のそばに来て「李さん、とにかく長生きしてください」と言ってくれてね。まあ、そんなこともありましたよ。

それで原文兵衛先生と五十嵐広三先生に僕らが「樺太帰還在日韓国人会」名義で感謝状を出したことがあったんだから。そのとき、高木弁護士に相談して文面を書いてもらってね。それを商売人に持って行って、書いてもらった。感謝状書くのにも一枚何万とかかるんだから、記念品をつける余裕がないわけ。それでほとんど準備ができて、僕がお二人に言ったんだよ。「感謝状には何か記念品がつくものですが、勘弁して下さい」。そしたら「いいよ、いいよ。紙切れ一枚でいい」と言われて、喜んで受け取ってくれたんだから、それで僕は満足したのよ。

それでその後、原文兵衛先生が亡くなったとき（注30）、高木さんのところに訃報が来て、それから僕のところにも届いて、それで行ったのよ。斎場に行くと、「『樺太帰還在日韓国人会』会長の李義八氏が弔問に来られました」と繰り返し放送されてね。途中で帰ろうとしたら最後までいてくれと言われて、それで夕方までずっと原文兵衛先生のそばに座っていたのよ。

金徳順さんの韓国訪問実現

僕らは正直言って選挙権がない。朝鮮人である。どこに行っても相手にしてもらえない。それでも僕らなりに陳情書を日本政府それから韓国政府、後からはソ連政府にも送ったよ。それでいろいろやって、一九八四年頃からやっと少し運動の効果というか、実績が表れるようになってね。樺太にいるときからの友だちで、引き揚げてくるときも一緒。共にこの運動を始め、「樺太帰還在日韓国人会」の会長を長く務めた朴魯学さんが一九八八年三月に亡くなった。それでその後、僕が会長の仕事をすることになってね。金徳順《キムドクスン》という当時六十七歳のおばさんが娘と婿と三人で来たのは、僕が会長になって間もないときだったんだね。

朴会長がいるときにうちの会の招請で樺太から何人か来て、一九八八年頃には二十八人が樺太から日本に来てね。当時はまだ韓国までは行けずに日本に来て、そして韓国から日本に来て、そうして日本で再会したわけ。韓国から来る人にはね、もち米で餅を作ったり、肉を煮付けておかずを持って来るように僕が全部連絡したんだから。樺太から来る人にもマスやサケを一匹ぐらい持ってくれれば相当のおかずになると手紙で書いてやって。それである程度彼らも楽だし、僕らも身が軽くなるわけ。全部で何人来るってわかっているんだから、ご飯もおかずも全部用意しておいて、布団も湿気がないようにちゃんと干して。彼らが帰った後は、食器を全部洗ったり……。だから家の家内がこぼすのよ。「でも、しょうがないんじゃないか。これも人のためだから」と言ってね。文句を言うときもあったんだけれども、それでも家内はよくやってくれたよ。それで浅草に十人ぐらい連れて行けば、何千円も飛んでしまうのよ。僕の小遣いじゃ、とても足りないよ。彼らも四百ルーブル持ってきたんだから。あのときの四百ルーブルを日本の金に取り替えると何万円になったんだか、それもちょっと忘れたね。とにかく僕は向こうから持って来た金は使わせない、お土産買って帰るようにと考えたんだから。ところが考えたのはいいんだけれども、どこからも入る金がないのよ。そのとき、金、工面するのに苦労したんだけれども、しょうがない。それで帰る時期になれば、みんなを送ってね。天気の良い日はいいよ。雨の降る日は大変だったね。当時、せがれが車を近くに停めてくれていて。その車があっ

金徳順さん一行をもてなす（足立区伊興の宿舎で。1988 年 9 月 18 日、李羲八撮影）

たから、何とかできた。その車がなくちゃ、たまったものじゃないよ。タクシー使うんだって大変だし、何するにも大変なの。その車、全部ただなんだから。僕がその車を運転して買い物を運んだりなんだりしてね。

それで金徳順おばさんは娘とその婿と三人で来たのよ。そうしてその人の親戚は九人来たのよ、韓国から。その人の弟だの、弟の奥さんだのなんだの、とにかくみんな来た。母さんが来たら、全部で十人かな。樺太から連れて来た婿はね、後から知ったんだけれども、共産党員だったんだよ。初め共産党員だとか向こうも言わないし、僕もわかりっこないんだから。そうして奥さんはまた美人だよ。それでご飯なんか炊くのに、全部彼が炊くんだよ。奥さんは何もやらないの。ハハハ。それでおばさんに聞いたんだよ。どうして娘に何もやらせないのと。そしたら、いや、彼らは自分らでやっているんだから、黙ってやらせておくと。向こうは女が優位なんだね。朝鮮人の男がご飯作りなんて、珍しいんじゃないかって？　いや、ソ連で生まれ育ったんだから。向こうは女が、今の日本みたいに上位なんだから。

それでみんな再会してね。初めはまあ、泣いたりなんだりして。そうして韓国から来た人は十日ぐらいで帰ったんだろうと思うんだよ。それで僕はおばさんに聞いたのよ。奥さんは今、日本に来て弟や妹や弟の嫁さんやらに会えたんだけれども、まだ未練がある？

すると一つあると言うんだよ。八十八歳の母さんが日本にこのたび来るわけだったんだけれども、老齢で具合が悪くて来られなかった。弟や妹やみんなに会いたかったんだけれども、その母さんに一番会いたかった。自分が生きている間に、このたび会えたら本当に良かったんだけれども、残念ながら会えなかったと。そのとき、僕は「樺太帰還在日韓国人会」の会長になって間もない頃で、それを聞いてこの人を何とか韓国まで行かせなくてはと、自分の頭に念じてね。「よし、わかった。何とかやってみましょう」と言って、三人に座ってもらってね。そしてその婿に、僕の言う通りに請願書を書くように言ったの。そうしたら彼は共産党員だしね、それで医者なんだよ。医者でも細菌を研究する特別な医者でね。初めのうちは僕は医者だということも共産党員ということも知らなかった。向こうはそれを秘密にしたんだね、僕にも知らせなかったんだよ。それでとにかく、おばさんがこのように願望しているんだから、僕の言う通りに嘆願書を代筆してくれよと。僕はロシア語が書けないんだから。それで嘆願書を書き上げて、婿とおばさんも一緒にソ連の大使館に持って行ったよ。そうして旅券課の参事官に手渡したら、彼はこういう嘆願書を受けるのは初めてだと言った。気持ちはわかるが、自分の力じゃどうにもならないと。それでそばに立っていた僕が、「こういう機会は二度とないんですから、とにかくその書類を本国に送って許可を得たらいいんじゃないですか」と言ったわけ。そしたら彼はちょっと考えて、「そういう方法もあるか……。いいね、いい。送るよ」と。それでその返事が来るのに何日ぐらいかかるか聞いたら、早くて二週間だろうと。これは公文として送るんだから間違いなく着くし、行くのも速いというので、「とにかくお願いします。返事が来たら電話下さい」と言って、帰って来たよ。それでその嘆願書はモスクワに送られたわけ。

それで僕はすぐに韓国大使館に連絡して、こういうわけで今やっていますから、臨時パスポートをすぐ出すように、金徳順おばさんの名前やら生年月日やら、伝えておいて、とにかくすぐパスポートが出るように一つ用意して下さいとお願いしたのよ。そしたら大使館も「はい、わかりました」と言ってね。それで途中、一回、ソ連大使館に電話をしたんだよ。そしたら、まだ来ないって。それから二日ぐらいしたら電話が来てね。それで「どうなりましたか？」と聞いたら、「金徳順さんの婿は今いますか？」と。その彼はたまたま帰国期限のいっぱいいっぱいまで残っていたんで「いる」と言ったんだよ。そしたら「電話かけるように伝えて下さい」と言われてね。それですぐ飯場に、アパートに行って、すぐ電話するように伝えて、公衆電話から電話させてね。そしたら何か、しばらく話をしていたよ。僕はただ許可が下りたのかどうか、それが知りたいのに、何しろ向こうと二人で話を止めようとしない。僕はただわきに立って聞いていているだけなんだから、ロシア語で何をしゃべっているのかわからない。それで途中でちょっと息するときがあったよ。それで「どうだ？　許可は下りたのか？」と聞いたら、ＯＫだって。許可下りたって。嬉しかったね、本当に。初めは難しいとソ連の大使館では言ってたのに、一三日目に許可が下りてね。それまで三〇年間、運動をやってきて、こうして日の目を見たのは初めてだったんだからね。金徳順おばさん本人より恐らく僕のほうが喜んだと思うよ。

許可が下りたんだけれども、三人が皆行くんじゃなくてね。娘と婿は先に樺太に帰り、そうしてこの金徳順おばさん一人を僕が責任を持って韓国に連れて行くことにしてね。それですぐ韓国大使館に電話したら、明日来いと。明くる日に行ったら、もう金徳順おばさんの臨時パスポートが出来ていてね。それでそれだけじゃないよ。金も正直言って無いから、その大使館に行って泣きついたんだよ。最初からこういうことがわかれば、ある程度考えて準備もしたんだけれども、もう彼らは帰る準備で全部お土産で。あのとき、テレビも二台ぐらい買っていたんじゃないかな。彼らは日本に来て、相当儲かったんですよ。あのテレビ一台、向こうに持って行って売ったら、相当儲かったと思うよ。自分で見るんじゃないのかって？　自分で二台も見るわけがないんだよ。そろそろ樺太に帰る時期になって、もう金は全部きれいに使って旅費も何もないの。彼らは樺太に帰る航空券は往復買って来ているんだからそれはいいんだけれども、今度、そのおばさんが韓国に行って、そうして帰って来る、そういう経費は全然ない。全部使ったんだから。また僕もね、あまりにも馬鹿正直というか、無知だったということが今になって少しはわかったのよ。何しろ彼らに金、使わせなかったんだから。向こうから来る人には、できるだけ僕が何とかして金を工面する。食べ物でも交通費でも、そういうことをね。少し持って来た金は、とにかくお土産を買って行くようにということしか考えなかったのよ。後からは日本政府から一人三万いくらかの補助が出たんだけれども（注31）。それで韓国大使館に行ってお願いをして「実はこういうわけだから、次は頼みませんから、今回だけどうか助けて下さい」と言ってね。飛行機賃を、旅費を一〇万くれた（注32）。でも僕の分がないんだよ。それで高木弁護士に五万もらって、あと五万は僕が何とかして。それで明くる日にはもう発ったんだから。

そうして発つときには韓国の親戚にはちゃんと電話して、飛行場まで迎えに来るようにと、僕は家に行かないと話してね。それで仁川《インチョン》の飛行場で渡したんだよ。そして送って、僕は仁川で旅館に一人で泊まったのよ。そしたらそこで女を買ったんだのなんだの、あっちこっちで話が出たんだけれども、何言われても帰ってくるわけにいかないんだし、宿に泊まるしかないいんだから。そこで一週間泊まって、昼は旅館出て見物もしたんだけれども。

金徳順おばさんの故郷は全羅南道光州《チョルラナムドクワンジュ》市で、八八歳の母さんに会えたのよ。それで一週間も。しかも自分が行って会ったんだから。まあ、病床にいたんだけれども、四〇何年ぶりに会って。

それで帰る時期になって飛行場に行ったら、日本への再入国の許可書がないんだ。それで、「日本大使館に行ってもらって来るように」と。それで大使館に行ったら、「今すぐはできない、二十日ぐらいかかる」と言われてね。これは困ったなと思って、韓国の外務省に電話してね。「今、こういうわけだから、助けてくれ」と言ったわけ。「うん、わかった。今晩、どこに泊まるか電話番号教えてくれ」と。たまたま金徳順おばさんの姪の家に泊まることになってね。ところがその姪の旦那はロッテ会社の重役なんだよ。見たら立派な家にいるんだもの。タンスや飾り物が僕の家とは違うもの。そしてその家の電話番号を教えて、一晩そこに泊まった。それで翌朝の一〇時頃に外務省から電話があって、「今、日本大使館に行ってみなさい」と。それで行ったのが一一時頃じゃないかな。行ったらすぐやってくれてね。それでその明くる日に日本に帰って来たんじゃないの。二〇日もかからないよ、一日だけだよ。韓国外務省に僕が頼んだんだから、まあ、そこから認めてくれという話があったんでしょう。やっぱり大使館と外務省の偉い人が言えば、聞いてくれるんだね。それでその明くる日に日本に帰ってね。その翌日は高木弁護士に頼んで、金徳順おばさんを新潟から帰したと思うのよ。だから一九八八年八月二九日にソ連を出発して日本に来て、そうして韓国に行ったのが九月二一日。そうして九月二九日に日本に来て、サハリンに帰ったのが一〇月三日か。韓国に行って老齢の母と再会、サハリンから韓国訪問者では一番目の、これはすべて本会で手続き。第一号として旅費も大使館から出してもらった（注33）。三〇年間運動をやって、初めてこの人が韓国に行ったわけですよ。それで自分の母さんに再会して、そうして樺太に帰って二年目で亡くなった。それでここに金徳順おばさんの生年月日、そうして豊原にいて、無国籍なの。母は朴節子《パクチョルジャ》、日本語で読めば、セツコ。それからどんどんどんどん、全部韓国に行ったの。何でもね、初めが大事ですよ。そのとき、韓国はまだ貧しかったんだから。オリンピックやっても、個人はそんな裕福ではなかった。韓国に行く道を、僕らが全部開いたんですよ。それで韓国に行く許可が下りたということを知って、あのアナウンサーの宇野淑子さんが言うのに、「ああ、李さんにやられた」と。結局、宇野さん自身が金徳順おばさんら三人を日本に招請したのに、李さんに先手を取られてしまったということを言われたよ。招請は宇野さんがやったのよ。

それでそれが始まり。樺太から日本に来て、さらに韓国に行ってソ連に帰ったのは、そのおばさんが最初。それから明くる週はね、高木さんも僕も今行って来たことを全部わかっているんだから、それでその後は韓国に行く手続きをするようになったのよ（注34）。もう、僕が大使館に電話したら、韓国に行く許可はすぐ下りたんです。それが始まりなのよ。だから何でも最初が大事なの。

それで、もうだんだん前へ前へと進んでね。今度は本国にまっすぐに、直接、チャーター便でソ連の樺太からソウル金浦《キムポ》空港に飛んでね。それで今日まで来たわけなんです。もう、日本に寄る必要がなくなった。まあ、その代わり、金は日本で出したの。三二億円。初めの道づくりが大変だったです。自慢じゃないけれども、僕らみたいな金もない、知識もない、学もない、それこそ何もない、こぶし一つで、そこまで成し遂げたんです。それは僕、どこに行ってでも話せる。

サハリン再訪

それで僕は一九九〇年に樺太に行って来たんだから。まだそんなに寒くなかったんだから、八月頃だったと思うよ。日本に引き揚げて来て、三十何年ぶりに行って来た。そのとき、韓国にいる林温全《イムオンジョン》という金持ちが航空券を買ってくれてね。その人はね、北朝鮮出身なんだけど早くに来て、それで釜山で金持ちになったんだから。あそこで何万坪も土地を持っていると言ってたんだからね。その人が僕のことを知っていろんな話もしたり、裁判（注35）の資料も送ってやって、長い付き合いだったのよ。そのときにKBS（注36）も行ったんだし、MBS（注37）も行ってね。そうして僕も行くように言われて航空券を買ってくれたわけ。それで樺太に行って、向こうで合流してね。韓国政府もある程度助けたと思うんだけれども。

向こうにいる人に何をお土産にしたかというと、歯ブラシ、歯磨き、靴下、韓国の国旗、それからボールペンとガムも入れたかな。まあ、金がないんだから、そんなにたくさん買えるわけがない。ガムは一家庭一個ぐらい入れてね。ガムだって一個買うのに百円するんだよ。それで、何か九つぐらい。それを全部袋に入れて、一人に一袋ずつ当たるように相当の数を持って行ってね。それでもらった人は喜んだかって？　ああ、喜びますよ。向こうはガムなんかないんだから、ガムを買って行く人が結構いると聞いてそうしたんだよ。

そうしてそのときに豊原に運動場があるんだけれど、その運動場いっぱいに集まったんだからね。そのとき、都はるみが行ったんじゃないかなと思うよ。何しにって？　だから、歌、歌いに。豊原の朝鮮人がほとんど集まったと言っても過言じゃなかったのよ。すごかったんだから、あのときは。

それで、解放直後に大泊で一緒に生活した星山さん（注38）が僕を自宅に連れて行こうとして、迎えに来てね。わざわざ迎えに来たのに行かないわけにもいかないから、行った。久春内《クシュンナイ》まで汽車で行って、そこからは婿の車で。途中で車のスプリングが折れてね。それを直して行ったんだから、久春内から四時間以上かかったよ。そこに行って、二晩泊まったかな。それで泊まっているうちに、車で昔の国境のところ（注39）まで連れて行ってもらってね。二七日間ぐらい向こうにいて、そうして帰って来たら、また家内に叱られてね。こっちのこと放り投げて、そこに行っていい気になってあっちこっち遊び歩いて、と言われてね。だって引き揚げて来て初めて行ったんだから。昔、一緒に住んでいて、手紙をやりとりした人もいたんだからね。

僕が行ったときはペレストロイカ（注40）が進んで、三年目になるときだったと思うんだよ。だから、そのとき、どこに行って写真撮っても、別に誰も文句言うやつはいなかったんだから。以前は大泊をバスで発って豊原に向かって行くのに一の沢、二の沢、三の沢があるんだよ。その沢があるからには峠があるわけ。その峠の上には兵舎があって、軍隊が駐屯していたんだから。僕が行ったときには、それがないのよ。そうして以前にはあの海岸の近辺はね、夜になると電気で海岸をずっと照らすサーチライトがあったのよ。それもない。どこも歩哨立っているところもないんだね。

それで僕、弥満《ヤマン》（注41）まで行って、マスの孵化場を建設するところまで行ってね。以前、僕が大泊にいたとき、やはり運転手をしていた男が連れて行ってくれたよ。僕がそこに行きたいと言ったら、連れて行ってくれたんだから。普通は行けないのよ、そこ軍用地だから。兵隊もあっちこっちにいたけれども、止めるやつ誰もいない。僕らがそこに行ったときには、日本人が来て、孵化場を造っていた。ロシア人がやるんじゃなくて、日本人が来て造っている。機械も全部、日本の機械。トイレまで日本のトイレ持っていってやっていたんだから。そのショベルカーはほとんど日立（注42）だったね。三菱（注43）はなかったな。僕が羽田の飛行場を埋め立てるときに使ったT-7とかいうでっかいやつ。それも黄色いペンキが全然剝げていないまっさらなやつ。それを置いて川を掘って。ゆったりしたもんですよ。コンクリするときも向こうの仮枠板は使わない。全部、日本の鉄板、鉄のパネルを持って使って。止めるのも釘で止めたりしない。専用のハサミみたいなのがあるのよ。そういうものを全部揃えて持っていって造っていたよ。だから、コンクリ（注44）もきれいにできてる。もう、連れて行ってくれた彼もびっくりしていたよ。その孵化場はほとんどできていたよ。

まあ、日本人が勝手に造っているわけじゃないんだから。ソ連側とちゃんと話があって、造っているんでしょう。どういう約束で造っているかは知らないけれども。恐らくそこで管理も研究も日本人が行ってやっているんじゃないかと思うよ。もう、向こうで売っている物を見たら、全然、格が違うよ。それで、もちろん米も日本の米持って行って食べるんだから。そこでご飯のごちそうになってね。そこに飯場ができているのよ。そうしてご飯はいつもいっぱい炊いてあるわけ。そうして人もそんなにたくさんいないのよ、日本人。それからブル(注45)だって今、こういうふうな新式のやつがあるのよ。そういうブルが何台も置いてあってね。きれいなもんですよ。そしてあんな良い機械を買って、帰るときにはもちろんその機械を向こうにやるんだろうと思うのよ。

そのとき、樺太にいる朝鮮人はみんな生活水準がロシア人よりうんと高いんだよ。どの家に行ってもイタリア製の家具があってね。向こうの朝鮮人はあのときはね、もう花盛りだったのよ。何故、そうなのかって？　だから、農地があって、そこに何を植えてもいいんだから。それでロシア人はそこにジャガイモを植えてこんな小さなのができるんだけれども、朝鮮人はこんなに大きなのがいくつもなる。そして白菜やら大根を植えたら、今度は漬物にして売るのよ。それをロシア人はよく食べるんだから。それでみんな金もうけしてね、向こうにいる朝鮮人はみんな金持ちなんだね。それで僕が行ってみてもね、朝鮮人が住んでいる家とロシア人が住んでいる家と、もう見たらわかるのよ。朝鮮人の畑は雑草がないのよ。ジャガイモもトマトも何か他のものを植えても、全部良く育っているわけ。ところが畑に草がぼうぼう生えているところはロシア人が住んでいる。だから朝鮮人の生活がいいわけだ。ロシア人は買って食べる、そういう状態だったんです。一九九〇年に行ったとき。

まあ、ゴルバチョフのペレストロイカが始まっていて。そのときはまだソ連だったかな。何しろ僕は日本に引き揚げてから、樺太に一回しか行っていないんだからね。それで僕が招請するときに、北朝鮮（朝鮮民主主義人民共和国）籍の人は日本に招請できなかったんだから。招請して日本に来たって、韓国が臨時パスポート出さないもの。韓国に行かせてくれないから、招請したって無駄なのよ。だから、僕らは北朝鮮国籍の人は招請しなかった。まあ、日本に来るだけでも北朝鮮籍は駄目だった、うん。

まあ、僕もね、樺太の同胞のために本当にいろんなことやりましたよ。年末になると、民団からカレンダーが出るんでしょう？　そのカレンダーをね、民団からよけいもらったり荒川支部か他の支部にも頼んで少しもらって、そうして送って喜ばれてね。年に二〇部か三〇部ぐらい、三、四年送ったかな、船便で。一部送るのにいくらだったか値段も忘れたけれども、それは封筒に入れないんだから手紙よりは安い。それで初めのうちは、みんなきちんと届いたというのよ。ところが二年目、三年目になると本人に届く部数が全然少なくなってね。途中で盗まれてしまって、本人に着かなかった。女性の絵が、韓国式のオンニ（お姉さん）がチマ・チョゴリを着て立っていてね。向こうはそういう物がないんだから、それを欲しがったんでしょう。僕が一九九〇年に行ったときに、「受け取っていない」という話を聞いたんだから。だから途中で皆取られてしまう、盗まれて。

それでまた、ある人が毛筆で書くのに筆やら墨やら硯が欲しいと。それを一式、いや二式ぐらい送ってやったんですよ。全部買ってあげて。送料も自己負担ですよ。金の出るところなんか、ないんだから。届いたという手紙は来ました。

それから「統一日報」紙も三一部、定期的に送ったんだからね。その新聞をどういうふうに送ったかというと、ロッテ会社があるでしょう？　そこに行ってとにかくお願いしてみようということで、思い切ってロッテ会社を探して行ったんだよ。新宿の向こうに、ロッテ会社があったんだよ。そこに行ったらね、社長の第一秘書が男性で、朝鮮語も僕よりうまいよ。それで、「ああ、良くいらっしゃいました」と。そうしてそこでよく話をしてね、「一つ助けて下さい。こういう訳でこれだけの同胞がいて、そうして向こうには何も娯楽がない、だからこの新聞を送ってあげれば、日本と韓国と世界の情勢も少しはわかると思う」と言ったら、「いいですよ」と。それで後日、僕が見積書を作って持って行ってね。あのときにはね、「統一日報」は週に六回出てて、送料が一部百二〇円かかったんだ。それで会社が提供してくれる金を割り当てると、三一部になってね。それで三一部を四年近く送ったと思います。そうして四年間で四百何十万円だったよ。それをロッテ会社にお願いして、負担してもらったの。それで送るのは統一日報社で。宛先は全部僕が書いてあげてね。そうやって新聞を送ってあげてね。その新聞を読んだ人がロッテのほうに感謝の手紙を出したり、そうして民団のほうにもお礼の手紙を出したりして。民団は何も関係ないのにね。

この三一部は、もちろん個人宛だよ。そして「統一日報」は日本語の新聞だからね。送り先はどういうふうに決めたのかって？　まあ、この人は日本語が読めるだろうと、想像で。僕はその全員と付き合っているわけではないんだからね。そして樺太から来る手紙を見て、手紙の文章やら何やら比べて、その三一人を選んで送ったわけ。女性にも送ったよ。その女性はなかなかはきはきした言葉をしゃべって、ありがとうとの手紙が来た。また、内幌《ないほろ》にいる男性はありがとうと毎回手紙が来た。ありがとうという言葉を僕が耳にしたのはその二人だけ。あとは大沢飛行場の近くに住んでいる人に送ってあげたら「はい、どうもありがとう。ありがとう」と言われ、一九九〇年に僕が樺太に行ったときも「ありがとう」と言ってくれてね。「これからもなるべく長く送って下さい。新聞代はあげられなくて、申し訳ないんだけれども」と言われた。まあ、この人たちはみんな死んで、もういないんだけれどもね。僕は僕なりに精一杯、馬鹿みたいにね。今、考えたらね、自分ながらも馬鹿だったということがわかるよ。

それで四年目にそのスポンサーがもうそろそろ止めたほうがいいんじゃないかと言って、予算をくれないんだから。できないというものを、無理に頼むわけにいかないし……。それで、僕のマネをして民団の中央本部でも「民団新聞」を何年ぐらいか、二年か三年ぐらい送ったんでしょう？　そんなことやるときも、僕に何の連絡もない。ただ、「民団新聞」を送っているだけ。僕も宛名を書いてあげようと言ったんだけれどもね。樺太で新聞を受け取った同胞が「ありがとう」という手紙を民団の中央本部にも送ったのよ。それで僕もある程度、わかったんだね。

僕が一九九〇年に樺太に行ったとき、ある同胞の家に泊まったことがある。その人の弟が韓国にいて、結構いい生活をしていてね。その弟と連絡してやったりして。それで樺太に行って、彼の家に泊まったことがあってね。彼は樺太で花を商売して、金持ちなのよ。それで僕のことを「いろんなことがありがたい」と言って、後日、洋服の生地を送ってきた、ダブル幅の。でも一着あつらえるのに六万円ぐらいかかるでしょう。それなら既製のを買ったほうがいいと思って、とうとう作らなかった。ずっとそのまま長く置いて、しまいに誰かにあげてしまったよ。そうして、その人は自分の弟のところに永住帰国したんです。永住帰国してからは、もう連絡がない。

金徳順さんの訪韓以後

まあ、いろんなことがありましたよ、正直言って。いいこともたまにはあったんだけれども、苦しいことのほうが多くてね。何しろ国交のないソ連とそうして貧しい韓国を相手にして、あまり芳しく思ってくれない日本政府を相手にしてやるんだから、楽なところは一つもなかったんですよ。本当にどこ行っても、情けないことに歓迎して迎えてくれるところはなかったんだね。まあ、外面ではあまり冷遇はできないんだから、うまいことは言うのよ。たとえば国会に行って陳情したって、「善処します」とか何とか言うけれども、全然効果がなかった。けれども、その金徳順おばさんが訪韓してサハリンに帰ってからは、こっちからもどんどん招請するようになって。招請してサハリンから人がどんどん来る。そして翌年の一九八九年二月頃から誰が来ても、皆、日本から韓国まで行けるようになったんです。その後は日本に来てから遠回りするんじゃなくて、直接、韓国の飛行機がサハリンまで飛んで、サハリンで乗っけて直行でソウルまで行くと、まあ、こういうところまで漕ぎ着けたわけなんです。これは一概に自分一人でやったわけじゃない。日本人のいろんな方が応援してくれて初めて、こういうことが実現できたんだね。その後、日本政府もやっと重い腰を上げて、少しは応援するようになったんですね。それというのは国家予算というものを組んで、一番初めの年（注46）は四百何万円ですか、次の年は五百何万、八百何万、そして一億円となっていってね。こういう状況で樺太の朝鮮人がいろいろ苦労しながらも、やっと祖国の地を踏むようになったわけなんだね。

いろんな人がいましたが、洪《ホン》という名前の人が内渕にいてね。韓国の故郷に帰りたくて。新婚早々の奥さんを残してね。子どもはいなかったのよ。それで彼は故郷に帰りたくて、それで終いに気が狂ってしまったの。あんな樺太で真冬でも裸同然の体で飛び回っていたというんだからね。募集で樺太に行くときに着ていた麻の生地で作ったものを、ぼろぼろになったやつを着て歩いていたというんだからね。だから、もう、気が狂ってしまったのよ、彼は。それが長い間そういうふうにやっているうちに、いろんな人の同情を得てね。それでいろんな人の援助で韓国に帰ったわけ。もうそのときにはペレストロイカが始まっていて……。とにかく昔の共産主義ソビエトだったら、人の援助で引き揚げるなんてできないんだから。それで韓国に帰っても治らないんだよ。妻が生きているのに、話しかけられても、自分の妻じゃないと言ってね。奥さんはね、せっかく何十年ぶりに会って、昔のように面倒見て、これから余生を一緒に楽しく生きようと思うのに、もう旦那がそうじゃないんだから。なんか気が狂ってしまって、何をしたってもう駄目だったというんだから。それでいくらもしないで死んじゃったという話だよ。

前に樺太にね、韓国の故郷に行って、まだ生きている母さんに会いたいという人がいたのよ。それで韓国に行ったら、弟が家に入れてくれないんだよ。それで会えなくて、泣いて帰った人もいるよ。何故、入れてくれないのかって？　それはその人のことだからね。昔、兄弟でいたときに何かしこりがあったんじゃないかなと思うんだけれども。故郷に帰って親族に会いたいという気持ちはあるさ、勿論。昔のことを考えて。ところが人心はもうすでに変わっているわけだよ。今の韓国が昔と同じと思ったら大間違い。もう全然違うの。昔は向こうもまだみんな若かったんだし、自分も若かったんだから。それこそ血気盛んで会えば喜んだだろうけど、今はそうじゃない。それもね、樺太の人間が韓国にどんどん来るようになってから余計そうなったのよ。その母さんを見ても、手も握れないで帰った人もいる。だから人間はどんどん変わっていくんだから。僕みたいに同じこと一筋に半世紀も、こんなバカみたいなことをやって。本当に自分はバカだったなあと思うよ。でも、今さら変えたい気持ちはない。僕はもうこれでさなぎになると、そう思っているのよ。

それで、僕がソ連のゴルバチョフ大統領に嘆願書を出したときに、韓国とも国交を結ぶべきだということを書いてね。ゴルバチョフが読んだかどうか知らないけど。恐らく読んでいないとは思うんだけれども、とにかく出したことは間違いないんだから。それがちょっと遅かった。一九九〇年の六月か七月か、出したのが。とにかくそれを出して半年ぐらいで国交正常化になったのかな(注47)。そのとき、ソ連から再会に来た人に頼んで。僕はロシア語ができないから彼らに頼んで、ロシア語で書いて出したんだから。

それで、今は死んでいないんだけれど、あの赤尾敏さん(注48)と会って、いろんなことを話しましたよ。「いいよ」って、「わかる」って言っていたから。それでも、その後、どこからかわからないよ。僕に電話が来てね。「お前、あまり言いふらすなよ」と。そんな電話が来ることもあったのよ。

それで、世界中の韓国人の海外僑胞の集まりがあってね。二年に一度あるんだったかな。それが一度、米国のワシントンでやるときに、民団が僕を連れて行ってくれてね。向こうに行って、寄付でもちょっと集めようという考えだったんだけれども。僕は今でも口べたなんだけれども、その頃も口べたで。あまり自分が思うことを話せなかった。人に説明できなかった。そうして民団でも、今度行ったらこういうときに紹介するからこういう話をしてくれとか何とかいうことを言ってくれれば、また変わっただろうと思うよ。そういうことないんだから、全然。だから、どうしていいんだかわからない。こんなこと言っていいんだか悪いんだか、それもわからない。それで正直に言ってあまり話せなかった。それでも向こうの韓国人の団体の幹部が百ドルだか二百ドルだか、くれたかな。ある程度、金もある人らしいんだけれども、そんなたくさんくれなかった。それもらったきり。その人にね、一人に。それで、そこに二晩泊まったかな。それでそこから飛行機に乗って、都会見物。ニューヨークと言ったかな。経費は全部、民団で出してくれて、僕はタダで行ったんだから。

議員懇の原文兵衛会長と五十嵐広三事務局長と大沼保昭先生の三人にうちの会長から感謝状を出そうと思うということを、僕が韓国大使館の幹部に話をしたことがあってね。僕はそういうことを話しても、すぐにパッパッと動けないんだから。すべてを人の手を借りなければいけないんだから。それから半年ぐらいしてから、大使館でまたそういう話をしてね。差し上げたいと思っていて、今、段取り中だということを話したのよ。そうしているうちに、韓国政府で原文兵衛会長と五十嵐広三事務局長の二人に感謝状をやるという話が聞こえたのよ。「統一日報」紙にも載ったんだから。いつ頃もらうのかなあと思ったけれども、僕にはなんら話がない。それで大沼先生もそれがわかっていて、「自分があとでもらう場合には李さんもちゃんとそばにいていただいて、一緒にもらうようにするから」と、そういうことを言われてね。それであのときは大沼先生は抜けていたのよ。原文兵衛さんと五十嵐広三さんの二人だけに授与されたわけ。

後から知ったんだけれども、そのときに誰がその場にいたかというと、大阪の銀行の頭取の李ヒグンという人。彼はその感謝状の授与式に参列していてね。それで僕が民団の新年会に行ったら、李頭取が言うのよ。「あんた、あのとき、見えなかったね」「呼ばれないから、参列できなかった」と言ったら「ああ、そうか」と。それでその人が後に大阪で「四天王寺ワッソ」(注49)というのをやってね。その第一回目に僕をそこに招待してくれたのよ。その後、「四天王寺ワッソ」というのは日本でも有名なお祭りになってね。毎年の一つの

村山富市元首相に陳情する（向かって右から李義八、高木健一弁護士 2000 年 2 月 15 日）

行事になっているような。そのときは第一回目で、すごく人が集まったね。家内と一緒に行きたいんだと言ったら、寝台の往復券二人分を寄こしてくれたよ。ホテルもね、御堂筋のすぐ横にあって、何でも天皇がそこに泊まったとか何とか、すごいホテルなのよ。そこに泊まれって指定されて、ちゃんと連れて行ってくれたよ。部屋の中は広いよ。ダブルベッドが二つあって、そうしてお客さんと話し合う待合室もあってね。風呂場も広くて、もう、飾りがすごく豪華なんだから。それでそこに二晩泊まったかな。お祭りは招待客の座るところで。何万人と来ているんだからね。その一番高いところのよく見えるところに、ちゃんと席を取っておいてくれてね。良かったよ。

それで、僕に話をさせる機会を作ってくれてね。ところがそのときもこういうふうに話してくれとか何とか言えば僕も何とかしゃべったんだけれども、何の話もなくて、ホテルに入れたきり。もう誰も来もしない。だからね、ここで自分でいくら払えばいいんだか、どうすればいいんだかわからない。何しろ初めてなんだから、もう。それで心配してまごまごして。昼飯もね、そこのレストランで食べれば食費も含まれていたんだよ。ところが、そういうこと全然知らないんだから。そこで食べたら高いだろうから、それじゃ僕らは外行って食べようと、他のところの食堂に行って食べてね。ちゃんと説明してくれなかったんだから。

それで、その講演するところにステージがあってね。「樺太帰還在日韓国人会」の会長が出るというので、みんなは僕が何をしゃべるのか恐らく待っていたんだと思うよ。家内も何をしゃべるか待っていたんだって。ところが僕は頭がなくてね。いくら経験がなくても何か一言しゃべらなければいけないのに、お礼をもらって、そうしてくるっと回って戻ってしまってね。そしたらそこに司会者がいて、それをくれと言うので手渡したんだよ。そしたら家内に文句言われてね。中に何が入っているんだか、金が入っているならいくら入っているんだか確認もしないで返したって、本当にバカだねえって。でも、後から五〇万送って来たのよ。まあ、そのときに僕を呼んだことで恐らく百万ぐらいはかかったと思うのよ。交通費やらホテル代やら、それで現金五〇万も後からちゃんと送って来たんだから。だから相当、僕のために金も使ったわけ。だから、しゃべればよかったんだよ。ところがわからないんだから。何しろ今までね、土方ばっかりやって、ツルハシ持って道路掘ってたやつがわかるわけがないよ。まあ、向こうは、会の会長やるくらいだから少しはわかるだろうと思ったと思うよ。ところがこっちはそういうところに行ったことないし、しゃべっていいやらなんやら、何をしゃべるんだか……。もちろん僕はしゃべれば、樺太から引き揚げた同胞がどのぐらいいて、どんなことをやっている、故郷に帰りたいということ、向こうで思ったことを言えば、それでいいのよ。何も余計なこと要らないんだから。主催者もね、事前に何か一つ言ってくれたならば、いくら僕がバカだって、しゃべるよ。それができなかったのが本当に残念だったなあ。それで後から送られて来た五十万のお金は、本当に有効に使ったのよ。樺太からの手紙、後始末やら、いろんなことに使ったんだから。

建国記念日に長野市で人権擁護委員会主催の講演会があってね。その講師として高木弁護士に行くように言われたのよ。しゃべる時間は十五分だったかな。そこで僕はしゃべることをちょっと書いて持って行ってね。でも書いていったやつを、十五分間じゃ読み切れなくて、困ってね。ハハハ。まあ、僕のしゃべりたいことだということで、それで終わったんだけれどもね。

この前、ある婦人の会で話したんだけれども、未だに戦争が終わっていないということを言われてね。彼女たちはそういう方面を勉強している人で、わかっているんだね。娘も二人来たのよ。こんなこと聞いたことがない、初めてだと。奥さんたちが、その娘入れて十人集まったよ。まあ、日本人は一般に朝鮮人の話はあまり聴こうとしないんだけれどもね、正直に言って。

それで崔《チェ》という人が大陸から来てね。この人はもともと樺太にいたんだけれども、大陸に渡って、タシケントの近くで農業やってもうけたらしいんだな。彼は字が全然書けなくてね。それでロシアの女性と結婚したんだけども、その人も字がわからないんだよ。それでどうやって書類を作ったかというと、僕が「樺太帰還在日韓国人会」の住所をゴム印で押したやつを切って貼ってね。そうして手続きして来たと言ったんだから。ハバロフスクまで来て電話があったんで、「まあ、いいよ」と僕が承諾して、それで日本に来たんだからね。それでここに慶尚北道の道民会があってね。同じ慶尚北道の人間がソ連から引き揚げて来るというのを聞いて、前もって僕は道民会でこの人について話をしたわけ。そしたら、後日、道民会に来るように電話があってね。そこの事務所に行ったら慶尚北道道民会の会長から「ありがとう。これをその人に渡して」と言われて、金を五十万、渡されてね。そうして僕はビタ一文取らずにその五十万と、そうしてここに宿泊費が三万いくらあった分を全部現金にして彼に渡したわけ。それと自分の金も少し持って来たんだから。あのときにソビエトから持ち出せる金が三万いくらか四万だったろうと思うよ。その四万も全部、韓国に持って行かせたんだよ。韓国に奥さんがいるということで、この金は大事だから、将来あんたが困ったときにこの金を使えば、何とか生活はできるんじゃないかと、こんこんと言い聞かせて、そうしてそのお金を持たせてやったのよ……。ところが韓国に行ったきり、着いたのか何なのか手紙もない。後から聞いた話では、昔の奥さんにも会ったらしいのよ。会ってどうなったんだか、そんなの何も言わないんだから。僕もいちいちどうなったんだか調べる必要もないんだし。僕はその人が行きたいというところに行けばいいということだけしか、考えないんだから。そうしてその金はどういうふうに使ったのか全然知らない。日本を経由して韓国に永住帰国したんですよ、その人は。だからそのときにね、向こうで農業やって金があってね。相当いろんな良い人に会ったらしいんだよ。さもなければ、あんな面倒くさい手続きができるわけがないよ。字が書けないんだから。

そして、在日韓人歴史資料館には、「樺太帰還在日韓国人会」の書類があるんだからね。家内が生きているときにどこにどうしたんだか、まあ無くなったものもたくさんあるんだけれども、それでも残りは所蔵しているんだから。その七千名の名簿やら何やらね。向こうから来た手紙は約一千通ぐらいはあるんじゃないかな。その内容は僕が書いたんじゃないんだから。見ればわかるんだから。招請状を自分にくれれば、死なない限りご恩は忘れないというふうに書いた手紙を何回も見たんだから。一通や二通じゃないよ、そういうものは。そういう手紙を向こうから僕のところに送るときにはどんな気持ちで手紙を書いたんだか、その内容を見ればある程度の想像はつくわけ。その民族性がたとえちょっとでもあるとすれば。だから、今、僕はすぐ泣くんですよ。なぜって、自分の今までのいろんな苦労したことを重ね合わすと、すぐ涙が出る。僕はああいう場合はどうするだろう。それこそ朝鮮語で言う「ソクスムチェク（束手無策）」と言って、手も足も縛られてしまったような状態で、どうすることもできないんじゃない？　地位もなければ金もない。何もないから、どうすることもできない。助けることができないから、ただ見て嘆くだけ。それが情けない。今になってこういうふうにしゃべるんだけれども、僕が死なないで長生きしているから、こういうことを第三者に言うことができるわけなんだよ。それは皆、過去なんだから。過去なんてこれから前進する問題があれば別なんだけれど、今、僕は人生の末期なんだから。若いとき、力があればいろんなことができたのよ。僕、招請するあのときに金があれば、来たい者を全部招請したかったのよ。ところが一人呼ぶのに結構経費がかかったんですよ。そして向こうの人もひまなんだから、一週間も二週間もいるんだから。その間、食わせなければいけないんでしょう？

それで手続きして、ソ連から日本に招請して、そうして韓国に行かせてやってもね、「どうもご苦労様でした。ありがとうございました」という手紙一通ないんだから。「無事着きました」とか、そんなことも誰からもない。僕から招請状をもらうために「死んでもそのご恩は忘れませんから、このたびは一つ宜しくお願いします」という手紙も、何十通も今でもあるわけですよ。全部がそうじゃないけれども、そんな手紙が相当の数、あるわけなんだよ。

僕は恩恵を与えたから、その恩返しをしてくれということは望んでいない。果たしてうまくいったんだか、帰ったんだか、どうなったんだか。それ、飛行機で行ったんだから、まあ、間違いなく行くだろうと思うけれども、飛行機だって落ちることもあるんだし。人間が動けばいろんなことがあるんだから、無事に着きましたと言えば、それでいいんだよ。向こうから手紙一通出すのに、そんなに費用はかからないんだから。一二〇ルーブルだったかな、手紙を一通出すのに。

ソ連の人にはボランティアという意味がわからないんじゃないのかって？　もちろん、わからないだろうと思う。でも、わからないにしてもね、同じ民族だから、朝鮮人だから、ありがたいということはわかるわけなんだよ。自分らの力じゃ、どうにもならないんだから。そのときは、僕の力が必ず要るんだから。三十何年間も会えなかった、行きたい――それを会わせてやって、面倒を見ているんだから。ありがとうと言ったって、別に罪にはならないと思う。それで僕、金をくれというんじゃないんだから。もっとも、僕は誰からも一銭ももらっていない。誰か僕に金を渡した人がいれば、名乗り出ろと言うんだよ。たとえ一〇円でも百円でも。僕の金が何やかんやで結構かかったんだから。その金は夜、寝ないで、道路を掘ってもうけた金なんだから。遊んでもらった金じゃないんだよ。だから、そういうことを考えると悔しいんだけれども、それはまあ、こういう民族だからしょうがないとしか思えない。僕もソ連のナチャアリ（注50）にあんなに世話になってきて、手紙一通出せなかったのが未だに悔しくて……。先月にもその夢を見たのよ。そしたらナチャアリが「もう過去は過去として、あまり余計なことは考えるな」というふうに言われたのよ、夢で。

まあ、僕もね、もっと招請したかったのよ。ところが僕がそれだけの動く力があるかというと、正直に言って力がないんだから。まあ、僕もバリバリやる人間じゃなかったんだから。ところが高木さんはね、あの弁護士事務所の事務員が頭が良くて、書類作るのがうまいのよ。初めのうちはどこかに行って手本を作ってもらったんだろうけど、その後、事務員が全部作ったんだから。結局、コンピューターもあるし、ロシア語のコンピューターもあるんだからね。だから僕はたまーに招請したんだから、せいぜい五〇人かそこらしかできなかったのよ（注51）。

韓国の安山《アンサン》市にコヒャンマウルがあってね。その入口にPなんとかいう男の銅像が立っているという話を聞いたんだよ。そういう人の銅像を建てるくらいならば、うちの会の朴魯学前会長のほうがよっぽど意義があるのではないかと考えてね。それで僕は安山には行かないのよ。それある以上は、僕は死んでも行かないよ。その銅像、見たくないから。

僕らが日本に引き揚げて来て運動やって、それで韓国の安山とか仁川とか大邱《テグ》だとかに永住帰国したのが約五千人くらいじゃないかなと思いますよ。それでまた死んだ人も、六〇％は死んだとかいう話もあったんだけれども。僕は彼らを大事にしないというか、あまり親しみを覚えないんだね。なぜかというと、僕らが、朴さんと僕と沈さんがいろんなことをやってきたことを無視するというか、そんなに大事に考えていない。それともう一つは、そのPの銅像があるわけですよ。

僕、コヒャンマウルの落成式には行った。その後、そのPが樺太から来た人たちと何かデモをやったり、いろんなことを騒いだりしたらしい。それでスポンサーも見つけて、結局、彼の碑もそこに建てたんじゃないかなと思う。それで韓国に永住帰国して、それでそこで死んだんでしょう。僕らが何十年も先に日本に引き揚げて来て運動をやって、日本政府に予算を組んでもらって、その金で家を建てて落成式をやったのに、その碑に僕らのことが全然出てこないんだから、何も。全部、自分らがやったというんだから。おかしな話なのよ。この問題に対して本気でいろんなこと、大きなことをやったのは誰かというと、安山の家を建てたのも、仁川のいろんな施設を建てたのも、僕らが日本の国家予算を組ませて、それでその金でやったんじゃない？　それで再会も僕らがさせたんじゃない？　何十年の間、会えなかったのを会うように、韓国のその離散家族とソ連にいる本人を僕らの計らいで日本に来て、それで会って、その後一週間も二週間も楽しんで、それで帰ったんじゃない？　それ一人手続きするのに、どれだけ金がかかったかと言うんだよ。まず、外務省に金がかかるんだろ？　ソ連大使館にも金がかかるんだろ？　何かソ連の書類を揃えるのには、みな金がかかったのよ。一人に少なくてもね、万、何万なんだよ。日本語を全部ロシア語に直したり、ロシア語を日本語に直したりするんだから。そのロシア語を韓国の外務省に持って行くときは、ロシア語そのままじゃ通用しないんだから。ちゃんと翻訳しなければならないんだから。

僕らが君らのためにどれだけの労力と時間を潰したか、神経をすり減らしたか。それはそのPだけのためじゃない。ひいては韓国の国のためにもなったんじゃないかと。正直言って、僕らがこの運動を初めてやったときに、韓国政府がソ連と掛け合う余地があったのか？　国交もないんだから、そんな余地はなかったはずだよ。国ができないことを僕らがやったんじゃないかと僕は言いたい。それを全然、わかってくれないんだね。本当に情けない。この運動は一年や二年で終わったんじゃなくて、約半世紀かけてやったんだよ。

家内にも、稼いだ金をどこかで使って、その残りを家に持って来ているということを言われてね。そうじゃないと、僕はいろいろ説明したんだけれども、あまり真面目には聞いてくれなかったね。老後になって、七〇過ぎてからは、僕をあまり人間らしく相手してくれなかったんじゃないかなと思うんだね。そうして、「あなたが自分の国民のために一生懸命やっている気持ちもわかるけれども、私も日本人だから。国を愛する気持ちはあなたに負けないわよ」と言われてね。

昔は僕のこともいろいろよく考えてくれてね。韓国に行ったのも初めの一、二回は僕一人で行ったんだけれども、その後はずっと二人で行ったんだから。それで初めて二人で行ったときに、僕の生家に行ってね。本当にこんなところに生まれ育ったのか、こんなに貧しい生活をしたのかということを、実物を見てわかっただろうと思うんですよ。まあ、二人で韓国に行って、楽しかったこともあったんですよ。川に行って投網で魚を捕って、それでおつゆを作ってね。そうして僕らが来たからと言って親戚が集まって、そうして踊ったり、ドブロクを飲んだりしてね。そのとき、僕が八ミリで撮ったやつがあるんだから。ちょうど春で、畑に桃の花がずーっと咲いていてね。親戚の家に行ってね、そうしてお膳を叩いて歌ったりなんだり。後年、家内もあのときは楽しかったと話していたんだから。まあ、いろんなこと生前にはあったんだけれどもね。六〇年間、僕を慕って、いろいろ面倒見てくれたんだけれども、どうして年を取っていくとああいうふうになったんだか。亡くなる五年ほど前から、正月に子どもたちが家に来るのも嫌がってね。もう、心が変わってきたんじゃないかなと思うのよ。だから「樺太帰還在日韓国人会」の書類もね、いずれは必要なときが来ると僕はそう思って、一揃え、トランクに二つも三つも作ってあったのが、だんだんとなくなっていってね。それ、わかっていたんだけれども、僕、文句言わなかった。今さら文句言ったって始まらないと。それで僕はとうとう終いまで、口に出さなかったのよ。日本で、この竹の塚で朝鮮人たちが再会するときに、家内がその段取りするのに苦労したということも、それはそれでわかるのよ。わかるんだけれども、それも生きている人間の一つの仕草というか、その人の面倒を見たということを考えれば、そんなに苦にすることもないんじゃないかと。彼らからお土産が、いろんな禄が未だに残っているんだから。玄関にあるあの花瓶も、樺太から来た人がお土産に持ってきてくれたのよ。大きくて邪魔だから、捨ててしまったものもあったよ。まあ、そういうのもお土産として買った人は、結構金払って買って来たんだけれども。

まあ、僕は僕なりの苦労もあったのよ。自分とも戦わなければ、この問題を長く続けて来られなかったということも、正直言って確かですよ。六十年間も僕を慕っていた家内が最後になってああいうふうなことをするということは、倫理から言ってもそれは正当ではない。ところが、僕は家内のおかげで日本に来れたんだから。そのとき、家内が日本人じゃなかったら、僕は日本に来れなかったんだからね。

それでその後、二〇〇四年かな、石榴章《せきりゅう》という勲章をもらってね。まあ、勲章には別に悪い意味はないんだけれども、そこにも段階があってね。一番下のほうだったのよ（注52）。別に一

番美人のやつくれてもいいんじゃないかとは思わなかったけれども。それで僕は高木弁護士に相談したのよ。「僕、この勲章を辞退したいんだけれども、どうですか？」。そしたら「どんな勲章だって、勲章は勲章だ。国がくれる賞だから、もらいなさいよ」と言われてね。それでもらったのよ。盧武鉉《ノムヒョン》大統領のときだよ。この腕時計の裏に、대한민국 대통령 노무현（注53）と書いてある。早い話が大統領からもらった腕時計なのよ。

だから僕が勲章もらうのも民団の中央本部で申請書類を書いたならば、石榴章よりは上をもらったわけなんですよ。それを、民団の一番下の母国訪問の事務所の事務員に言って作らせたと思うのよ。僕もそのとき、何か書類を少し出したんだね。そうしたらそこでちゃんとしたことを書けばいいんだけれども、どう書いたらいいのかわからなくて。まあ、これぐらいでいいやって、それで終わってしまったから。

韓国の大統領が金大中と盧武鉉の頃はね（注54）、韓国大使館に行っても館員は北の話をするだけで、僕の話を聞かないんだよ。だから僕も怒って、行かなくなった。バカくさくて。これじゃ、赤化されると思ったよ、僕は。話やら態度やら、いろんな様子見たら、僕だってそれぐらいはわかるよ。それで僕が何十年もやってきたことも、もうほとんど終わったし、やることはないと思って、韓国大使館にはほとんど行かなかったのよ。

ところが李明博《イミョンバク》大統領になってからは、今度、態度が全然違う。以前のように北のことばっかり言わないよ。また昔に戻ったような気がしてね、それから大使館に少しは行ったんだけれども。今度、大使館の人も僕を迎えるのに以前とは違ったよ。以前はね、まあ、僕を乞食とでも思ったんでしょう、大使館員も本気で向かい合ってくれなかったんだからね。大統領が変わってしばらくして行ったら、全然違うんだから。まあ、そういうことで、僕はいろいろな目にも逢ったんだけれども、日本の政府と闘って、やるべきことはほとんどやったんだし。あの当時、ソ連と韓国の間には国交もなければ、何にもない。電話もできない。道なきところに僕は道を作ったんだから、今度は皆さんがやって下さいと。僕はやるべきことはもうやったんだから、いいんじゃないかと。一寸先もわからないやつが。だから僕はもう、やらないんです。

全国樺太連盟の歴代会長（注55）とは何回も会って、食事もしたり、公式に会ったんだけれどもね。僕はそういう人と付き合ったって、あまりあれこれやるもんじゃないんだから。あの人が今、樺太連盟の会長やっているぐらいの感じで、毎年、年賀状は来たんだけれどもね。

それで、だいぶ前の話だけど、読売新聞に一頁出してくれてね。その記者はもう今は偉くなって、課長かなんかになってね。そのときに、原文兵衛先生のこと、うちの会のことも、いろんなことを何しろ新聞一頁分に書くんだから、写真入りで。だからね、後で聞いたら、すごいねって。これが広告ならば、一千万ぐらいかかるようなことを聞いたよ。その記者は家に来て、僕が自分で食べようと思って、店に良い桃があってね。それを僕が買って来たのよ。そして、その記者は黒塗りの乗用車で来るんだから。すごいよ。そして車はそこに停めておいて、そしてその桃をやったら、美味しそうに食べるの。ハハハ。よくよく食べてくれたのよ。その桃、よく食べたのをいまだに目に浮かぶよ。まあ、そういう人でね、長く電話もしたり、付き合ったんだけれども、その後、あまり電話しないでと言われてね。もうそれきり、僕は電話していないんだよ。

戦後補償という名目で、北海道の稚内に慰霊碑を建てようとしてね。みんな段取りして、稚内の市役所からも支援金を百万出す、それから場所もちゃんと図面まで描いてくれてね。ここにこれだけの広さに慰霊碑を建てるようにということで。ところが実際、金を集めたら、金が出るところがないんだよ。集まらない。それがいまだに棚上げになっていてね。だから、そういうものも、国のサハリン関係予算枠から出そうという話もあるんだけれども。

それで、サハリン州韓人協会（注56）と僕が話し合ってね、日本でこういう運動をやっているんだから、民団中央の役員たちも樺太の朝鮮人の現状を一度見たらどうかと、何人かに話したのよ。行くと言ったんだけれども、忙しくてひまがないと言って結局行かなかった。それでサハリン州韓人協会のほうは、そっぽ向いてしまってね。民団も僕らが貧乏だから、相手にしないんでしょう、仕方がない。それで、その中の樺太の担当者にも僕は何回も話したけれども、とうとう行かなかった。ところが中央本部を辞めてから、僕がいろいろ話したことを思い出して一つ商売でもやろうかと思って行ったらしいのよ。サハリンに行ったけれども、あまり歓迎されなかった。後から僕にそう言うので、どうして僕があんなに勧めたときに行かなかったのか、向こうが望んでいるときに行けばよかったのに。一人で行ったのは何か金もうけに行ったのかとはっきり言うと、もう何も言わなかった。そんなに金もうけがしたかったら、在職中にちゃんと道を作っておけばよかったじゃないかと。だから民団はサハリン問題に関心を持っていなかったのは確か。そしてその後も僕に対して、今、何がどうなっているかということを何も聞いてこない。とにかく、その後もサハリン問題は重要視しなかった。それで僕がこう話したら、その民団中央の幹部が何と言うかと言うと、「僕らも同じ」と言うわけ。同じってどういうふうに同じなのかということです。ここにいる方たちはいつだって行きたければ韓国の故郷に行かれたでしょう。そして行きたくなければ行かない。自由だったんですよ。自由があったんです。樺太にいる人は毎日首を長くして本国から何か良い便りが来るか、日本から来るか、どこかから来るかと何十年待っても来なかったのよ。未だに来ていないんじゃないか。どうして同じだと言えるのかと。そしたら彼は何も言わなかった。だから、まあ、何と言うかね、共産主義を甘く見ているというか、さもなければ、僕らが日本で運動したことを民団が取り上げると日本社会が喜ばないと思ってそうしたのか、その真意はわからないのよ、正直に言って。話してくれないから、わかりっこない。だから、この問題を長くやって来たけど、どこもそんなに関心を持ってくれなかったんですね。

現在

中学二年生だったんじゃないかな。女の先生だった。そのとき、生徒が二十六人かな。僕の話を聞きたいということで、それで一日中ね。ここの区営住宅の集会室を使って、やったんだけれども。それで僕から聞いた話を全部書き取ってね、パネルにして貼って、文化祭に使った。そして、後から生徒たちの感想文を送って来てね。それも「在日韓人歴史資料館」に全部渡したんだけれどもね。

朝日新聞社が僕を三日間ターゲットにして取材して、新聞に出したこともありました（注57）。僕が韓国に墓参りに行くときに、朝日新聞社の記者が一緒に付いて来てね。写真もどこかにあるんだけれど。ここにあった。これは飛行場で、僕を迎えに来てくれたんだ。この人は日本大使館に参事官としていた人だけど、僕の面倒をよく見てくれてね。この新聞記者と一緒に三八度線の近くまで連れて行ってくれて。この人は、今、韓国にいる「中蘇離散家族会」の会長じゃないかな。ここに集まったときに一緒に写真を撮ったんだ。これは釜山に行く途中、山に花が咲いていたので、昔、この花は日向に春一番に咲く花だったと言いながら写したの。そしてこれもそのツツジの花。懐かしいから、写真撮ったのよ。墓に行く道はないんですよ。兄弟はみんな、姉も亡くなって、僕一人しかいないんだ。これは酒を注いでいるところ。これは墓のところに僕が臥せって、何かしゃべっているんだろうね。不孝の子が敬拝。ところがね、墓の場所が良いから日本の新聞記者まで来てお参りしています、親孝行をしますと僕は報告したの。墓に果物を。ここに入っているのは、父さん、母さん二人だけ。他の人たちの墓は、また別にある。韓国では百%、土葬です。僕は子どものとき、火葬は何か伝染病とか、普通の死ではないときにすると知ってね。そんなのはめったになかった。

これは生家に行ったときに、部屋に入って撮った写真。ここは甥っ子が住んでいたんだけれども亡くなって、今は誰も住んでいない。それで安東まで戻って、そこで泊まったんじゃないかな。安東の焼酎は有名ですよ。それでイギリスのエリザベス女王が韓国の両班《ヤンバン》村に行ってみたいということで、安東の河回《ハフェ》というところに行った（注58）。田舎だから、昔の瓦ぶき屋根でね。そこで誕生祝いをしたのよ、女王が。それで急に有名になってしまってね。河回は観光地になってしまったのよ。僕もまだ行ったことがない。死ぬ前に一回、行ってみたいよ。生家に行く途中だよ。でも、さっと見てさっと帰ってくるにしても、半日ぐらいはどうしてもかかるから。

しかし、僕もよくこんなに我慢できると思うよ。普通、こんなに長く座ってしゃべるやつもいないんじゃないか？　おかげ様で元気だよ。元気の秘訣は何かって？　正直に言って、体を大事に使ったんですね。あまり無理しなかったというか。酒もタバコもやらない。タバコは若いとき、ちょっと吸ったんだけれども、吹かすぐらいだったんだから。それともう一つは、僕は食事をするときに時間が長いんです。それは若いときからそうだったんだから。昔、実修学校に行っているときの話もしたんでしょう？　あのときにみんな食べた後に、しょうがないから匙を置いて、待って、そうして皆が出て行った後に残りを僕一人で食べていたということ。よく噛んで食べた。まあ、酒は飲まなかったんだけれども、タバコを吸うのは日本に来てから。まあ、たいてい一日に一箱だし、あるときは二日で一箱吸ったり、そんなに激しいことはなかったんだからね。そうして、惨めな生活をしたということに大きな原因があるんじゃないかと僕は思うんだね。そんな豊かな生活、していないんだから。そうして過食しない。食べ過ぎはしない。まあ、本当にね、僕、酔っ払ったことないんだし、一生。まあ、食べ物もそうだね、そんなに最近はもちろんのこと。一日二食なんだけれども、この頃は例えばこんなもの食べたり、何か口に入るものがあるんだから。まあ、多少は食べるんだけれども、そんなに過食しないということ。

嫌いな食べ物なんか、ないんだろうって？　いや、それはありますよ。山菜なんか、生の豆のきな粉を混ぜればいいんだけれども、ただ山菜だけだというとね、本当に真っ黒。おかゆに入れたら。美味しくないんですよ、それは。何かいろんな薬味を入れて初めて味が出るんであって、山菜そのものは味なんかないんですね。

僕は裕福な生活は未だに味わったこともないし、まあ、今日まで本当に細々と生きて来て、そうしてもうこういうふうな人生の終焉を迎えた。だから、今一人でいると寂しいんですよ。そうして樺太のビデオをテレビで観ると、僕はすぐ泣くんですよね。韓国の甥っ子の子どもたちは言うのよ。「おじいさんはすぐ泣く」と。いろんなことを、自分に一緒に重ね合わせてしまってね……。それだけ自分も弱くなってしまって。もともと弱いんだけれども、今は心身ともに弱くなっちゃったんだから。それは仕様がないんだね。

今、デイサービスに行っているんだけれども、そこの職員たちは何を言っても怒らない。何と言うのかね、ボランティア精神と言うよりも自分の職場の責任と言うか、そういうふうに教育されているんだね。そこに僕より五つ年上の人がいて僕と碁をやるんだけど、なかなかうまいのよ。頭もしっかりしている。済州島の人は無学識の人がいないんです、男は。女は目いっぱい働くのよ。男は働かない。だからその人もね、また字もうまいのよ。達筆だよ。頭なんか痴呆症なんかじゃない。碁は、まあ僕がちょっと強いかな。十回やれば七回は僕が勝つぐらいかな。そんな人もいてね。

僕は子どもは三人いるけど、孫はいないのよ。内孫が二人いて姉妹なんだけど、夫婦別れするとき、嫁が連れて行っちゃった。その孫娘が近くにいるんだけれども、全然来ないんだから。外孫はいるんだけれども。

それで、僕は未だに碓井《うすい》の通名を使っているんだから。僕は死んでも通名は碓井であるということを、墓石にちゃんと刻むつもりだよ。ありのままに。まあ、朝鮮人だの日本人だのというのは別に、僕はただ人間としてのことを後世に残そうと、そういう気持ちなんです。正直に言って、家内がいなければ、僕は一九五八年に日本に来るわけがない。それは家内のおかげで来たんだから、それはいつまでも僕は忘れないと。だから樺太にいるときにロシア人の社長が僕をあんなに可愛がってくれたのに、僕は手紙一通出せなかったことで未だに胸が痛いと、そこを言うんだよ。過ちがあったんだから、その過ちをまた繰り返すということは許されないと。だから僕は死んで帰るときには、やっぱり通名は碓井であることはちゃんと墓石に刻むつもりだよ。そうすれば、何もうらみっこなしで、いいんじゃないかと。ありのままで、生前のままでいいと、僕はそういうふうに考えているわけですよ。

まあ、僕はおかげで日本に来て、家内や子どもたちとちゃんと生活もやっているし。そうして僕が「補償も日本政府に何とかしてもらわないと」と言うと、高木弁護士に「李さんは補償はもらわなくたって日本に来ただけでいいんじゃないか。先に日本に来て、韓国に行ったり来たりできるんだから」と冗談で言われてね。「今、補償してもらっても、たかが知れてるよ」って。それ、何千万なんてもらえないんだから。せいぜい何百万しかもらえないんだから。だから今、韓国では、もらった人はもらったのよ。死んだ人は二百万、日本の金で。日本にいる人にはやらないって。韓国にいる者だけ。樺太にいる人も、もらったという話は聞いていないんだから。自分の国内にいないと、そういう法律のことはあまりわからないよ。

僕はね、何にも隠さない。ありのままのことを、今まで話してきたの。ウソを言って、僕に何の得がある？　何の得もありはしない。恐らく僕がこういうふうに話したことは、ある程度は記録に残るだろうと思うんです。あっちこっち、今までに残したものもあると思うんです。日本と韓国、この国同士は正直に言って、今までの歴史があるんだから。そんなにしんみり、芯から親しくなって過ごすような仲ではないということは、もうはっきりしているのよ。だから、それを今さら、この二一世紀にいつまでも同じことを言ったんじゃ、前進がないと。昔は昔のことで、歴史は歴史として残しておいて。それだからと言って、その歴史がなくなるかと言うと、なくならないもの。歴史は歴史なんだから。だから、これからは前進しようというのが、今の韓国の作戦ですよ。ところが日本はそうでもない。今のところは、そういうところがあまり見えないんだね。

僕は向こうの人のためになろうと、何とか役に立とうと思って自分なりに、自分にできる以上はできないんだから、自分なりに一生懸命にやったんだけれども。結果的には、まあ、僕はよくやったと思う。向こうのやってもらった人がどう思おうが、僕はいいことをやったには間違いないと、そう思っているだけ。ほめられようが、ほめられまいが、僕はかまわない。自分の民族のためにやるのは、ごく当たり前じゃないかと。そして自分が向こうにいるときに、苦労したんだから。向こうにいる人はね、僕らが引き揚げてくるときには、もうみんながね、うらやましくて。僕らが日本に行ったら同胞もたくさんいるというし、民団もあるというんだし、大使館、そのときには大使館じゃなくて代表部と言ったのよ。その韓国代表部もあるんだから、僕らもあなたたちみたいに帰れるように運動をしてくれと、そういうふうに頼むのが関の山。そういうふうに頼まれたのかって？ そうですよ、もちろん。日本に行ったら必ずやりますと約束したのかって？ そうです。やりますと。自分が向こうにいるときに経験したんだから。韓国に、祖国に帰りたいとみんな、僕一人だけじゃなくて、みんなそういうふうに考えていたんだから。パンツ一枚で行けって言われたって、みんな、行くと言うんだから。集まって雑談するときに、そういう話が出たのよ。そういうことを考えて、僕は僕なりに民族のために尽くしたと。日本で裕福なある朝鮮人が「あいつ、明日の米もないやつが、民族運動をやっている」と言う、そういう声も聞こえましたよ。他の人が何を言おうと悪口を言おうと、そんなもの全然気にしなかった。僕は同じ境遇の人が向こうにまだ残っている。四万三千人と僕はずっと言ってきたから。日本人と一緒に約千五百人ぐらい引き揚げて来たんだし、その後で僕らが運動をやって韓国に約五千人が永住帰国したんだから。それは日本政府から金を絞り出して、韓国は土地を出して、そして安山に家を建てたんだから。目的は達成したんだから。

注1）当時、家一軒が二一、二二万円だったという。

注2）当時、いろいろ考えたが、日本に帰化したら樺太の同胞を助けることができなくなると思ったという。

注3）一九七五年一二月に東京地方裁判所に提訴された「第一次樺太裁判」。

注4）戦前、朝鮮に鉛鉱山を所有していたという。

注5）一九六四年まで足立区千住桜木町にあった東京電力千住火力発電所の四本の煙突。見る場所によって一本にも二本にも、さらに三本にも見えたことからこのように呼ばれ、地域の人たちから親しまれた。

注6）国会陳情に何十人もが参加したこともあった。有川さんが国会に一緒に行ってくれた。陳情書には名目的に役職名も書いたという。韓国の駐日代表部の人も一度だけ、国会に同道したことがあったという。

注7）有川さんが事前に北千住の茂木町に住む島上善五郎代議士に連絡を取り、李さんが島上氏の自宅に行き話をしたという。

注8）「これは日本人の責任である。それを肝に銘じてやらなければならない」と有川さんと島上代議士が言ったという。

注9）以後、多くの国会議員が国会で質問に立ってくれた。とくに公明党の草川昭三議員は日本政府に熱心にいろいろな質問をしてくれたという。

注10）東京に駐日韓国大使館が設置されたのは一九六五年である。

注11）（一九四六～二〇一八）。国際法学者。明治大学特任教授。東京大学名誉教授。戦争責任の研究や慰安婦問題に取り組んだ。大沼瑞穂参議院議員（自民党）の実父。

注12）このチンピラも樺太から引き揚げて来た同胞であるが、大泊にいるときからあまり評判は良くなかったという。

注13）国会陳情した後は、寮で同胞に李さんが経過説明をした。朴魯学さんは自分より学がなくて歳も若い者が偉そうに説明しているのが気に入らなかったんだろうと李さんは推察する。

注14）光《ひかり》寮に入所した。有川義雄さんは同じ光寮の隣に住んでいた。

注15）しょっちゅう使うので、後に中古の謄写版は購入した。

注16）引き揚げ者は全員会員だった。

注17）東京都千代田区大手町。国道一号線が通り、交通量が非常に多い。直径一八センチの電話管（ヒューム管）を四

段埋設する夜間工事。樺太引き揚げ朝鮮人から成る「関東部隊」が請け負い、一晩一八〇〇円もらったという。

注18）東京都台東区三ノ輪。

注19）首都圏環状七号線。

注20）失敗した、撤退した
注21）新しい村運動。

注22）村はずれに小さい市場があった。

注23）表彰状をあげてもいいが、自分にはそんなことはできないと言われた。

注24）名刺に肩書きはなく、苗字は南《ナム》だったという。初めからインチキの名刺だった。

注25）安泰植、黄仁甲、白楽道、姜明寿の四人。

注26）当時、日本の総領事館はサハリン島内にはなく、沿海州のナホトカに最寄りの総領事館があった。

注27）議員懇ができてからは、手数料は取らなくなったという。

注28）次男が経営する物流会社。

注29）サハリン残留韓国・朝鮮人問題議員懇談会編『サハリン残留韓国・朝鮮人問題と日本の政治――議員懇談会の七年』（一九九四年二月）

注30）一九九九年九月七日死去。

注31）日本政府からの補助金は一旦、高木健一弁護士事務所に支払われ、その後から「樺太帰還在日韓国人会」で精算したという。李羲八会長は会に直接支払われないこの方法に不満だった。

注32）韓国大使館から「樺太帰還在日韓国人会」への財政援助は、朴魯学会長時代に国際郵便料金の補助を受けたことはあったが、李羲八会長時代にはこのときの補助一回きりだったという。

注33）李羲八さんのノートによる。新潟空港からハバロフスク空港で乗り継ぎ、サハリンのユジノサハリンスク空港に向かったと思われる（長澤）。

注34）韓国まで行けるようになったので、日本で再会する必要がなくなり、竹ノ塚（李羲八さんの宿舎）に来る朝鮮人はいなくなった。

注35）第一次樺太裁判。この裁判では当初、訴状が裁判所に受理されなかったが、金敬得《キムギョンドク》弁護士（故人）が書き直し、ようやく受理されたという。李さん自身は当時、生活に追われ、また、原告でもなかったので公判は一回しか出廷せず、傍聴も行かなかったという。

注36）韓国のテレビ局。

注37）前注に同じ。

注38）李文沢《イムンテク》さん。共同生活をしていた李義八さんが結婚した一、二ヵ月後、北棚丹《きたさくたん》に引越し、その後、結婚。一男二女の子どもがいた。

注39）北緯五〇度線の日ソ国境の跡地。

注40）ソ連のゴルバチョフ政権が一九八五年から始めた諸改革。

注41）ノヴィコボ。

注42）日立製作所製。

注43）三菱重工業製。

注44）コンクリート打ち。

注45）ブルドーザー。

注46）一九八八年度の肉親再会費用三九一万円。

注47）一九九〇年九月三〇日、韓ソ国交樹立。

注48）あかお・びん（1899〜一九九〇）。右翼活動家。大日本愛国党初代総裁。李さんが会いたいと申し出て、日比谷公園で一対一で会った。「我々の運動に口出ししないで欲しい」と言ったら、赤尾敏は「わかった」と答えたという。

注49）一九九〇年から毎年、大阪市で開催される古代東アジアの国際交流を再現した祭り。

注50）社長。

注51）高木弁護士は一九八八年から一九九〇年までに自身の弁護士事務所を受け皿として、サハリンから約千人の朝鮮人を、訪日・家族再会・韓国への一時帰国のために招請したという（前掲『サハリン残留韓国・朝鮮人問題と日

本の政治　議員懇談会の七年』)。これに対してある韓国人の新聞記者が李羲八氏に、サハリンからの招請は「樺太帰還在日韓国人会」がもっと主体的に取り組むべきだと言ったという。

注52) 韓国国民勲章は上から、無窮花章、牡丹章、冬柏章、木蓮章、石榴章の五段階になっている。

注53) 大韓民国　大統領　盧武鉉。

注54) 金大中は一九九八～二〇〇三年、盧武鉉は二〇〇三～二〇〇八年にそれぞれ韓国大統領に在任した。

注55) 大津敏男（一八九三～一九五八）は、最後の樺太庁長官と全国樺太連盟の第二代会長を務めた。

注56) ロシア・サハリン州在住のすべての朝鮮人を網羅する組織。本部はユジノサハリンスク市にある。

注57) 二〇一〇年五月八～一〇日。

注58) 二〇一〇年、ユネスコ世界遺産に指定。

〈資料〉

(1) 聞き書き「南樺太・内渕炭砿の思い出」(朴魯学)

聞き手　長澤　秀

(一) 入山・訓練

一九四三年一二月六日に内渕炭砿に着いたんですよ。そのとき六二人のうち二人は途中で逃げちゃったの。それで六〇人が内渕炭砿に着いたんですよ。寒かったですね、そのとき。防寒の準備もして行かなかったんだから、寒くて寒くてね。いやあ、今考えたらそういう段取りして行かなかったのが間違いだったですよ。それである友だちは耳や足が凍傷になったんですよ。一九四四年の正月には零下四〇度になったときがあったんだからね。

朝鮮から行くときは樺太人造石油株式会社に行くと言ってね、炭砿じゃなくて工場と思って行ったのよ。行ってみたら工場じゃなくて、石炭を掘って油を搾り出すということで、うちらは炭砿で働くことになったんだよ。私は内渕炭砿の親和五寮に入った。一～六寮まであったんですよ。そこに一つの学校の教室の様になっているんだから。寒いですよ。ガラスが二重ならばいいんだけど、一重でしょ。それにセンベイ蒲団でしょ。ストーブは一つしかないんだ、大きな部屋に。だからね、行ってから寒いから着たまま、センベイ蒲団一枚で、こうブルブル震えて眠れないね。ああ、泣いたね。一つの寮に五〇～六〇人だから、六寮で三〇〇人から三五〇～三六〇人になるんじゃないんですか。親和寮にいる人は皆朝鮮から一緒に来た人たちです。朝鮮から一緒に来た人たちをまとめて一つの寮に入れるんです。

訓練期間が坑外で二週間か三週間あったんだね。また坑内に行って見学したり……。坑外で訓練するときは一列縦隊とか横隊とか、前向けとか回れ右とか、いろんなことを言うんですよ。それができないんですよ。小学校も終えなかったから。それで私の部隊じゃなかったけれど、うちらの寮にもこのような悪い隊長で李という者がいてね。自分のお父さんみたいな人のホッペタを殴ったりいじめたですね。それは同じ朝鮮人ですよ。どうも生意気だったな。小学校くらい出た若い者に隊長をさせるんですよ。坑内訓練は初めは見学ですね。石炭掘るのを見たり、炭車押したりするの見たりね．それで後で、先山《さきやま》と一緒に入って仕事をするんですよ。

(二) 坑内労働

それで私たちと一緒に来た金という人がね、石炭の運搬部に行ったですよ。ハッパをかけたんですね。皆のけろのけろと言って皆のけたんだけど、初めて来たのですっかり身を隠さなかったね。それで炭の塊がね、この親指の頭くらいのがコメカミに当たって、それでもう内出血だ。つねってもわからないんだ、もう。病院に連れて来て……。それで小便はたれる。全然話もできない。意識不明ですよ。それで一昼夜半くらいで死んでしまったね。入山してから一ヵ月か二ヵ月のうちに死んだんですね。大変若いもんだったねえ。それと炭砿で落盤にやられて戦前に足を切られて戦後乞食みたいな状態で松葉杖をついていた徐という可哀想な朝鮮人もいたですよ。それも戦後死んだんです、まだ若かったのにねえ。

私は一ヵ月ばかり内渕炭砿の人道昇りといってね、そこで掘さくの仕事をやったんだから。

本当に急な坂だったですからね、ハッパをするとこんな石ころがゴロゴロ……。いやあ、おっかなかったねえ。現場は二〇人そこそこですね。だいたい日本人と朝鮮人が半々になっていたんだねえ。うちらは後山《あとやま》だからね、その人たちの言う通りにしなくちゃならないし。現場には先山、後山がいて、あとハッパ係がいるでしょ。先山と係員は日本人ですよ。その下で運搬したり手伝いしたりする者は皆朝鮮から来た人です。ちょっとでも怠けたら、まあね、この野郎、馬鹿野郎とか言って悪く言われて……。言葉がわからない人がいっぱいいたんだから。私は幸いに小学校を終えたもんだからね、わかるんだけどね。小学校も行かない人たちは本当に苦労したんですよ。

一日の賃金を七円に決め期限は二年契約でサハリンへ行った。それがあんた、一日二円五〇銭しかくれないんだもの。しかし海軍施設部報国隊があったんですよ、六ヵ月期間で。私たちは二ヵ年だったけど。それが海軍の飛行場建設ですよ、大泊の大畑町というところだったな。その海軍施設部に六ヵ月で行った人たちはね、一日五円くらいもらったんだ。私たちの倍だったね。それくらい、仕事がまた大変だったらしいね。

私は一ヵ月足らずで同じ炭山の西内渕のほうに移ったんですよ。西内渕というところは機械部があって以後坑内機械の職場におりました。そこに行ったら至誠寮、友愛寮（一寮～五寮）、興山寮とかもあって、うちらの至誠寮は朝鮮人と日本人と一緒だったですよ。親和五寮や一寮の寮長たちは元警察官をやった者とか荒っぽい者ばっかしだったが、私がいた至誠寮は寮長がそういう悪人じゃなくて、軍隊帰りの除隊した人なんだけどね。良かったですよ、おとなしくて。それでも軍隊式ですね。仕事に行くときは行って参りますからと言うし、帰って来たらただいまと又ね……。すぐ入口に寮長室があるから、事務所が。出入り時はかならずあいさつをしなくては、他のところも行かれないですよ。どこか行くときは許可を得なければならない。ましてや市街の落合とか豊原とか、そういうところは行けない、行けない。

それで内渕に遊郭があったのよ。そこにね、報恩亭というのが朝鮮の人がやっていた。そういうのが二軒ばかりあってね、もう一軒は日本人相手のがあった。三軒ばかりあったかな。報恩亭は朝鮮人が利用するし、又その主も朝鮮人ですよ。行きたい人はね、隊長という者が二〇人かそこらの人を連れて行くのよ。相手は朝鮮の女ですよ。樺太にいた遊女たちは戦争が終って解放されてからは、独身の男たちと一緒になって子どもまで産んでいる人もいます。その人たちは又幸せですよ。私は女郎屋にいた人たちをずいぶん大泊で見ました。

(三) 八・一五解放直後

それで私が一番嬉しかったことはね、西内渕の至誠寮にいたとき、八月一五日に今の天皇が一二時に放送したことですよ。無条件降伏。私はちょうど寮の後ろにイモ畑を自分で開こんして、ジャガイモを植えたんですよ。それでそこの草をとって四時頃帰ったらね、友だちの李が事務所にいたんですよ。私が寮の玄関に入ったら李が私に「もう戦争は終わったよ。さっき、一二時に天皇が無条件降伏した」と言うんだよ。「ああ、そうか」と答えて、それで喜んでね。本当にね、戦争が終わったから帰れると思って。日本人はそのとき泣いたりなんだりしたけど、私たちが何で泣く必要がある？　自分の国に帰れるのに。それで、これでもう一安心だということで……。

それが未だに帰って来られないんだからね、あの人たちがね。そんなに喜んでいたものを。

私は幸いに日本人の妻をめとっていたから来れたんですが。今四八〇世帯、二三〇〇人くらいですか、日本人の妻をめとって帰って来た人は。やっと帰って来たんだけど、それ以外の人はね、皆向こうの土になるんですよ、もう。向こうで死ぬんですよ。今日も死んだという手紙が来たんですよ。

解放直後のことですが、坑内機械の職場だからいろんな道具があるんですよ。ヤスリがあるでしょ、三〇センチばかりの。いろんな係の日本人たちがね、鍛冶場で何か一生懸命やってるんですねえ。鍛冶場で真っ赤になったヤスリをたたけば、ナイフができるんじゃないですか。「これ、何しますか」と聞いたら、「ああ、これをね、いざという時に使うんだよ」と。もしか私たちがね、反感を持って――というならば、「やる！」というそういう意味だったんだね。また各寮に爆弾を仕掛けてね、そして皆殺すつもりでね。各炭山には報国会館というのがあったですね。そういう所に集めて皆殺しにするつもりだったんです、爆弾を仕掛けて。その計画を軍が大津敏夫樺太庁長官に話したのよ。朝鮮人がスパイになったから戦争に負けたと。それというのは北緯五〇度線からね、知取《しりとる》方面からソ連の兵隊が南下して来たでしょ、八月二〇日前後に。そのとき見たらソ連軍の中に朝鮮人がいたのよ。というのはモンゴル人、タルタルスキー、中国人、そういう人は朝鮮人と顔が似たり寄ったりなんだ。だから日本の軍人から見てこれは朝鮮の人たちだと。それで朝鮮人を殺すつもりだったという噂もあったね。そのとき、大津長官が許可してたなら私は今頃いなかったたねえ。

それから八月一八日前後だね。上敷香《かみしすか》警察で一七人の人たちが殺されたんだけど、それは一部ですよ。全部殺すつもりだったんだけど。その一部が物語っているんですよ。戦争に負けた腹いせで皆殺しにしようとしたと一部の同胞たちは語っている。

(四) 還れぬ朝鮮人

一緒に樺太に渡った六〇人のうち、戦後日本に還って来た人は三人しかいないね、日本人妻の同胞の人。もう一人はね、文字も知らない者どういうわけかドサクサ紛れに日本人に化けて入国できたですよ。私の友人が大邱に行ってみたら還って来ているのを見てびっくりしたそうですよ。どういう風にね、内渕炭山から逃げ出したか全く知らない謎ですけど、しかし彼は日本語が達者だったんです。私はね、人それぞれ偉い頭脳を持っているなあと思って……。日本にいる人が四人(うち一人は死亡)で韓国に一人。あとはナホトカに一人、李という人がいるし、サハリンに四、五人いるかね。李は戦後内渕炭礦から豊原(ユジノサハリンスク)に行ったですよ。そこで結婚して子どもを二人もうけて祖国が恋しくて北朝鮮に一旦還ったのですが、三ヵ月もたたないうちに嫌いになってサハリンに戻ったんですよ。それが一九五六年頃だね。食糧難と言論統制はソ連の比じゃないし、北朝鮮が宣伝している地上天国ではなかったんですね。国籍がソ連国籍だったから戻れたんだね。で、その李が言うには、サハリンにはうちらの部隊が四、五人しかいないんだと。残り五十何人は皆死んだそうですよ。うちらの部隊ばかりじゃない。他の部隊も皆そうだ。ほとんど死んでる。五、六人残ったとかね、七、八人残ったとか。一部隊というのが大体五〇～六〇人ですよ。

自分の国に帰りたい――そういう悩みがあったしね。その他に独りぼっちの人たちはウォトカを飲むのですが、あれは四〇度でしょ。スピルトは九五度でしょ。ああいうキツイ酒を飲むんですね。ソ連人はキツイ酒を飲むときは肉を食べるんですよ、肉の塊ね。アヒルの肉とか豚肉とか、カルバサ（ソーセージ）をかならずあの人たちは食べてキツイ酒を飲むんですよ。私たち同胞はそういうふうにしないでキムチとか菜っ葉なんかをちょっとつまんで飲むからね、自然と胃腸が弱るんです。うちらの人は皆胃袋が穴あいたとか腸が紙みたいに薄くなって働きが悪くなって死んでいる。酒の関係ですよ。

考えてみなさいよ。朝六時頃に起きてストーブを焚いて簡単な食事でパンでもかじって七時頃には仕事に行くでしょ。帰って来ては冷たい部屋で独りぼっちで寝るんだからね、黒パン一つかじって寝たり……。堅いパンですよ。おかずは魚とかキムチなんかはあるんだけど、栄養のことを余り考えないんですね。それで皆、体力が弱ってしまうんですよ。ずいぶん死んだですよ、酒で皆死んだ（一九八六年六月三日聞き取り）。

(2) 樺太残留者帰還請求訴訟（第一次樺太裁判）関係文書

一九七五年一二月に始まったサハリン残留韓国・朝鮮人帰還請求訴訟（第一次樺太裁判）の際に、「樺太帰還在日韓国人会」の会員有志がそれぞれ作成し、同訴訟実行委員会長に提出した「経歴書」「経歴調査書」「上申書」等である。収録にあたり、長澤が内容を損なわない範囲で表現を一部改めたり省略したりしたところがある。

「在樺太韓国人帰還請求訴訟」推進の際に、在サハリン韓国人から当会宛の訴訟準備上必要な委任を受けるために送った依頼文

「依頼文」

このたび、樺太同胞の帰還に関して、日本において日本政府に対し裁判を起こすことになりました。このことはすでにご承知のことと思いますが、すでに何名かの委任状が届いております。この裁判を起こすうえで、原告として必要な事項を、次の内容でお書きの上、返送して下さい。

なお、この裁判は日本にいる同胞や友人、韓国の同胞が全面的に協力して行うもので、韓国

と日本の歴史を問うものです。必ずや皆さまの帰還を促進するうえで、強い力を持つものと確信します。

また、念のため申し上げますが、私たち帰還韓国人会は、皆さまの帰還のみが目的であり、この裁判によって何の利益も受けようとは思っておりません。

一九七五年四月　樺太抑留帰還韓国人会

裁判を起こすために必要な帰還希望者に対する調査事項

①氏名、生年月日、出生地、父母の姓名
②韓国における経歴（学校名、卒業後の職業、結婚していた事実の有無など）
③樺太に行くに至った事情　募集か徴用か（できるだけ詳しく）、期間は決まっていたか（六ヵ月か、一年か）、賃金は決まっていたか、日本人との差額はどれくらいだったか。
④樺太に連れていかれた行程（例　韓国→下関→函館→樺太）
⑤樺太での住所、会社、仕事内容、賃金、日常生活、虐待にあったか（具体的に）
⑥現地で徴用されたか。徴用された場合は、そのときの模様。
⑦解放（終戦）のときの模様
⑧日本人だけが日本（内地）に帰還したことを知っていたか、どう思ったか。

⑨訴訟（裁判）について全面的に委任するか（本会の選ぶ弁護士に対して）
⑩その他の参考事項
注
1 サハリンから寄せられた委任状は東京において作成する
2 右要領事項は別紙に書き、写真を貼付して印を押すこと
3 この書類（アンケート）形式をサハリン帰還希望者四百余世帯に送っていることを御承知下さい

樺太抑留韓国人会
会長 朴魯学 他六名

追伸
「依頼文」に同封された、宮沢喜一外務大臣宛の陳情書及びそれに対して当会が添付した「樺太抑留韓国人帰還問題に関する陳情書」

日本国政府 宮沢外務大臣殿

第二次世界大戦時、わが同胞が日本政府の強要によりサハリンへ連行されてから、早くも

三十有余年になりました。私たちがサハリンから帰還して一六年間、帰還促進のために二十数回にわたって陳情書を提出しながら活動をして参りましたが、本会は近年になってから、左記の方々にお願いをして帰還を促したのであります。

一九七二年一月二六日　当時の福田外相を通じて来日中のソ連グロムイコ外相（東京）

一九七三年五月一六日　日本赤十字社東龍太郎社長（モスクワ）

一九七三年九月　民社党の田渕哲也議員（モスクワ）

一九七三年一〇月　田中角栄前首相（モスクワ）

一九七四年一〇月二日　公明党竹入義勝委員長（モスクワ）

各氏、各政党は、わが同胞の帰還にご尽力下さいましたが、いまだに進展がないのは至極残念なことであります。しかし、竹入公明党委員長がコスイギン首相に対し、サハリン同胞の帰還を願ったところ、同首相は、この問題は来年日ソ会談のときに一議題として日本の外相が提案するならば検討しましょうと、言明したのであります。来年日ソ会談のため宮沢外務大臣が訪ソの際には、必ずわが同胞の帰還問題を一議題としてソ連首脳と交渉なさるようお願いすると同時に、成果ある会談を収めて、わが同胞が一日も早く帰還できるようお祈り致します。

一九七四年一二月二五日

樺太抑留帰還韓国人会　会長　朴魯学

副会長　李義八

企画部長　沈桂燮

渉外部長　李大薫
顧問　星島二郎
同　金周奉
同　張在述

追伸

一九七五年一月一六、一七日モスクワにて日ソ外相会談の際、宮沢日本国外相はサハリン韓国人の帰還希望者を日本に移住させてほしいと頼んだがグロムイコ外相は、このことは日ソ間の問題ではなく、ソ連と韓国間の問題であることを理由に、日本側の申し入れを拒否したのであります。去年一〇月モスクワでの公明党竹入委員長とコスイギン首相との会談に比べれば、ソ連側の回答は全然異なった意見になっています。また、サハリン同胞が一〇年前からソ連政府に対して帰還（出国）請願をし、それを強く希望したことに対し——日本政府が君たちの入国を許可するならば、いつでもソ連政府は出国を許可する用意があると言っておりましたのが、今になってソ連側の話はずいぶん変わってきております。ことここに至っては、われわれは新しい角度から真剣に取り組まなければならない時期に来たのであります。

「経歴書」
朴魯学（一九一四年生まれ）
本籍　忠清北道忠州市
住所　東京都足立区
一九二九年三月　忠州公立普通学校卒業
　　　　　五月　忠州市で理髪師見習い
一九三二年九月　清州市で理髪店に就業
一九三四年一一月　高順子と結婚
一九三五年三月　京畿道で理髪店経営
一九三八年　咸鏡南道長津郡の大同鉱業㈱製錬場に就業
一九四二年　忠州市で理髪店に就業。自宅通勤する。同居する両親と弟は農業に従事
一九四三年一一月二八日　樺太人造石油㈱の労務者募集に応募。一家に一人は強制的に募集されていくのだから、どうせ行くのなら収入の多いほうに行くことにした。理髪店は一日二円だが、石油会社は七円。二年間の労務契約だった。
　　　一一月二九日　関釜連絡船乗船、三〇日下関上陸、青森、函館、稚内。
　　　一二月六日　樺太大泊上陸。六三人の一団。菅原労務課員のほかに三人の監視人がついて来た。夜一二時ごろ、内渕炭山に着いたが、田中労務課長の訓示があった。
会社名　樺太人造石油㈱親和第五寮

住所　樺太豊栄郡落合町字内渕
一九四四年に社名変更し、帝国燃料㈱。内渕炭砿第二事業所で就労
仕事　坑内機械の仕事で、機械の貸し出しと修理。一二時間の勤務交替制で、寮に帰れば外に自由に出入りすることを禁じて、監視が厳しかった。
食事　米と豆が半々のご飯。とろろ昆布、うどん。
賃金　募集時は一日七円と契約したのに、実際の賃金は一日二円五〇銭であった。
現員徴用　繰り込み場に大勢の従業員を集めて、田中労務課長と白川憲兵中隊長は次のごとく話した。
戦争がいよいよ激烈になって来た。君たちは労務契約期限となったが、戦争を勝ち抜くまでは帰すわけにはならない。戦争が終われば皆の者を帰してやるから、一生懸命に頑張ってくれ
私はどうしても帰らなければならないとお願いしたが、無駄であった。
一九四五年八月　解放。戦争は終わった。私たちは国に帰れると言って、喜び回っていた。日本人は哭く者あり、早く手を挙げれば国民が苦しまなくて済んだのにと言う者あり。誰しも仕事をしようとせず、何時、引き揚げ命令が来るだろうかとばかり話していた。酒と女、賭博、闇商売、ソ連兵の強盗、殺人、人心は乱れに乱れていた。
闇商売の品　着物、タバコ、時計、トランク、酒等
一九四六年七月　大泊市船見町　朝鮮居留民会の事務員に就職
一九四七年九月　堀江和子と結婚

一〇月　大泊市で理髪店に就業

一九五五年　大泊市ウネル土木課に就業

日本人引き揚げ　日本人はほとんど引き揚げたのに、韓国人だけ残った。戦争が終われば私たちが先に国へ帰るとばかり思ったのに、意外であった。悔しがっても、仕方がなかった。

一九五八年一月一四日　私自身の引き揚げ。日本人の家族同伴者として、子ども三人と妻、堀江和子のおかげで、渡樺一五年目に舞鶴に上陸できた。

二月四日　東京都足立区大谷田町三七七で樺太抑留帰還韓国人会を創設。

一九五九年一〇月一六日　現住所の東京都足立区六月に転居。サハリン同胞帰還運動をして現在に至る。

仕事　電話、電気、ガス工事等に従事するが、帰還運動のために休む日が多い。

「経歴書」

辛昌圭《シンチャンギュ》（一九一五年生まれ）

本籍　忠清北道槐山郡曽坪面

住所　東京都三鷹市

結婚した。無学。郷里で農業に従事。

一九四一年四月　渡樺。珍内炭山遠藤組に八ヵ月期限の募集で。賃金は一日三円に決定。

釜山、下関、函館を経て、本斗《ホント》上陸。七〇人の人数に対し、一五人の監督がつく「タコ部屋」だった。「タコ部屋」とは知らずに応募し、畜生のように酷使された。労務者五人に一人の割合で監視がつき、ちょっと怠けても棒で殴られたり蹴られたり……。危険な場所の仕事をさせていた。

珍内炭山創設期だったので、建物の敷地の埋立てや地ならし等の仕事をした。一日三円と決めた賃金が、仕事をしてもらったら二円二〇銭しかくれなかった。

一九五〇年　堀江純子と結婚。大泊市大畑町で兄の辛聖圭、辛壬錫と同居する。

一九五八年九月七日　妻、堀江純子と娘二人と一緒に白山丸で舞鶴上陸。

一九六二年　堀江順子と離婚。

一九七四年　鄭長喜と結婚。

大泊に抑留されている兄弟家族を早く帰還させたい。

一九七五年七月二日

「経歴書」

崔好述《チェホスル》（一九一八年生まれ）

本籍　慶尚南道蔚山市

住所　東京都三鷹市

結婚した。無学。右本籍地で農業に従事。
一九四三年　渡樺。内渕、樺太人造石油㈱。当地賃金二円五〇銭。
渡樺行程　釜山、下関、大泊上陸。人数　四八人、監督三人。内渕炭砿。
一九四五年八月　終戦
一九五八年九月七日　妻、新田初枝と同伴。日本船、白山丸にて舞鶴に上陸す。
九月一〇日　東京現住所に居住、今日に至る。

一九七五年七月一日

「経歴書」
金在鳳《キムジェボン》（一九二三年生まれ）
本籍　慶尚南道密陽郡山内面
住所　東京都三鷹市
本籍地にて農業に従事す。
一九四三年三月　渡樺。三菱内幌炭砿。
渡樺行程　釜山、下関、本斗港上陸。団体人数　七二人。監督　斉藤他二人。
一九四五年八月　終戦
一九五九年二月七日　妻、平山律子とともに同伴。白山丸にて北海道の小樽港に上陸す。

一月二〇日　上京し今日に至る。

「経歴書」
全　炳文《チョンビョンムン》（一九二二年生まれ）
本籍　慶尚南道居昌郡馬利面
住所　東京都三鷹市
一九三六年三月　普通学校卒業。
　　　　四月　同面事務所において戸籍事務に従事す。
一九四〇年一〇月　同面事務所を退職し、大阪市旭区に転居す。
　　　　一一月　昼は同区内の帽子工場に勤務、夜は同区内の大阪工学校に通学す。
一九四二年二月　名古屋市熱田区の日本車輌製造㈱に徴用される。
一九四三年二月　同社より「関東軍車輌増備計画」のため、六ヵ月間、満州国奉天市鉄西区、住友金属工業㈱に派遣される。
　　　　九月　日本車輌製造㈱名古屋本社に帰還す。
一九四四年　名古屋大空襲により、同社退職し、樺太に渡る。
　　　　二月　樺太大泊で今野組の軍道路工事、防空壕掘りに従事す。
一九四五年八月　終戦。ソ連軍、上陸す。

一九四六年～五八年　大泊でソ連の配給所勤務。
一九五八年九月七日　真岡より日本船、白山丸にて妻、子ども五人が舞鶴に上陸す。以後、今日まで現住所に居住す。

「経歴書」

沈桂燮《シムゲソプ》（一九二四年生まれ）

本籍　慶尚南道泗川郡昆明面
住所　東京都足立区
小学校四年。農業。

一九四三年一月二六日　樺太人造石油㈱労務者募集に応募し、出発。期間は二年間。

釜山、下関、青森、函館、稚内、大泊、二月六日夜、着。

六〇人中、到着した者五七人。監督、藤井、金城（韓国人、労務課）。隊長、大山。

豊栄郡落合町内渕字西内渕、第三寮。

　五月三一日　特別兵隊訓練を受けるために、第三寮から内渕の旭光寮に転居。賃金は二円五〇銭で、兵隊訓練は毎日半日ずつ。仕事も半日で、三ヵ月間で訓練は終わった。それから坑内運搬係の仕事をす。

一九四四年五月二六日　仕事はつらく、賃金は少ない。また、職場も寮も変わるというので、その夜、旭光寮を脱出して逃げた。相浜まで二人で歩いて行って上敷香に落ち着いたが、一〇日ぐらいして内渕の労務課職員に捕らえられ、一〇本の指の間に鉛筆を挟んで指先を握ったり、板間に座らせて膝の下に棒を入れ、両手に水を入れたバケツを持たせる等のひどい拷問を受けた。内渕炭山に帰っては駐在所の留置場に一週間、留置された。それからまた、三ヵ月間、訓練生にされた。人種差別をあまりにもするので、兵隊に行かないつもりで指を一本切断しようと思ったが、他人に迷惑をかけたので止めたことがあった。

一九四五年二月六日　現地徴用。期間満期になった者を内渕報国会館に集めて、樺太庁長官の命令だとして、田中労務課長が「戦争が激しくなっているので、戦争に勝つまで皆の者は頑張ってくれ。戦争が終われば帰す」と言うので、金察燮さんは「私は帰らなければならぬから、帰してくれ」と暴れ出した。それで三ヵ月間、タコ部屋に入れられて、重労働以上の重労働と畜生の扱いをされたことがあった。

旭光寮から親和六寮に移されて間もない頃だった。私は地下足袋が切れていたので隊長に一足買うよう頼んだのに、私より後に話した者に買わせたことに不満でたまらず、隊長に「何で私にはくれないのか」と話しかけるや、和田（姜）、清水、鄭学老《チョンハンノ》の三人が代わる代わる打ったり蹴ったりしたので胸に内出血し、病院で手術を受け七ヵ月間も苦労したことがあった。

戦後、大泊に転居したが、仕事の都合で珍内に伐採に行っていたこともある。

一九五五年一〇月三〇日　現在の妻、谷内麗子と結婚。

一九五七年一〇月二〇日　長男、妻と三人で舞鶴に上陸。

一九五八年二月六日　樺太抑留韓国人を帰還させるため、東京都足立区大谷田町三七七番地で樺太抑留帰還韓国人会を創立。朴魯学、李義八たちと今日まで帰還促進をしている。土木工事に従事し、四人の子どもを含む六人家族で生活している。

「経歴調査書」
金根秀《キムグンス》（一九一一年生まれ）
本籍　全羅北道完州郡華山面
募集時住所　忠清南道論山郡江景邑
母、金姓女《キムソンニョ》、八八歳
学歴　なし
韓国での経歴　農業
一九四三年七月二一日　柳英子と結婚。翌日、論山郡庁職員に強制的に連れられて、釜山に二四日に乗船して、八月一日に泊岸炭山に着いた。強制募集。
期間　二年間。
行程　釜山、下関、青森、函館、稚内、大泊上陸。
賃金　韓国では一日の賃金を五円で決めたのに、現地での実際の賃金は三円六〇銭であった。
監督　六人。募集人数は一〇〇名。

会社　泊岸炭山、佐々木組。
仕事　坑内で石炭掘り。
待遇　仕事がこわいので一日でも休むならば、隊長が来て棒で打たれたり、蹴られたりされた。
現地徴用　期間になったのに帰さずに、二年間の再契約をした。
一九四五年八月二〇日　大泊に移住。サハリントロクに勤める。
一九五一年　四役トキと結婚。
一九五九年一月一四日　妻と子ども三人を連れて、舞鶴に上陸、帰還。
　一月二〇日　東京都足立区大谷田町三七七大谷田寮に入居。
一九六〇年一一月　現在の住所地の都営住宅に転居。
その他　炭山で働いたお金は全部、報国貯金されて、戦後は一銭の金もなく、無一文であった。このお金と青春時代を無駄にされた賠償と、樺太に抑留された同胞を一日も早く帰還させてもらいたい。
韓国で結婚した翌日に強制的にサハリンに連行した日本の罪は、容赦し難く、忘れられない。

一九七五年七月一六日

金根秀㊞

「経歴書」
李甲秀《イガプス》（一九二四年生まれ）
本籍地　慶尚北道大邱市。
現住所　東京都中野区江古田。
経歴　戦時中、三井鉱山樺太鉱業所に勤め、終戦後、一九五八年一月まで樺太に抑留されておりましたが、後、舞鶴経由で現在地に移りました。樺太の地には現在なお、弟夫婦と子ども三人が彼の地におり、便りの毎に強く故郷に帰ることを希望しております。
なお、妻、倉本フサ子と子ども六人は、一九五八年一月二七日に舞鶴上陸。

一九七五年七月一八日

李甲秀㊞

［表題なし］
李童玉《イドンオク》（一九二〇年生まれ）
本籍　忠清北道
住所　東京都足立区青井
学歴　なし
経歴　農業

一九四三年五月　樺太元泊郡、北樫保炭砿へ徴用で出発。期間は二年。釜山、下関、青森、函館、稚内、大泊。

人数　三四名

当地の住所　元泊郡、北樫保炭砿の寮に住む。

三ヵ月間、特別軍隊訓練を受け、その後、炭砿夫として働く。韓国から来るときは、賃金七円の約束だったが三円三〇銭しかくれず、百姓から急に炭砿夫として働くのは仕事になかなか慣れず、休むと係員にどやされ、下手に口答えするものなら、板の間に座禅させられ棒で叩かれる有様であった。仕事が終わると竹槍訓練や教育勉強。自分たちは学歴もない百姓もの。そのわれわれに教育を教えて下さるのはうれしく、どうにか覚えようとできない日本語を手まねで語ろうと思っても相手はまどろっこしく、教えるより殴られるほうが先であった。仕事着はボロボロ。日本人が見たら、わかめがぶら下がっていると笑われたものである。

一九四五年五月　二年の徴用期間が終わっても自由の身にさせず、もし逃げる者がいたら、それこそ大変です。労務課の係員が夜通し探して捕らえ、駐在所のブタ箱に入れられる有様。自分も二三歳の若さで徴用で百姓の鍬を捨て、日本のため、ツルハシを持って黒いダイヤを掘ろうと希望を持ってきましたが、こんな状態ならわれわれは何のために来たのか、なんでこんな人種差別を受けなければならないのか、考えたこともありました。

やがて一九四五年八月一五日、終戦。われわれは引き揚げできるものと期待していたら、それはとんでもない。日本人だけ。韓国から来るときは徴用で、終戦になったらわれわれの身は投げられ廃物同然である。
一九四五年一〇月　大泊に移り、飲食店で働く。
一九四八年一月　現在の妻、山口サハと結婚する。
一九五九年二月七日　妻が日本人のため、引き揚げ命令を受け、自分も同行することができたのは、日本政府のおかげと感謝しています。子ども四人と家族六人で小樽上陸す。東京に落ち着き、現在に至る。
職業　小さな飲食店経営。今、自分は静かに目を閉じて樺太から引き揚げて来たときのことを思い浮かべると、一人でに涙が流れ出る。それはまだ、樺太に四万人からの残留者が引き揚げできず、年老いて孤独で寂しく暮らしているから、気の毒で心苦しいです。日本で岸壁の母で有名な歌がありますが、子を待つ親は世界中、同じです。
韓国のオモニも樺太へ徴用で行った子どもや夫を待つ岸壁の母がいることでしょう。私は今、大声で一言、叫びたい気持ちです。韓国で待っている方々、残留者の皆様。ようやく光が差しかけていますよ、頑張ってと。どうか弁護士の皆様、よろしくお願いいたします。私たちは心から申し上げる次第です。裁判に関する一切のことは本会が選ぶ弁護士さんに一任します。

昭和五〇年八月五日

右李童玉㊞

樺太抑留韓国人帰還訴訟実行委員会会長殿

「上申書」

李万世《イマンセ》（一九二二年生まれ）

本籍　慶尚南道馬山市

〈韓国における経歴〉

夜学二年で終わる。父母は早く死亡して、兄、李権世《イゴンセ》のところで世話になっていた。

〈募集か徴用か？〉

昭和一九年一一月二九日、徴用で二年間の期間付きで、賃金も決めず連行された。

〈樺太に連れて行かれた行程〉

馬山埠頭に三六名集まり、釜山に行ったら地方から集まった人が六〇〇〇名。連絡船で博多に行き、二〇〇〇人は九州方面で、四〇〇〇人が北海道の旭川で二〇〇〇人ぐらい、降りて、二〇〇〇人が樺太の本斗の港に着いた。途中、秋田県あたりで、何人か逃亡した。一〇〇〇人ぐらいが内幌の帝国燃料第三事業所に着いた。寮長は朝鮮人で岩本。連行時、逃亡の監視は多数いた。客車に乗れず、貨車に乗って行った。全員、貨車で行った（博多より樺太まで）。

樺太の住所は、本斗郡内幌町親愛寮。賃金は終戦時まで、もらったことはない。床屋も寮内にあった。出勤の際も点呼を取って、現場に着いて、また、点呼した。ただ、奴隷のように働くだけ。当時、寮長だった岩本は、その後、寮員に殴られて殺された。

日本人よりも先に引き揚げられると思っていた。ところが、日本人が先に引き揚げ、朝鮮人はそのまま、今日に至る。

今になって考えると、あまりにも酷すぎたと思う。今度の訴訟でぜひとも過去の日本の罪を償わせてもらいたいと思います。

帰還は一九五八年九月七日、妻、山本秀子、子ども四人と一緒に。敷香より真岡港で白山丸に乗船し、舞鶴に上陸す。

樺太在住の同胞を一日も早く原状に戻す訴訟に全面的に支持すると同時に、樺太抑留韓国人訴訟委員会に委任します。

一九七五年七月二一日

李万世㊞

「上申書」

韓清戍《ハンチョンスル》（一九二〇年生まれ）

本籍　慶尚北道慶山郡慈仁面

現住所　東京都足立区弘道

〈韓国における経歴〉

農業をしていた。ある朝、村長さんの呼び出しで、突然、樺太王子会社に行けとの命令で、行った。

〈募集か、徴用か？〉

昭和一八年一一月一〇日、徴用で二年間の期間付きで、賃金も定めず。

〈樺太に連れていかれた行程〉

家から訓練所まで四キロメートル歩いて行って、三日間、訓練を受けた。一〇一名が慶山駅より汽車で釜山。連絡船で下関。汽車で青森、函館、稚内、大泊、恵須取まで一二日かかった。一〇一名の中、半分は知取の渡辺組に五一名行き、あとの五〇名は恵須取の渡辺組に落ち着いた。連行中、監視が汽車両側入口で、厳しく逃亡の監視をした。

〈樺太の住所〉

樺太塔路の白鳥沢炭砿渡辺組。

伐材の後、飛行場建設の作業。飯場より作業場に出るときも、監視員が前後で僕らの逃亡に目を光らせていた。空腹も辛かったけれど、約二年間の稼働金を一回も手にしたことがなく、お金のことを話すと、「兵隊さんがお金をもらって戦っているのか！」と怒るだけ。

父が死亡したとの手紙を受け、「故郷にお金を送りたい」と言ったら、「事務所で送金するから心配するな！」と言うだけ。一六年後、日本人の同伴家族として引き揚げて来て、本国に連絡して確かめると、四〇円受け取ったことがあると、親戚の叔父さんから連絡があった。二年間は全く奴隷のような生活と勤労奉仕だった。

〈解放後の模様〉

ソ連軍が上陸して以後（昭和二〇年九月ごろ）、渡辺組を叩き潰した。当時、渡辺組員は一人もいなかった。

朝鮮人が先に引き揚げられると思っていた。けれど、日本人だけが引き揚げて行き、僕らは訴えるところもなく、ただ、途方に暮れていた。考えてみれば、日本人はひどいことをやったな、と思う。二年間の奴隷生活と一六年間の抑留生活による、僕の一生の基礎作りのときをなくしたことに対し、日本政府は当然、罪を償ってもらいたいと思い、今度の樺太抑留帰還韓国人会が日本政府に対する訴訟を全面的に支持します。

一九七五年七月二一日

韓清戌㊞

妻、内海晴江、子ども四人、気屯《ケトン》より帰還。一九五八年九月七日、白山丸にて舞鶴上陸。

「経歴調査書」

李士述《イサスル》（一九二〇年生まれ）

本籍　慶尚北道金陵郡鳳山面

学歴　なし、農業、韓国では結婚は無し。

樺太に行くに至ったのは、昭和一七年四月に韓国蔚山にて募集で樺太西内渕山人石株式会社に連れて行き、炭鉱夫として強制的に二年間と決められて行きました。そのときの人たちは九〇名おりました。賃金は七円五〇銭と決めて行ったのですが、一ヵ月働いてみましたら、二円五〇銭しかもらえませんでした。

韓国から下関、函館、稚内、大泊、西内渕炭山。九〇名の中で三〇名単位で監督者は一人でしたが、下関からは小便に行くときでも見張られておりました。それからはつらいというよりも毎日が今日は無事に生きていられるかと不安の毎日でした。

それでもようやく二年という日を悲しい思いで過ごして募集の期限が来てしまいましたので、早速、自分の国にすぐ帰してくれるよう何度も監督者に頼みました。募集の期限が切れてから約一ヵ月くらい経ちましたときに、韓国に帰してやるから身の回りの物をまとめて来るようにと言われましたので、私は喜び勇んで集合場に行きましたところは上敷香飛行場というところで、今度は徴用といういかがわしい言葉で、昭和二〇年八月一五日まで徴用という字に縛られて働かされておりました。

終戦と聞き、今までのやり方を振り返り、自分一人がその場から逃げるのが精一杯でした。今度こそはと今までのつらい気持ちも忘れて自分の国の土が踏めるときが来たと思い、ようやくの思いで船が出る港までたどり着くと、もうすでに遅く、日本人しか船には乗ることができませんでした。そのときはまだ私たちは韓国とは言わず、朝鮮人と言われておりました。そのときの日本人は私たち韓国人を人間として見ていませんでしたので、自分の気持ちを通すことはできません。私もそのときはまだ年齢も若いので、本当に恐いことばかりが先に立ち、自分の意思を通すなんて夢のようでした。

結局、自分の国には帰ることはできず、ロシア人に捕虜として樺太に取り残されてしまいました。私も若く、青春という言葉は使わずに一一年間という月日を樺太で捕虜として捕まっておりましたが、自分の国では私が幼いときに夢に見た結婚はできませんでした。樺太でも私の思っていた結婚をしていたのなら、まだこの日本の国の土を踏むことができなかったでしょう。

訴訟（裁判）は全面的に委任致しますので、何卒よろしくお願いいたします。昭和三一年一月二七日に日本人の妻と子ども五人とともにこの東京に帰らせていただきました。妻、柿平英子。昭和三一年一月二七日に舞鶴に着き、東京品川に一ヵ月いて、三月に今の住所にたどり着きました。でもそのときでも、まだ韓国という字のため、決まった職場にも就くことができませんで、今に至っております。今日今頃は本当に日本の国でもつらい思いでおります。職場、仕事もない今は私ももう若くもなく、不安の毎日です。

私どもはそれでも何とか日本に帰らせていただきましたが、まだまだたくさんの人、私たちの友が樺太でつらい毎日を過ごしているのです。その人たちも私のように若くて樺太に行き、若いということもなく過ごし、今ではもう一度、一日でも自分の国の土を踏んでみたいと思っている人たちばかりです。そう思って私も毎日過ごしておりましたので、切ない思いです。日本の国でもよいから、一日も早く何とかしてあげてください。よろしくお願いいたします。

一九七五年七月三〇日

李士述㊞

「経歴」

全　宗根《チョンジョングン》（一九二二年生まれ）

本籍　忠清北道清原郡江外面
学歴　小学校卒業後、電気会社入社。三年後、退社。木工場に入社して通勤中、婚約しました。

一九四三年八月二五日、強制的募集にかかりました。清州道庁に呼び出して作業服に着替え、㊇「渡辺組　勤労護国隊」と書いた腕章を左腕に付けてくれました。行き先は樺太だと言明しました。期間は二年で、賃金は未決定でした。募集人数は六七人。監督は伊藤さんと、他に二人がいました。それから隊長一人と班長六人を選び出して、一人も逃げないように責任を負うと、厳守に警戒を指導しました。出発は清州、釜山、下関、青森、函館、稚内、大泊、落合。

一九四三年九月二日、樺太落合渡辺組合宿所に着きました。翌日から王子製紙工場内と軍需工場建築現場に配員されました。現場によって賃金は三円から三円五〇銭まで決まりました。仕事は重労働で、一日の食事は米三合の飯で、腹が減って死にたいけれども、なかなか死に切れないほどの苦しさ。外出も自由に許可しませんでした。

苦しい中にも楽しみがありました。それは二年期間が日にち経るのが楽しみでした。しかし、一年過ぎますと、もう一年延期を強制的に指印を押しました。結局、日にちを数える楽しみも、なくなりました。

戦時中には内鮮一体、一億国民団結戦うと、喉が痛いほど騒いでいました。戦後は、戦争負けたのは朝鮮人スパイのせいだと噂が広がり、日本人にいじめられました。今でも日本人のやり方は、自分のものは大切にして他人のものは粗末にする癖があります。樺太に残された数万人の同胞の三〇余年の苦しみは誰のせいで、日本語を知らない苦しみ、ロシア語を知らない苦しみ、日常生活の苦しみ――二〇代、三〇代、四〇代の青壮年が、今は五〇代、六〇代、七〇代の老人です。一日も早く、樺太同胞を帰国できるよう、今度の裁判の成功を祈ります。

一九七五年七月三〇日

右　全宗根㊞

裁判は貴会が選んだ弁護士に委任します。

樺太抑留韓国人帰還訴訟裁判実行委員会会長殿

帰還　一九五八年一月二七日に舞鶴上陸。妻、敦賀礼子と子ども二人、計四人で。

「経歴書」

堀江和子（一九二七年生まれ）

本籍　東京都足立区六月一丁目

住所　東京都足立区六月一丁目

学歴　一九四一年三月　樺太真岡市第一尋常高等小学校卒業

経歴

一九四一年四月　樺太真岡市栄町三丁目、岩崎病院看護婦見習い入所。

一九四五年三月　樺太豊栄郡内渕炭山、兄堀江吉徳宅寄寓。
一九四七年九月　当時、樺太大泊市船見町に居住していた朴魯学と結婚。
一九五七年一月五日　ユジノサハリンスク（豊原）オビル（外国人取扱所）に笠原道子（現在、三鷹市居住）さんと共に行き、係の主任に会って、私たち朝鮮人の夫を持つ家族と共に日本国に帰国させてもらえるようにお願いしたところ、上部に連絡するとの答えでした。
一九五七年八月一日　サハリンの西海岸にいる日本人妻を持つ朝鮮人家族の引き揚げの一船が興安丸で日本に向かった。
一九五七年一〇月二〇日　再び西海岸から引き揚げ船が出た。
一九五八年一月一四日　私たち家族に待望の引き揚げが実現された。五人家族。大泊で親しくしていた朝鮮の方たちが何の力もない私に、日本に還ったら樺太に残っている朝鮮人を一日も早く還られるように運動してくれ、と泣きながら足にすがってはなさないあのときのことが昨日の出来事のようで、いまだに頭から離れない。忘れようにも忘れられず、胸にこびりついている。自由のない共産国家また秘密警察（エンゲベー）は罪がなくても恐ろしい。日本に還って来て、ほっとした。
一九五八年一月二〇日　東京都足立区大谷田三七七、第九寮に落ち着く。
一九五九年一〇月　東京都足立区六月一丁目に転居す。
一九七三年六月一七日　樺太抑留帰還韓国人会に協力する妻の会結成。引き揚げ以来、樺太帰還在日韓国人会員と妻の会員と共に在サハリン韓国人帰還に協力して来たが、年老いた方々に対して積極的に働きかけなければならないと思います。

一九七九年三月八日

樺太帰還在日韓国人会に協力する妻の会

「経歴書」

辛聖圭《シンソンギュ》(一九一〇年生まれ)

本籍　忠清北道槐山郡曾坪邑

住所　ソ連サハリン州コルサコフ市

学歴　無シ、農業ニ従事ス、妻アリ。

樺太行キ　徴用、樺太募集、期間二年。

一九四一年一〇月ヨリ二年期間デアッタガ又延期シ終戦マデ今日マデ樺太現地ニ至ル。

樺太ノ住所　塔路三菱炭鉱、炭掘リ、賃金二円五〇銭。

虐待　悪イ監督(森)

現地　塔路ヨリ内渕炭砿へ徴用ス。

終戦　内渕炭砿デ迎ヘル。

日本人ダケ引き揚げハ不公平ト思ッタ。

（3）樺太抑留帰還韓国人会会長、朴魯学外六名による、日本弁護士連合会人権擁護委員会宛文書
「在カラフト韓国人帰還のための調査及び救済の申立書」

一　概要

（一）一九一〇年、日本国は侵略行為によって韓国を併合、植民地化した。「日韓併合条約」によって大韓帝国を廃止し朝鮮と改称し、同時に設置した朝鮮総督府を拠点として、わが同胞に対してはかり知れない野蛮で非道な虐待行為を続けた。これは疑うことのできない歴史的な事実である。とりわけ同胞の強制連行こそ、日本国によって記された日本と韓国の歴史における最大の汚点といえよう。

（二）わが同胞が被った植民地支配の犠牲の集約ともいうべき強制連行は日中戦争の激化のさなか一九三八年公布の国家総動員法に基づいて一九三九年から「募集」という名で始められた。「募集」と呼ばれていてもその実態は本人の意思によって拒否することを認めない全くの強制的な連行であり、これは一九四二年六月には「官斡旋」による「供出」へ、さらに一九四四年九月には国民徴用令に基づく「徴用」へとエスカレートして、一九三九～一九四五年の間に八十余万の韓国人がほとんど着のみ着のままに強制連行され、鉱山等で家畜以下の奴隷労働に従事させられ、多くの者が疲労で命を失った。南カラフトもまたこのようなわが同胞の連行先の一つであり、一時期は八万人のわが同胞が炭鉱・空港整備等に強制労働させられて

いた。その後、一部が九州等にまわされ、また家族がともに南カラフトに渡って来た同胞については敗戦直前に家族が韓国に送還されるといったことがあって、敗戦当時の南カラフトにいたわが同胞は四万数千人といわれる。そして日本の敗戦・日本は侵略した土地をその民族に返還し、侵略行為に加担した人間は引き揚げ、侵略によって奪った民族を元の土地に戻さなければならない義務を負った。

(三) 事実、カラフト関係でも一九四六年米ソ間に「ソ連地区引き揚げ協定」が締結され、一九四六年一二月から一九五〇年元日に至るまで延べ二一八隻の引き揚げ船により一一次にわたり計三一万二四五二名が真岡より函館に帰還した。ところが、同引き揚げ協定第一節「引き揚げ該当者」の項に

一 左記の者がソ連邦及びソ連邦管理下の地域からの引き揚げの対象となる。

(イ) 日本人捕虜

(ロ) 一般日本人(一般日本人のソ連邦からの引き揚げは各人の希望による)

とあり、当時わが同胞は「日本人」(日本国籍を有していた)と日本国政府においても認められているにもかかわらず、被告は不当にもわが同胞の引き揚げを一切拒否し一九四六年当時の調査において約四万三〇〇〇人もの人々が帰還の機会すら与えられず、現在まで三〇年もの長きにわたり、祖国、肉親、同胞と切り裂かれたままの生活を日本国によって強制され、放置され続けてきた。

(四) その後、一九五六年一〇月一九日に「日ソ平和宣言」が行われ、同胞と結婚していた

日本人女性の帰還事業が一九五七年八月から一九五九年九月まで行われ、この際に日本人女性の同伴家族としてわが同胞の一部が日本に帰還した。その数は日本人女性をも含め四七五世帯二二〇〇人である。このような南カラフトの韓国人に対する帰還事業の上での差別に抗議して一九五七年六月、一千人の同胞がユジノサハリンスクで三日間の騒動を行った事実もある。

二　在樺太韓国人抑留者の実態

現在も南カラフトに残されているわが同胞は総数少なくとも四万人といわれ、その六五％が朝鮮民主主義人民共和国籍、二五％がソビエト社会主義共和国連邦国籍を取得しているが、残りの一〇％ほどは無国籍である。無国籍者の同胞は、当局の許可なく居住地区以外に出ることができない、職業の制限を受ける等の圧迫を受けている。それでもなおかつ彼らが無国籍でいるのは一刻も早く故郷の南韓国の土を踏みたいからであり、韓国と国交のない共和国やソ連の国籍を取得してしまうと入国できないのではないかという危惧を抱いているからである。故郷に帰る日を夢見て無国籍ゆえの圧迫に耐えてきた彼らもすでに五〇～八〇歳の老齢に達し、絶望のあまりに自殺する者、アルコール中毒になる者も少なくないといわれる。

三　国籍問題

日本国は一九五二年四月二八日発効のサンフランシスコ平和条約第二条(C)項により、南カラフトに対する領土権を放棄した。しかし、これは領土権の放棄にとどまるものであって、住民の国籍変更を意味するものではない。したがって、この時点まで日本国籍を有し、なおかつ他国籍への変更の意思表示を示していない南カラフトの無国籍のわが同胞は、当然、日本国籍を有するものとして扱われるべきものであり、ソ連当局によっても事実上、日本人としての扱いを受けているのである。また他国籍を選択した同胞の場合、サンフランシスコ平和条約発効の日までは日本国籍を有していたのであり、この日本国籍を有していた時期に日本政府によって引き揚げを拒否されたのであるから、日本政府は自らの任務不履行について責任を負うべき義務があり、彼らの希望に沿った帰還を一刻も早く実現しなければならない。

四　帰還希望とその運動

前述の通り、一九五七年～一九五九年に南カラフトのわが同胞のうち日本人妻を迎えた者たちが、いわば日本人女性の同伴者として日本に帰還した。この者たちは一九五八年二月に「樺太抑留帰還韓国人会（当会）」を結成し、南カラフトに残された彼らの同胞の帰還を実現させるために陳情、請願の運動をすでに一七年にわたってやっている。この間、一九六七年六月には帰還希望者が、日本への帰還希望者三三四世帯一五七六人、韓国への帰還希望者一四一〇世帯五三四八人、計一七四四世帯六九二四人として明らかにされた。彼らからは当会に対して帰還を望む気持ちを切に綴った手紙が四千通も送られてきているのである。

五　当事国の見解

（一）　当会から十余年にわたって日本国政府へのたび重なる陳情請願等の帰還促進を願う声が叫ばれていたにもかかわらず、日本政府は一九七二年七月一八日の田中角栄首相の国会答弁で次のように答えたに過ぎない。

ご指摘の問題については日本政府としても人道的問題として真に同情を禁じえない。南カラフトが日本領土であった当時、日本より韓国人が同地に送られ終戦後現在に至るまでこれらカラフト残留の韓国人に対しては、韓国ないしは日本への引き揚げのチャンスは与えられてなかったことを考えるとき、政府としては、現在でもこの問題に深い関心を有するものであり、右引き揚げの実現について出来る限りのことはしたいと考えている。ただ、現在カラフトは日本の管轄下にないため、わが国としてなしうることには自ら限度がある。

日本国政府としては、本問題解決のためには、まず当該引き揚げ希望者の実態を明らかにすることが必要であると考える。この見地からソ連政府に対しても昭和四四年八月韓国政府から提出された「引き揚げ希望者名簿」を渡し、右リストに基づき出国希望者の実態調査及び出国希望者の存在が確認された場合の出国許可の可能性検討方を非公式に要請した。その後本件につき機会をとらえてソ連政府に対し配慮方要請を行って来ており、今後とも続けていきたい。

ご指摘の日本政府としての便宜供与の問題が解決された後に初めて問題となるところであるが一応

①日本は単に通過するのみで全員韓国に引き揚げさせる。

②引き揚げに要する費用は一切韓国側において負担する。
の二点をとりあえずのラインとして外務省、法務省等関係官庁において検討させることといたしたい。

（二）ソ連赤十字社トロヤン総裁は一九七三年五月一六日に日本赤十字社木内外事部長に対し次のような見解を明らかにした。

日本政府が南カラフト在住韓国人の意思を尊重し、日本移住を希望する者には移住を許可し、韓国への帰国を希望する者には日本経由での帰国を許可するなら、ソ連赤十字社としても南カラフト在住韓国人の出国に協力する用意がある。

また韓国政府の見解は次のようである。

日本の戦争政策のために強制的に南カラフトへ連行した韓国人を日本の責任でもって、帰還させるのが道義的であり、それには一旦、日本に上陸させて本人の意思によって韓国に帰りたい者は韓国が引き受け、日本に居住したい者には日本が居住権を与えることとすべきである。

ところが、これらに対する日本政府の見解は前述通り、①日本は通過するのみで全員韓国に引き揚げさせる。② 引き揚げに要する費用は一切韓国側において負担する。というものであり、この日本政府の無責任極まる態度が南カラフトのわが同胞の帰還を実現させないでいる最大の理由であることは明々白々である。

六　日本国の日韓併合、強制連行、引き揚げ拒否、現在に至る政策と引き揚げ賠償の義務

これまでのことから明らかなように日本政府は江華島事件（一八七五年）から韓国の植民地化に着手し、一九一〇年日韓併合条約によって植民地を完了するや、まず、韓国の王を奪い人質として（李朝英親王李垠《イウン》）土地を奪い（土地調査事業、林野事業）、食糧を奪い（産米増殖計画）、生命を奪い（三一万歳、独立運動）、姓名を奪い（創氏改名）、言葉を奪い（ハングル廃止）、人間を奪った（第二次大戦中、数十万の徴兵と二〇〇万の労働者を強制連行）。世にこれを「日本の七奪」と言われている。このような、わが同胞に対する抑圧、弾圧の集約的なものとして強制連行があり、同胞の一切の人間性を否定されて、まさに家畜以下の奴隷として日本政府によって連れ去られ酷使され、ある者は命を奪われ、生き残った者も強制労働に対する一切の賠償もなしに放り出されたのである。とりわけ、南カラフトに連行されたわが同胞は戦後日本への引き揚げも拒否され、今に至るまで故郷の土を踏むこともできずに苦しみの毎日を送っている。

日本政府がこれ以上南カラフトの韓国人を見捨て続けることはもはや許されないのである。日本政府は南カラフトの韓国人の帰還希望の意思を直ちに確認し、日本移住希望者には移住の許可を、韓国帰還希望者には日本通過の許可を出し、日本政府の負担において帰還事業を行っ

た上で、過去彼らを強制連行し、戦後また三〇年間見捨て続けてきたことに対する賠償を支払うべきである。

七　貴会においても、以上の点を十分調査され、日本の戦争責任とわが同胞に対する義務を明確にし、速やかに、救済の方途を導き出されることを希望する。

添付書類

一、新聞「妻」の一号から八号

二、統一日報「在サハリン韓国人の悲劇」№1から24

昭和五〇年五月

樺太抑留帰還韓国人会　会長　朴魯学㊞

副会長　李義八㊞

企画部長　沈桂燮㊞

渉外部長　李大薫㊞

顧問　金周奉㊞

同　張在述㊞

樺太抑留帰還韓国人に協力する妻の会　代表　三原令㊞

日本弁護士連合会　人権擁護委員会　御中

(4) 詩

哀愁の海峡

一

名も知らないサハリンの旅が
早や四〇年
夜毎に夢見る父母や妻子
主《あるじ》なき家族の苦労が
目に浮かぶ
あゝ懐かしき　わが故郷へ
帰りたいなあ

二

永き戦いは　終わったけれど
出るに出られぬ　籠の鳥
怨《うら》みも嘆きも　胸の中
いつまで続く　この辛さよ

あゝ無窮花《むくげ》咲く　わが故郷へ
帰りたいなあ

三

お前の便りは　懐かしいけれど
平和の鐘は　いつ□鳴り
サハリンの雪は　いつの日
融けるやら
悲しき運命《さだめ》は　誰のため
あゝ俺を待つ　わが故郷へ
帰りたいなあ

一九八四年四月七日

樺太帰還在日韓国人会会長　朴魯学

（5）国会質問主意書及び回答

1　昭和四七年七月一二日提出
質　問　第　二　号

徴用により樺太に居住させられた朝鮮人の帰国に関する質問主意書
右の質問主意書を提出する

提出者　受田新吉

昭和四七年七月一二日

衆議院議長　船田中殿

徴用により樺太に居住させられた朝鮮人の帰国に関する質問主意書

終戦前徴用により樺太に居住させられた朝鮮人が現在なお一万余人が残留し、七千余人の者が故国（大韓民国）に帰国を希望しているといわれ、これら帰国する者のほとんどが二十数年故国の家族と離散しているものであり、すでに老齢期に達している者が多いといわれる。

しかしながら、現在大韓民国とソビエト社会主義共和国連邦との間に国交がないため、両国間の直接の交渉すらできない状態のまま今日に至っている。

よって、政府は、人道的、かつ戦後処理問題の解決として、これら朝鮮人の帰国について何らかの便宜を供与する必要があると考えるが、その用意はあるのか。

右質問する。

内閣衆質六九第二号

昭和四七年七月一八日

内閣総理大臣　田中角栄

衆議院議長　船田中殿

衆議院議員受田新吉君提出　徴用により樺太に居住させられた朝鮮人の帰国に関する質問に対し、別紙答弁書を送付する。

衆議院議員受田新吉君提出徴用により樺太に居住させられた朝鮮人の帰国に関する質問に対する答弁書

一　ご指摘の問題については、日本政府としても人道的問題として真に同情を禁じえない。南樺太が日本領土であった当時日本より朝鮮人が同地に送られ終戦後現在に至るまでこれら樺太残留の朝鮮人に対しては、韓国ないしは日本への引き揚げのチャンスは与えられなかったことを考えるとき、政府としては現在でもこの問題に深い関心を有するものであり、右引き揚げの実現につきできる限りのことはしたいと考えている。ただ、現在樺太は日本の管轄下にないため、わが国としてなしうることには自ら限度がある。

二　日本政府としては、本問題解決のためには、まず当該引き揚げ希望者の実態を明らかにすることが必要であると考える。この見地からソ連政府に対しても昭和四四年八月韓国政府から提出された「引き揚げ希望者名簿」を渡し、右リストに基づき出国希望者の実態調査方および出国希望者の存在が確認された場合の出国許可の可能性検討方を非公式に要請した。

その後本件につき機会をとらえてソ連政府に対し配慮方要請を行ってきており、今後とも続けていきたい。

三　ご指摘の日本政府としての便宜供与の問題は右引き揚げ希望者の実態把握の問題が解決された後に初めて問題となるところであるが一応

(1) 日本は単に通過するのみで全員韓国に引き揚げさせる。

(2) 引き揚げに要する費用は一切韓国側において負担する。

の二点をとりあえずのラインとして外務省・法務省等関係官庁において検討させることといたしたい。

2　昭和五八年五月一三日受領

答弁第二〇号

内閣衆質九八第二〇号

昭和五八年五月一三日

内閣総理大臣　中曽根康弘

衆議院議長　福田一殿

衆議院議員草川昭三君提出徴用によりサハリンに残留させられた朝鮮人の帰還問題に関する質問に対し、別紙答弁書を送付する。

衆議院議員草川昭三君提出徴用によりサハリンに残留させられた朝鮮人の帰還問題に関する質問に対する答弁書

一について

ご指摘の問題については、日本政府としても人道問題として真に同情を禁じ得ない。政府としてもこの問題に深い関心を有するものであり、これら樺太残留朝鮮人の帰国実現につき、できる限りのことはしたいと考えている。

二について

政府は、かねてからソ連政府に対し帰還希望者の実情調査を依頼する等の働きかけを行っており、昭和四四年に韓国政府から提出された「引き揚げ希望者名簿」を同年八月にソ連政府に渡し、同名簿に基づき出国希望者の実態調査及び出国希望者の存在が確認された場合の出国許可の可能性について検討を要請した。

その後、昭和四八年一〇月に内閣総理大臣レベルで、昭和四七年一月から昭和五三年一月までの間に五回にわたり外務大臣レベルで、さらに事務当局レベルでは十数回にわたり、この問題を公式、非公式にソ連側に対し提起している。

最近では、昭和五八年四月の日ソ事務レベル協議において日本側からこの問題を提起したのに対し、ソ連側は日本と話し合うべき問題ではないとの従来の立場を繰り返した。

三について
昭和五七年二月に日本赤十字社を通じて赤十字国際委員会に本件についての協力を要請し、その後赤十字国際委員会からの照会に対し詳細な資料を提出している。

四について
（1）昭和五七年六月から、戦後処理問題をどのように考えるべきかを検討するため、民間有識者からなる戦後処理問題懇談会が開催されているが、検討の過程で懇談会が具体的にどのような問題を取り上げるかは、基本的には懇談会において決定されるべきであると考える。昭和五七年三月九日の衆議院予算委員会における総理府総務長官答弁は、この旨を表明したものである。
（2）同懇談会は、現在、いわゆる恩給欠格者問題、シベリア強制抑留者問題及び在外財産問題を中心に、関係各省から、これまでに講じてきた施策等についてヒアリングを進めているところである。
五について
昭和五〇年以降これまでに樺太に残留する朝鮮人中一三七世帯四三八人（うち韓国に帰還するため我が国を通過しようとする者一二三世帯三九二人、我が国に定住しようとする者一四世帯四六人）から入国許可申請があり、このうち一二四世帯四一一人（我が国を通過しようとする者一一五世帯三七六人、我が国に定住しようとする者九世帯三五人）につきその入国申請を許可したが、そのほとんどの者がソ連から出国を認められていないため、実際に我が国に入国した者はこれらの者のうち三人（我が国を通過しようとする者一人、我が国に定住しようとする者二人）に過ぎない。

六について

政府としては、現在、樺太が日本の管轄下にないため、我が国としてなし得ることにはおのずから限度があるが、政府は、外務省を主務官庁とし、従来からソ連政府に対し実態調査を行うよう申し入れていることは二についてにおいて述べたとおりであり、今後とも人道的見地からこうした努力を続けて参りたい。

右答弁する。

⑹ 年譜

李義八さん、会に関すること

23・4・7 父・李福渕、母・金昌宜の第5子（4男1女）として朝鮮慶尚北道英陽郡青杞面上青洞260番地で出生。家は貧しい小作農家。

40・3 私立の甘川学校（1、2年生）、正足普通学校（3、4年生）を経て、道渓日月尋常小学校（5、6年生）を卒業。開拓民訓練所に入所し、短期訓練を受ける。

41・3 盈徳農業実修学校を修了。

42・6 江原道の三和鉄山㈱入社。

42・11・22 金和進（金桃紅）と結婚する（のち60・8・10に協議離婚）。

43・4・1 英陽郡庁農業課の短期指導員に採用される（4・30免除）。

43・5・28 樺太人造石油㈱の募集に応じる。トラックで安東まで、汽車で釜山まで。関釜連絡船で下関。下関から汽車で上野経由、青森まで。函館から汽車で稚内。連絡船で大泊。汽車で内渕、坑内電

その他

1905・9・5 ポーツマス条約調印、南樺太が日本領になる。

10・8・22 韓国併合条約調印、朝鮮が日本領になる。

37・7・7 盧溝橋事件、日中戦争始まる。

38・4・1 国家総動員法公布。

39・9 朝鮮人労働者の内地への集団募集（いわゆる朝鮮人強制連行）が始まる。

41・3・25 樺太側の企業が朝鮮人労働者2000人を受け入れ。

41・4・5 樺太人造石油㈱経営の鉄道、大谷―内渕線開通。

41・12・8 太平洋戦争、始まる。

41・12・26 NHK豊原放送局開局。

43・5・1 樺太島内各炭鉱労働者の内地転用開始。

43・11 樺太人造石油㈱内渕工場、操業を開始。

車で西内渕へ。
43・6・6　樺太豊栄郡落合町大字内渕西内渕、樺太人造石油㈱四寮、現地到着。
45・5　2年間の契約期間満了直前に、李義八ら全寮員約200名が、突然、現員徴用となる。これに抵抗した柳（リュウ）は白井組のタコ部屋に入れられ、解放まで強制労働を強いられる。
45・8・15　李義八、正午のラジオ放送を聴き、日本の敗戦を知る。
45・8　白井組タコ部屋の柳は解放された翌日、仲間とタコ部屋の親方をツルハシの柄で撲殺。倉庫の米、履物、衣類、タバコ等をタコ部屋のタコたちに分配。
45・8・20頃　李義八、会社から郵便貯金通帳と判子を受け取る。

44・8・11　樺太・釧路の炭鉱勤労者、資材等急速転換実施を閣議決定。
44・10・1　樺太人造石油㈱が帝国燃料興業㈱に合併し、内渕工場は同社第2事業所となる。
44・12・31　樺太の人口は41万7976人（ただし、軍人、徴用朝鮮人約3万人を含まず）。
45・8・8　ソ連、対日宣戦布告。
45・8・9　ソ連軍、南樺太に進攻。
45・8・13　樺太庁、緊急疎開を開始。
45・8・15　正午、豊原放送局中継による天皇の詔勅を全島に放送。
45・8・16　大津敏男樺太庁長官、全島民に「詔書を承って」と題してラジオ放送し、樺太官公署の重要機密書類の処理焼却を指令。
45・8・18頃　樺太敷香郡敷香町上敷香で朝鮮人18人が虐殺される。
45・8・20　ソ連軍、樺太の熊笹峠で日本軍と激戦。樺太真岡郵便局の女性電話交換手9人、集団自決。
45・8・20～23　樺太真岡郡清水村瑞穂で朝鮮人27人虐殺される。ソ連軍による樺太住民への暴行略奪、続出。
45・8・22　ソ連軍、樺太の豊原駅を中心に空爆し、約400戸焼失、死傷者200余人。
緊急疎開船の小笠原丸、第二新興丸、泰東丸が北海道の留萌沖で

46・3　李義八、大泊に移住。かつて同じ内渕炭鉱の炭鉱夫だった朴魯学、李文沢の3人で共同生活を始める。妻の金和進から大泊に手紙が届く。
　以後、李義八は漁業会社の自動車整備工、軍関係会社や食品会社のトラック運転手として、57・12まで大泊市で働く。

ソ連潜水艦の攻撃を受け、撃沈。約1700人死亡。
45・8・23　ソ連軍、宗谷海峡を閉鎖。樺太庁は緊急疎開を停止（緊急疎開による本斗港、大泊港からの乗船者数は合わせて推定8万7680人）。
45・8・24　緊急疎開のため、約2万人が大泊港に集結し、埠頭は大混乱。
45・8・28　全樺太日本軍の武装解除終了。
45・9・1　ソ連軍、樺太の金融機関の預金払戻しを禁止。
　ソ連軍、島内炭鉱、工場の操業再開命令。
　ソ連軍、千島列島占領完了。
45・9・2　日本、降伏文書に調印。
45・9・5　樺太の武装解除日本軍は作業大隊に編入され、一個大隊は北樺太へ、他はシベリアへ船舶輸送（約1万3000人）。
45・9・25　樺太亜庭湾の弥満、西海岸の本斗付近から、漁船利用の住民脱出が増加。
45・9・30　ソ連軍、帝国燃料興業㈱内渕工場を接収。
45・11・7　樺太全島の警察官の大部分をシベリアへ移送。
　ソ連軍、革命記念式典を樺太の豊原中学校舎で挙行。
46春〜秋　樺太の朝鮮人居留民会（残留朝鮮人の自治組織）の調査によれば、南樺太の朝鮮人人口は約4万3000人。
46・11・27　「ソ連地区引揚米ソ暫定協定」成立。
46・12・19　「ソ連地区引揚米ソ協定」成立。
46・12・5〜49・7・22に29万2,590人の日本人が引き揚げた。

47・9　朴魯学、堀江和子と結婚し、共同生活から「分家」する。

50・4・10　李義八、碓井英子と結婚し、共同生活から「分家」する。

56～7頃　李義八、食品会社に勤務中、北朝鮮から輸入された米のカマスの中に「この米をくう奴は、舌が抜けて死んでしまえ！」と朝鮮語で書かれた布切れを見つける。

57・10・20　樺太からの集団引き揚げ第2船で、沈桂燮一家、舞鶴に上陸。その後、上京し、東京都足立区大谷田町の引揚寮に入居。

57・12・17頃　李義八一家に樺太大泊の地方警察から、12月31日出国との準備命令が口頭で伝えられる。真岡港に集結。

58・1・10　李義八一家、朴魯学一家らが乗船する集団引き揚げ第3船、白山丸が樺太真岡出港。

58・1・11　義弟の南湨鎮、白山丸から投身自殺。

58・1・14　白山丸、舞鶴入港。乗客534人（日本人大人162人、子ども57人。朝鮮人夫94人、夫の母1人、子ども220人）上陸。李義八一家、朴魯学一家、上京へ。

58・1・17頃　李義八一家、東京都足立区大谷田町377、第1大

48・8・15　大韓民国成立。

48・9・9　朝鮮民主主義人民共和国成立。

50・6・25　朝鮮戦争、始まる。

52・4・28　サンフランシスコ講和条約発効。

53・3・5　ソ連共産党書記長、スターリン死去。

53・7・27　朝鮮戦争、休戦。

56・10・19　日ソ共同宣言、調印。日ソ国交正常化。

これに基づき、57・8・1～59・9・28に7度にわたり、樺太からの集団引き揚げが実施される。残留日本人女性766人及びその朝鮮人夫と家族1541人が日本に帰還（入国）。

57・7・29　樺太からの集団引き揚げ第1船、興安丸が樺太真岡出港。8・1　舞鶴入港。

57・8　樺太豊原市内で3日間にわたり、在住朝鮮人約1000人による暴動発生。市内在住朝鮮人の日本渡航申請を北朝鮮系の指導者が妨害したため、これに抗議して。

谷田寮第9寮に入居する。約1年半、居住する。この引揚者寮で、隣りの寮に住む満州から引き揚げた日本人、有川義雄と出会う。
58・1・31　李義八、報国郵便貯金を東京都足立区亀有郵便局で全額払い戻す。元利合計で約3600円だったが、貨幣価値が戦時中と比べて数百分の1に暴落していた。
58・2・6　有川義雄の支援で「樺太抑留帰還韓国人同盟」(代表・李義八) 結成。のちに会の名称は何度か改称し、現在は「樺太帰還在日韓国人会」。朴魯学が長く会長であったが、同氏が88・3逝去後は李義八が会長に復帰した。
58・2・17　衆議院予算委員会で日本社会党の島上善五郎議員が、サハリン残留朝鮮人の問題を初めて国会の場で質問する。
58・12頃　李義八、北送 (朝鮮民主主義人民共和国への帰国) 阻止のため、民団の人々と一緒に川崎市のある朝鮮人集住地区に宣伝に行く。「向こうに行って泣くより、ここにいて、笑って一緒に暮らそうよ」と訴えたが、全く耳を貸してもらえず、人糞尿をぶちまけられ、追い返される。
59・2・25　李義八、在日朝鮮人の北送反対運動に参加 (東京・日比谷公園)。
59・8頃　李義八、日本引き揚げ後、初の韓国帰国。父に再会するが、母はすでに死去していた。
60・7・12〜8・19　李義八、韓国帰国。
李義八、引き揚げ後は一時、生活保護を受ける。のちに、前田建

59・10〜81・7　日ソ共同宣言に基づく樺太からの集団引き揚げ終了後は、樺太からの引き揚げはナホトカ経由の自費による個別引き揚げとなった。日本人女性約150人、朝鮮人の夫とその家族約300人 (推定) が引き揚げた。

設の孫請けの会社で長く道路補修工事（土方）等に従事しながら、日本の国会への陳情、日韓のマスメディアへの働きかけ等を粘り強く続ける。
60頃　引揚者寮を出て、東京都足立区伊興本町3415に移る。
63頃　李羲八、韓国大統領の朴正熙に陳情書を送る。後日、来日した車智徹に韓国大使館に呼び出される。
65・2～　樺太各地から「樺太抑留帰還韓国人会」のもとに、帰還希望者の手紙が多数（日に数十通）届くようになる。韓ソ間の直接の書信往来ができないため、会を経由して樺太からの手紙を韓国の留守家族に届け、その返信を樺太に送ることが、会の重要な活動になった。
66・1～6　「樺太抑留帰還韓国人会」がサハリンからの手紙をもとに『帰還希望者名簿』を作成し、韓国政府に提出。1744世帯、6924人。
66・4・20～5・14　李羲八、韓国帰国。帰国中、KCIA（韓国中央情報部）本部に連行されて尋問を受けるが、無事、釈放される。
68・8『帰還希望者名簿』が韓国政府から日本政府に提出され、同月、日本政府からソ連政府に提出される。
71・1・2～1・16　李羲八、韓国帰国。
　この頃、東京都足立区伊興4丁目の都営住宅に移る。

62・12　樺太泊居居住の許照ら、現地当局と交渉後、在モスクワ日本大使館に日本入国を申請するが、拒否される。
65・1・4　樺太大泊居住の金永培、サハリン州民警署から「日本政府が入国許可するなら、ソ連からの出国を許可する」旨の回答を得る。これが樺太中に広まり、日本への渡航希望者の手紙が多数、日本の「樺太抑留帰還韓国人会」宛に送られるようになる。
65・6・22　日韓基本条約調印。

70・12・10　韓国で「樺太抑留僑胞帰還促進会」結成（のちに「中蘇離散家族会」に改称）。

73・6・17　「樺太抑留帰還韓国人会に協力する妻の会」（世話人代表・三原令）結成。
73・9・23　朴魯学、李義八、金周奉ら「樺太抑留帰還韓国人会」の幹部が、内閣官房長官、二階堂進と面会。
73・9・1　「樺太抑留帰還韓国人会」、樺太残留同胞の帰還を訴える署名活動を行なう（東京・神田共立講堂）。
74・7・9〜8・10　張在述（「樺太抑留帰還韓国人会」常任顧問）、「統一日報」紙に「在サハリン韓国人の悲劇」（連載、全24回）掲載。
75・7　会の結成以来、計22回の陳情、請願をする。
75・12・1　樺太残留者帰還請求訴訟（第1次樺太裁判）始まる。
76・1・4〜1・26　李義八、韓国帰国。
79・1・4〜1・19　李義八、韓国帰国。
樺太・ソ連本土からの日本や韓国の親族に再会するための、一時訪日朝鮮人数

72・4　韓国KBS、サハリン残留韓国人向けの放送を開始。
76・6・27〜7・5　ソ連当局の出国許可を得た4人の樺太居住朝鮮人黄仁甲（ファンインガプ）、白楽道（ペクナット）、安泰植（アンテシク）、姜明寿（カンミョンス）、ナホトカの日本総領事館で日本への渡航申請をしたが、出国許可期限に手続きが間に合わず、失敗する。
77・1・27　ソ連当局に抗議した樺太大泊居住の都万相（トマンサン）一家8人、北朝鮮に強制送還される。
78春　樺太居住の柳吉秀（ユギルス）一家6人、黄大龍（ファンデヨン）一家4人、北朝鮮に強制送還される。

81年	1家族	3人
82年	1家族	1人
83年	0家族	0人
84年	3家族	4人
85年	5家族	6人
86年	13家族	21人
87年	28家族	50人
88年	53家族	134人
89年		約420人（うち援護会扱い376人）

80年代　李義八、サハリン残留朝鮮人を日本に招請し、来日した韓国の親族と再会させる活動に、私費を投じて尽力。韓国側親族数が樺太からの訪日者数の2倍近い人数であり、その両方を迎え入れて日本での宿泊、生活全般の世話をする「樺太帰還在日韓国人会」の負担は重かった。

88・3・16　「樺太帰還在日韓国人会」会長、朴魯学死去。後継会長の人選をめぐり、混乱。朴魯学の妻、堀江和子が会長になるが、一ヵ月後に辞任。代わって長く副会長を務めた李義八が会長になる。

その後、堀江和子、独自に「サハリン再会支援会」を設立し（89年2月解散）、「樺太帰還在日韓国人会」は事実上、分裂した。

81・11・20　樺太野田居住の朴亨柱（パクヒョンジュ）一家3人、親族との再会のため一時訪日（親族との再会のため、樺太から一時訪日した初めての例）。

87・7・17　日本の国会議員、衆参合わせて170人が参加する「サハリン残留韓国・朝鮮人問題議員懇談会」設立。

高木健一、「樺太帰還在日韓国人会」（会長・李羲八）その他の協力を得て、「サハリン残留韓国・朝鮮人援護会」設立。これ以降、民間の再会支援活動の中心は「樺太帰還在日韓国人会」から「サハリン残留韓国・朝鮮人援護会」に移っていった。

88・9・21　金徳順、樺太在住朝鮮人として初めて、韓国に一時帰国。李羲八、韓国に同行。

金徳順

8・29　ソ連出国、日本入国。

9・21　日本出国、韓国入国。李羲八、同行。

9・30　韓国出国、日本入国。李羲八、同行。

10・3　日本の新潟空港から出国。ソ連のハバロフスク空港で入国。

89・6・15　樺太残留者帰還請求訴訟（第一次樺太裁判）取り下げ、終了。

90・7〜8月頃　李羲八、日本引き揚げ後、初めてのサハリン訪問（韓国から「解放45周年慰問団（歌手、舞踊団）」が7・26から公演

88・9・17〜10・2　ソウルオリンピック開催。

88・12・27　「議員懇」、「樺太帰還在日韓国人会」の実態を調査。一時訪日者受け入れ先アパートを訪ね、苦労話を聞く。

89・4・1　日本政府の今年度のサハリン関係事業予算、5800万円。

89・7・14　日韓両赤十字社、樺太在住朝鮮人の親族再会を支援するため、「在サハリン韓国人支援共同事業体」を発足。

89・12・15　「共同事業体」による初の在樺太朝鮮人23人が韓国に一時帰国。

90・2・8　ソ連ユジノサハリンスク〜韓国ソウル間に直行チャーター便運航。

するのに合わせて、サハリン訪問したものと思われる――長澤)。
90　第1回四天王寺ワッソに招待される。
91・11・19　「樺太帰還在日韓国人会」、日本政府および自民、社会両党に、在日サハリン帰還韓国人に補償措置を求める「提言書」を提出。
93・10・6　「樺太帰還在日韓国人会」、日本政府に「陳情書」を提出。

90・4・18　日本政府、サハリン問題で初めて公式謝罪(衆議院外務委員会で中山太郎外務大臣が)。
90・7　日韓両赤十字社代表、サハリン訪問。ソ連赤十字社サハリン州支部、現地家族会と直行チャーター便の定期便化、無縁故者の韓国一時帰国について協議。
90・8・29　サハリン残留韓国・朝鮮人補償請求訴訟(第2次樺太裁判)始まる。
90・9・30　韓ソ国交樹立。
91・7・19　ソ連ハバロフスク~韓国ソウル間に直行チャーター便運航し、戦後、樺太からハバロフスクに移住した朝鮮人が韓国に一時帰国。
91・9・17　韓国および北朝鮮、国連に同時加盟。
91・12・25　ソ連邦、崩壊。
92・11・11~11・13　日本外務省および日韓赤十字社、在サハリン朝鮮人の実態調査を実施。
92・12・7　ロシアの「サハリン州韓人老人会」会長、朴亥東(パクヘドン)らが訪日、宮沢喜一首相、渡辺美智雄外相宛に「要求書」および韓国への永住帰国希望者1万3000人分の『名簿』を提出。
93・10・5　韓国の「中蘇離散家族会」、日本政府に「要望書」を提出。
94・1　日韓両政府および日韓赤十字社、在サハリン朝鮮人の合同調査を実施。

2000・2・29　李義八、韓国安山市の「故郷の村」入居式に参列する。
03・8　雑誌『世界』(2003年8月号、岩波書店)に李義八へのインタビュー記事「サハリン抑留韓国・朝鮮人の帰還を求めて」が掲載される。
04・12　李義八、韓国政府から国民勲章の「石榴章」を授与される。
07・9・25　サハリン残留韓国・朝鮮人郵便貯金等補償請求訴訟(第3次樺太裁判)始まる。李義八は原告11人の中心になる。
09　李義八、「樺太帰還在日韓国人会」の関係資料を在日韓人歴史資料館に寄贈する。
10・2・3　李義八の妻、碓井英子死去。81歳。
10・5・7〜5・9　朝日新聞の連載シリーズ「ニッポンとコリア百年の明日」に、韓国帰国中の李義八に同行取材した記事が連載される。

94　日本政府、韓国の仁川市に療養院棟(100人収容規模程度)および京畿道安山市にアパート形式の集合住宅(500世帯規模)の建設関連費として、平成6(94)年度補正予算に32億円余を計上。
95・3　「共同事業体」による在サハリン朝鮮人の韓国一時帰国が一巡、4月から新たに高齢者らを優先して2巡目の韓国一時帰国開始。「共同事業体」による在サハリン朝鮮人の韓国永住帰国支援事業が、本格的に始まる。
99・3　韓国の仁川市に療養院「サハリン韓国人福祉会館」(入所人員100人)が開館。
00・2　韓国の京畿道安山市に高層アパート群「故郷の村(コヒャンマウル)」(集合住宅489世帯)が完成。
06・3　ロシアのユジノサハリンスク市内に、日本政府の予算措置(約5億円)で、「サハリン韓人文化センター」が完成。現地の朝鮮人が各種催しを行なう拠点に。

11・2・25　李義八、衆議院議員会館で開催された「サハリン残留韓国人問題に関する日韓議員協議会」で、今日までの活動を報告。
13・1　サハリン残留韓国・朝鮮人郵便貯金等補償請求訴訟（第3次樺太裁判）取り下げ、終了。
15・11・9〜11・13　李義八、韓国帰国。

（7）南樺太地図

（　）内は現在の呼称

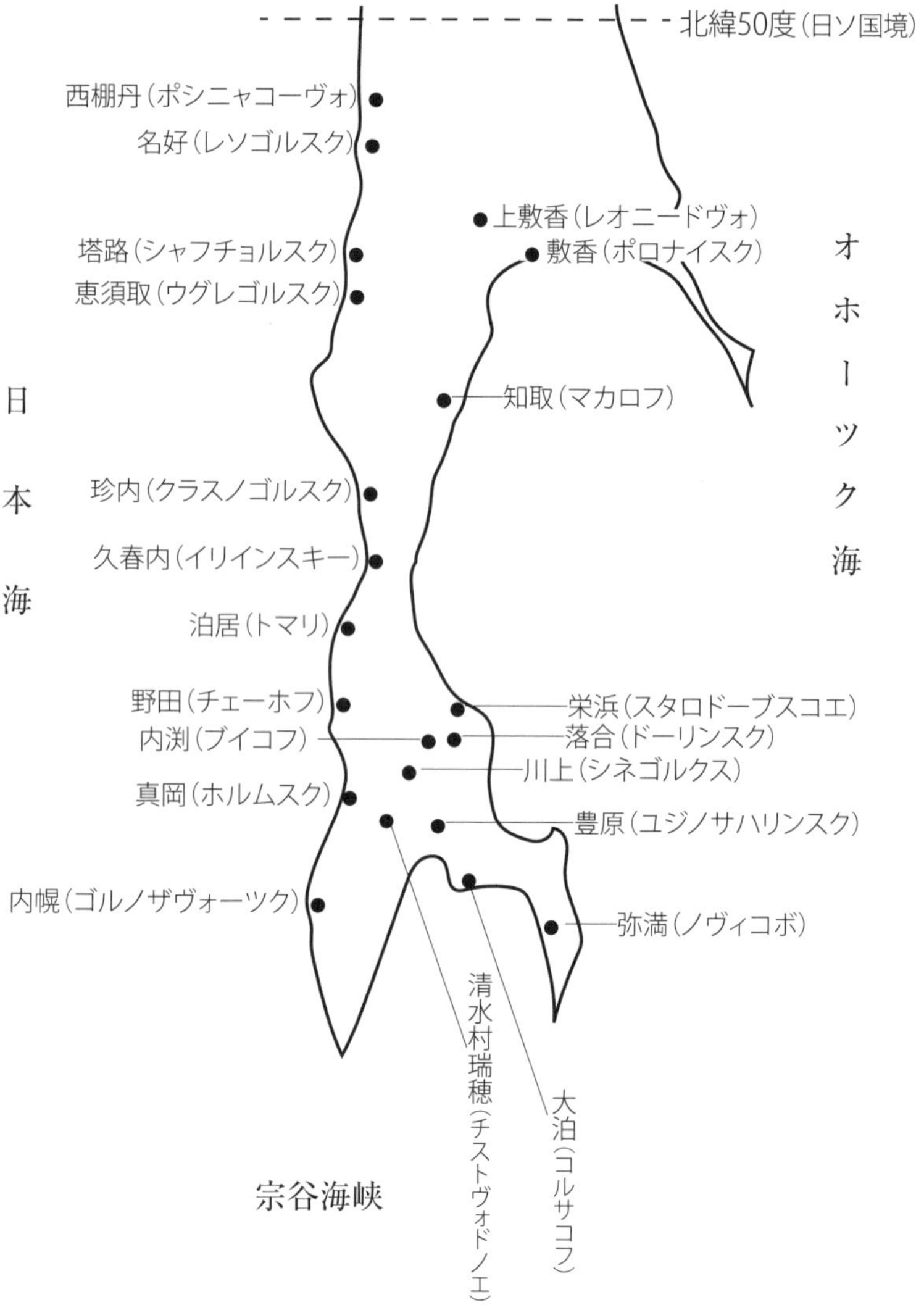

詳細は失念したが、初めて李義八さんにお会いしたのは、二〇〇六年か七年頃だったと思う。当時、私は情報公開の進むロシアをたびたび訪問。サハリン州の州都、ユジノサハリンスク（豊原）市の公文書館で資料収集したり（注1）、その過程で知り合った現地残留朝鮮人と交流。いわゆる「二重徴用」の遺家族を日本に招請して、父親らが働いた炭鉱の跡を案内したりしていた（注2）。そんな中、ふと、「樺太帰還在日韓国人会」関係の書類の現状が気になったのだった。というのは、その二〇年ほど前に私は前掲論文「戦時下南樺太の被強制連行朝鮮人炭礦夫について」を発表していた。その際、朴魯学会長（当時）にお話を伺い、「第一次樺太裁判」を傍聴（注3）し、そして会の関係書類のごく一部を見せていただいたことがあった。この二〇年の間、サハリン残留朝鮮人をめぐる状況は大きく変化し、私は会の関係書類の散逸、消失を懸念したのである。

会の関係書類の所在についての私の問いに、李さんの明確な答えがなかった。何度か同じ質問をくり返すうち、私は断られていることにようやく気づいた。少し考えれば、突然、目の前に現れた正体不明の日本人に、会の大事な書類を簡単に閲覧させるというのは、土台、無理な注文だったのだが……。

結局、関係書類の閲覧はおろか、所在さえ教えていただけなかった。しかし、李さんとのやりとりの中で、私は李会長の話を伺い、記録する必要を感じ、聞き書きを願い出た。

聞き書きの願いは快諾されたものの、その場所で難航した。私は李さんのご自宅を希望したが、家庭の事情でと断られた。やむなく私の自宅までおいで頂いたが、電車を乗り継いで一時間半の移動は、八〇過ぎの高齢者には負担だった。そこで北千住駅なかの喫茶店で一、二度試みたが、雑音が多くて集中できず、中断。聞き書きはうまく行かなかった。しかし、二〇〇七年九月から「第三次樺太裁判」が始まり、李さんは原告の一人として、日本国を相手に闘っておられた。私は公判は毎回傍聴し、控え室で高木弁護士の解説を一緒に聞き、帰りは地下鉄の改札口まで日比谷公園の横の道を、李さんと一緒に話しながら歩いた。

その後、二〇一〇年二月に在日韓人歴史資料館職員（当時）の羅基泰《ラギテ》さんから、奥さまご逝去の悲報をいただき、弔問のため、私は初めて竹の塚のご自宅に伺った。しばらくして、李さんから自宅に遊びに来るよう、何度か電話をいただいた。それで私が伺うと、いつも独り暮らしの寂しさを訴えておられた。

結局、その年の一二月に、聞き書きを再開できた。初めは毎週のように李さん宅に。いつも温かく迎えていただいた。平日の午後。雑談したり、テレビを観たり。一、二時間、お話を録音して、一緒に夕食。二〇一一年三月一一日の東日本大震災も李さん宅で遭遇した。どうせ電車も動かないだろうから泊っていけば、と言われたが、家族と職場も気がかりで、これを固辞。タクシーを相乗りして帰宅した。新しい碓井家の墓を見に行ったり、一緒にはとバスに乗って横須賀の軍港めぐりをしたのも懐かしい思い出である。

私が質問して李さんが答える形にしたが、問わず語りにお話されることも多かった。記憶力は素晴らしく、細かな年月日もよく覚えておられた。とくにお金のことは実によく記憶されており、お金でとことん苦労されたことがうかがえた。母のことを語るとき、李さんはいつも涙ぐんでおられた。六十年間つれ添い苦楽を共にした妻には、深く感謝しておられた。

半世紀に及ぶ長い運動の中で、会を助けてくれた多くの人々が語られた。とくに、引き揚げ直後の有川義雄さん、島上善五郎議員、その後の大沼保昭先生、高木健一弁護士、議員懇の原文兵衛議員、五十嵐広三議員の名前は、深い感謝とともにしばしば語られた。

一方で、一番の当事国でありながら植民地支配の歴史を一顧だにしない日本政府を、李さんは最も厳しく指弾した。加えて、残留朝鮮人を抑圧するソ連政府、韓国への帰還を妨害する北朝鮮政府を批判。さらに、同族の苦しみに無関心な韓国政府や在日の民族団体へのいらだちも隠さなかった。期待に応えてくれない祖国や在日の同族に対するもどかしさが、くり返し語られた。すでに韓国に永住帰国した同胞に対しては、朝鮮のことわざ「便所に行くときは急いで、帰りはのんびり」(日本のことわざ「のどもと過ぎれば、熱さ忘れる」に近いか)を引用。その薄情さを嘆いた。

朴魯学さん逝去後の会長人事をめぐる会の混乱は、不幸なことだった。李羲八さんは会の結成以来、目的達成のためには、多少の不満は我慢して来たと言う。その直後の金徳順さんの韓国訪問実現や共同事業体の業務開始は、会の分裂騒ぎの悪影響を最小限に抑えこんだと思われる。本書巻頭の拙稿で指摘するような課題は残るものの、李さんが一番最後に「目的は達成した」と語られるのに接し、私は安堵の気持ちでこの長いインタビューを終えることができた。

聞き書きの内容は正確を期するためできるだけ裏付け、検証に努めたが、まだ不十分なところがある。ただし、樺太時代から残る多くの写真には、撮影年月日、撮影場所等が几帳面に裏書きされていて、これには助けられた。

さて、本書の意義は次のように要約できようか。
一、「樺太帰還在日韓国人会」の長期に亘る活動が、サハリン残留朝鮮人の韓国永住帰国実現につながったことを、会の中心人物の証言を通して、生き生きと描き出している点。
二、会の活動が在日朝鮮人運動史の中で、重要な一部を構成していることを改めて示した点。とくに、この運動が韓国や北朝鮮からの指示や支援に基づくものでなく、組織や団体とは無縁な、名もない在日朝鮮人の民衆が、彼らの自主的、自立的努力でなされたことは高く評価すべきと考える。
三、会の活動には結成以来、少なくない数の日本人が協力をし、李義八さんの日本人ご家族も李さんを支えた。韓国本国や在日同胞からの支援が乏しい中、日本人の協力が運動の進展に重要な役割を果たしたことを示した点。
四、解放前の朝鮮農村の小作農家の貧しさ、戦時中に労務動員された体験等を、今、直接語れる生存者は、とても少ない。戦後、間もないソ連社会の状況についての具体的な証言等、興味深い内容を収めた点。

本書の出版までに、多くの方々にお世話になった。梶村秀樹先生（故人）に朴魯学さん（故人）の連絡先を伺ったのが始まりで、その朴さんにはいろいろ教えていただいた。高木健一弁護士にも、裁判の傍聴や資料の面でお世話になった。日本赤十字社にもお世話になった。同人誌『海峡』の月例会で何度か報告し、会員の助言をいただいたことに感謝したい。また、ぼう大な量の「テープ起こし」を手伝って下さった崔学松《チェハクソン》先生（静岡文化芸術大学）には、深く感謝したい。

そして、李義八さん。いろいろ話しにくいことも、私のような第三者の日本人に、率直にお話し下さり、本当に有難うございました。本書が李さんに満足していただけることを願うばかりです。

最後に、出版を引き受けて下さった三一書房の小番伊佐夫代表、面倒な原稿整理等で大変お世話になった編集部の高秀美さんには、厚くお礼申し上げる。

注1）それは『樺太庁警察部文書・戦前朝鮮人関係警察資料集（全四巻）』（復刻版　緑陰書房、二〇〇六年）に結実した。

注2）二〇〇八年までに三組九人の遺家族を日本に招請した。

注3）その第四六回公判の際、たまたま、韓国の親族と再会するためサハリンから訪日中だったあるご夫婦と、傍聴席で一緒になった。帰りの電車の中で、戦前と比べて今の郵便局の職員がずい分、優しくなったこと、一円のお金の価値が暴落したことに驚いたと話して下さった。このとき、竹の塚の宿舎まで同行していれば、私はもっと早期に李義八さんに出会えていたかもしれない。

長澤 秀（ながさわ しげる）

1951年、福島県会津若松市生まれ。早稲田大学卒業、明治大学大学院修士課程修了、立教大学大学院博士後期課程退学。

高校教員、塾講師、美術学校経営を経て、現在に至る。

在日朝鮮人運動史研究会会員。「海峡」同人。

主な研究に『石炭統制会極秘文書・戦時下朝鮮人中国人連合軍俘虜強制連行資料集』『石炭産業内部文書・戦時下強制連行極秘資料集　東日本篇』『樺太庁警察部文書・戦前朝鮮人関係警察資料集』『戦後初期在日朝鮮人人口調査資料集』（以上、復刻版　緑陰書房）がある。

遺言 ――「樺太帰還在日韓国人会」会長、李義八が伝えたいこと

2019年7月25日　　第1版 第1刷発行

著　者―― 長澤　秀
発行者―― 小番 伊佐夫
装丁組版― Salt Peanuts
印刷製本― 中央精版印刷株式会社
発行所―― 株式会社 三一書房
〒101-0051
東京都千代田区神田神保町3－1－6
☎ 03-6268-9714
振替 00190-3-708251
Mail: info@31shobo.com
URL: http://31shobo.com/

ISBN978-4-380-19005-6　C0036　　Printed in Japan